TUOHUANGZHE

拓荒者

程中伟◎著

 中国纺织出版社有限公司

芦滩敞围云海龙

缸盆空色展一百尺松

水冷火热淬坚韧

磐难教人远平庸

致介良贤弟

之义良学作学书

沈介良

PREFACE

拓荒者何乐，乐在有目标、
有知己、有朋友、有一群合作伙伴。
公元二〇〇一年十月十二日

自序

　　如今社会上盛行出书写传，虽然我不是一名成功的民营企业家，也不是什么社会名人，但还是想凑个热闹出本书，待到耄耋之年能多一个念想，多一份回忆。人生多有遗憾，却没有真正意义上的如意，办企业更无常胜将军。60岁时，曾想写"我的六十年"，但却在写与不写的矛盾纠结中又度过了十年。2020年，是脱贫攻坚决战决胜之年，是国家实现第一个百年奋斗目标——全面建成小康社会的收官之年，也是国家"十三五"规划圆满收官之年，也是在这一年，全球新冠肺炎疫情暴发。我在这一年里偶遇了程中伟老师，与之促膝长谈，最终下定决心由他执笔写这本《拓荒者》。

　　任何人的成长、生活和工作的历程都不会一帆风顺。生长在不同时代，就会有不同的人生心路历程。对于我这个出生在20世纪50年代、中华人民共和国成立初期的人而言，经历了三年自然灾害、大跃进、文化大革命、改革开放40周年，虽然历经几多风雨，但我始终觉得我们这一代人是吃苦耐劳、踏实肯干而又容易满足的一代人。总说环境能改变人，而我们这一代人，自认为是勤劳务实、自信自立、自强不息、有奉献精神的一代人，是心怀感恩、能回报社会、照顾家庭、尊老爱幼的一代人，是工作奋斗在前、从不考虑享受的一代人。

有一句话叫"性格决定命运"，而我是一个在性格上的确存在诸多缺陷的人……

纵观我的人生经历，我性格上的缺陷导致我在政治命运和企业经营决策方面的失误是不少的，甚至是留有终生遗憾的。

人除了要认真读书学习外，还要善于总结和吸取经验教训，其中经验大部分应吸取别人的，而教训多来自自己。所以一个人吸取别人的经验向别人学习的东西越多，就越容易成功。如果一个人一生中的教训越多，那他人生的路可能会越曲折……

我有着与众不同的童年，难以言表的青年。三十而立时摔过跟斗，有过蒙冤抗命的奋斗经历；在不惑之年开始创办民营企业，经过八年努力，终在知天命之年圆了上市梦。"搭班子、定战略、带队伍"，"人人成为'经营者'"，办企业真的是一条永无止境的探索之路、漫漫前行的奋斗之路、披荆斩棘的进阶之路。在重重压力、艰苦磨难、坎坷挫折面前绝不言输、永不放弃的信念始终让我力量无穷。承担社会责任光荣，能为政府和群众分忧解难更是作为一名共产党员、一名基层党支部书记、一名民营企业法定代表人、一名基层商会会长的使命。2015年8月19日，"江苏旷达汽车织物集团股份有限公司"更名为"旷达科技集团股份有限公司"，从此企业踏上了转型升级之路，我也迈上了奋斗新征程。新时代是奋斗者的时代。"与天奋斗，其乐无穷！与地奋斗，其乐无穷！与人奋斗，其乐无穷！"

《拓荒者》这本书，到底谁会看，看的人会如何评价，又会怎么想，我不得而知。但是，我觉得同龄人看了可能觉得并无独到之处，成功的企业家看了可能不屑一顾，如果是年轻人，尤其是"90后""00后"看了以后，可能会认为这仅仅是一本小说而已……各读各的味，各品各的香。

说到年轻人，我便想到了雪堰镇中心卫生院王院长向我谈及他与儿子交流谈心的事情。王院长的儿子2001年出生，现已高中毕业考上了国际名校，准备攻读数学专业。作为父亲的王院长特意和儿子一起吃了顿饭，儿子谈了谈自己的心里想法和近期规划，父亲则谈了很多人生哲理，并送给儿子一套《毛泽东选集》1~5卷，让他好好读。后来，他儿子讲，《毛泽东选集》读了两遍之后，越读越觉得有味道，并讲其中的文章都是励志篇，很有应用价值，对做人做事、学习交友都甚是有用，更是表示还要继续多看几遍，多了解和学习国内国际上一些伟人的人格魅力和箴言警句。这件事着实触动了我的心。可以说，从我懂事以来，在学习工作、为人处事等方面，毛主席的著作和诗词给了我极大的帮助和启发，是我走出困难的精神支柱和力量源泉，是我在创办企业过程中的"胜经"。特别是其中的一些至理名言：

"生而强者不必自喜也，生而弱者不必自卑也。"

"我们的同志在困难的时候，要看到成绩，要看到光明，要提高我们的勇气。"

"错误和挫折教训了我们，使我们比较地聪明起来了，我们的事情就办得好一些。"

"政治路线确定之后，干部就是决定的因素。"

"一个人能力有大小，但只要有这点精神，就是一个高尚的人，一个纯粹的人，一个有道德的人，一个脱离了低级趣味的人，一个有益于人民的人。"

"虚心使人进步，骄傲使人落后。"

"我们的任务是过河，但是没有桥或没有船就不能过。不解决桥和船的问题，过河就是一句空话。"

"天若有情天亦老，人间正道是沧桑。"

"世界上怕就怕'认真'二字，共产党就最讲认真。"

……

几十年来，无论在工作中碰到多少问题，遇到多少挫折，受到多少委屈，我都未曾丧失信心，在失败中寻找主观原因，承担主要责任，没有怨天尤人，抱着办法总比困难多的思想去克服解决。

2021年，适逢中国共产党建党一百周年。"不忘初心、牢记使命"，其含义是十分正确伟大的。"我们千万不能在一片喝彩声、赞扬声中丧失革命精神和斗志，逐渐陷入安于现状、不思进取、贪图享乐的状态，而是要牢记船到中流浪更急、人到半山路更陡。"

在我耳顺之年，结合自己办企业这么多年来的体会和对企业未来的忧虑，我想跟年轻读者说几句心里话：

有文化的年轻人，要加强学习，特别要理论联系实际地学习，尤其到实业企业工作，要从一线做起。一个不懂得原材料，不熟悉产品工艺，不了解生产操作的人，怎能做好企业的管理工作呢？怎能做好研发？怎能做好销售？万丈高楼平地起，一砖一瓦皆根基。

在走出校门踏上工作岗位之后，自己选择报考和攻读的专业一定要继续学习、研究和应用，否则就失去了在大学里学习专业的意义。在工作岗位上，要学会当一颗有用的螺丝钉——干一行，爱一行，钻研一行。有文凭不等于有管理决策水平，有学历不等于有解决问题的能力。

要端正自己的工作态度，提高时间的利用率，加强工作的执行力，提高心理素质和心理承受能力，提升综合职业道德素养，不要被领导和同事批评几句就随口讲"不干了"三个字。

人言道：环境能改变一个人的前途和命运。不同的年代，会造就和培养不同的人。谋事在人，成事在天。天时不如地利，地利不如人和。我曲折而坎坷不平的人生经历似乎也印证了这些道理。但我坚信：事在人为。人不但要懂得如何认识驾驭天地人，更要有精气神……三百六十行，行行出状元。功夫不负有心人。只要用心去做好每一件事，做什么事情都有出息。

君子爱财，取之有道，视之有度，用之有节。由俭入奢易，由奢入俭难。虽然当今社会的物质生活水平提高了，衣食无忧，但仍然不能忘记节俭，这也符合党中央提出的"八项规定"和社会上提倡的"光盘行动"。

最后，我要特别感谢程中伟老师为此书耗费了大量的心血，感谢我的哥哥尹义良少将对本书提出的修改意见，感谢关心我的亲人、关怀我的领导、与我并肩学习工作的朋友和同事为本书提供的大量素材。最后，我还要特别感谢我的妻子张娟芳女士，在我遭遇挫折时不离不弃，几十年默默无闻地给予我经营企业的帮助和支持。

沈介良

1985 年
沈介良在毛纺厂厂长办公室

2007 年 12 月 24 日
沈介良参加武进区第十四届人民代表大会

2006 年 8 月 2 日
旷达集团向武进区慈善总会捐赠 1000 万元用于资助弱势群体

2009 年 4 月 9 日
旷达集团赞助召开"旷达"2009 全国产业用纺织品行业论坛会

2010 年 12 月 7 日
沈介良在江苏旷达上市仪式上讲话

2019 年 10 月 18 日
沈介良（中）参加长春旷达建厂 20 周年庆时与公司管理层合影

2003 年 1 月 8 日
时任武进市委书记盛克勤（前中）等来公司考察

2004 年 12 月 2 日
江苏省副省长李全林（左一）来公司考察

2020 年 1 月 13 日
常州市副市长兼武进区委书记李林（左）调研旷达科技集团股份有限公司

2020 年 7 月 18 日
常州市武进区区长陈志良（右中）调研旷达科技集团股份有限公司

2003 年 1 月
常州市第十三届人民代表大会武进代表团代表合影
前排右一为沈介良

2004 年 10 月
沈介良（左六）作为常州市企业家代表，随时任常州市委书记范燕青（左五）到江阴、无锡、苏州、宁波、杭州等地考察

2005 年
接待德国大众供应商评审专家

2005 年
接待德国大众质量审核专家

2006 年
接待美国客人

2008 年
接待美国李尔公司客人

1997 年 9 月 19 日
沈介良送女儿沈文桔到南京大学上学

沈介良三兄弟合影

左起：尹明良　沈介良　尹义良

DIRECTORY

目录

CHAPTER ONE

第二章

太湖边上

家乡
那条河

天空下，太湖边，风景美。

春天，风轻日暖，杨柳飞絮，云雾缭绕，花香裹着人间烟火，轻轻飘荡在浩渺的湖面上；夏天，郁郁葱葱的大树，立在那儿。断了线的雨水，欢畅地跃入湖中。接着，湖水涨，云脚低。粼粼波光里，幻化出不朽的神话，更是增添了几分神秘；秋天，天高云淡，果硕稻香，鱼虾满舱。丰收之歌，嘹亮，回荡，酝酿出动人的故事；冬天，人间烟火，直上蓝天。俯瞰太湖，风味人间，一幅水彩画，一场人世梦。

太湖边，还有条流进它的龙游河。

那条，流淌的龙游河，伴着青蛙呱呱叫，互诉衷肠。那条，流淌的龙游河，伴着蝉鸣鸟啼，互示爱意；那条，流淌的龙游河，船来船往，不知来自何方，亦不解去向何处；那条，流淌的龙游河，流走的还有那段激情燃烧的岁月。

树林守护着，那条流淌的龙游河。同样，那条流淌的龙游河，也滋养着这里的树林。人们守护着，那条流淌的龙游河。同样，那条流淌的龙游河，也滋养着这里的人们。一年四季，那条流淌的龙游河，涓涓不息，流进梦里。春夏秋冬，这里的树，这里的人，生生不息，谱写传奇！

那条流淌的龙游河，主流河脉成"人"字形，一撇在常州武进潘家曹家桥，一捺在无锡阳山天井岸，分别流进太湖后，就不见了踪影。连接潘家曹家桥与天井岸的是一座没有桥栏的江南石桥。"人"字形河与石桥正好形成一个"大"字。那桥，默默地承载着岁月的脚步，男男女女，老老少少。

那条流淌的龙游河，几十年前有很多分支，纵横交错，人们傍河而居，出行、运输等以水路摇船为主。

不过，很多河流、河塘、河浜等随着时间的推移已被填平，变成了一条条宽敞的高速路、一座座雄伟的高架桥，路上汽车一辆接一辆；还建成了一排排高大的公寓别墅、学校、厂房，幸福祥和；更有以饱览太湖山水、感悟孝道文化、闲憩田园农家等为特色的常州太湖湾旅游度假区：嬉戏谷、中华孝道园、太湖湾露营谷等闻名大江南北，以及当地标志性的旷达太湖花园、旷达福源等公寓别墅区、养老服务中心、小区等。

原来的那段生活，就像一场梦，没留下一点印痕！能够穿越时空，一代一代口口相传下来的是关于太湖的诸多神话以及以前这里的名人轶事，像太湖形成的神话故事、陈呆仁割肉救母的故事、董亦湘的革命事迹等在当地都流传甚广。

"俱往矣，数风流人物，还看今朝。"接下来，我要给大家讲述的是关于坐落在常州市武进区雪堰镇太湖湾旅游度假区旁的旷达科技集团股份有限公司董事长沈介良的故事。

沈介良于农历1953年2月22日出生在太湖湾龙游河的北岸，却在那条河的南岸成长、成才，并接过前贤的接力棒，谱写了人生传奇和辉煌。他说自己只是生产一块汽车用的内饰织物而已，只是自己的童年和走过的路与众不同罢了，与其他企业家相比，根本算不上成功人士。我却坚持认为，正是他将一块普通的汽车内饰织物做成了行业的龙头，行业的引领者，走出了一条与众不同的路，才有了不同的精彩故事和人生风景与大家分享。

龙游河

『叫魂』

　　风景秀丽的太湖湾东北处，有两条河与武进港和龙游河交汇，河流东南侧形成一个三角地带，大家为那里取名牛奶浜，又叫四河口。远远望去，那里有一片葱葱郁郁的林子显得有些突兀，走近了会发现其实是生产队一片养蚕用的桑树林。这片桑树林里有农户家的一小块一小块自留地，自留地上有他们的祖坟。那里离曹家村有两三里远。此处相对来讲比较偏远空旷，平时很少有人来这个地方。河面上有时会有手摇的农船经过，偶尔也会有大的运输船扯着嗓子，响起汽笛声，撕裂这里平静的天空。

　　不过，前几天这里原有的平静被打破了。

　　一支举行丧礼的队伍从村里出来，凄婉的唢呐声响彻河的两岸，村上不谙世事的孩子们，还追着队伍看热闹。

　　很快那片林子里多了一个新坟，一些花圈，还有一棵树。村上送葬的亲朋、张罗事务的人们离去以后，这里变得出奇的静。接近黄昏的时候，淅淅沥沥地下起了小雨。新坟周边，桑树地里青草比较茂盛，又高又壮，一大片一大片，整整齐齐。雨滴打着草叶，发出窸窸窣窣的声音。

　　虽值初夏，风一吹仍然透着寒气。

　　七八岁的沈介良个子中等，瘦瘦的身材，一头乌黑的自然卷发，大大的眼睛，像似一个小大人。他身穿蓑衣、头戴斗篷，独自来到这里为家里的猪、羊、兔子割青草和红薯藤的头。可是，他知道这里前不久刚安葬过人，挂白幡的小竹竿还斜插在坟头，但白幡早已掉落。新坟的土松软，经风吹雨打，很快向下沉降，形成一圈明显的沟槽。这让一个七八岁的孩子难免引起种种奇怪的联想。他害怕极了，不敢发出声响，割草的手停了下来。可是，刚停下来就显得越发安静，雨水的籁籁声、风的呜呜声，哪怕是一丝丝的声响都听得那么真切。越想就越莫名地害怕，整个人蜷缩在那里不敢动了。好在，远远地传来了大船的轰鸣声，这才给沈介良壮了胆。他赶紧拿起镰刀，麻利地割了一阵子青草和红薯藤头，等船声消失的时候，他又不敢割了。

他想："草才割了三分之一满，还没有完成母亲的任务，是不能回家的。我就等下一只船到来的时候再割！"

就这样，沈介良总算割满了一大竹篮子的青草和红薯藤头，天色也完全暗了下来。

为了避开坟地，沈介良赶紧从另外一条较远的田埂上往家赶。回家的路上，稀疏的雨，泥泞的田埂，每走一步，都会发出响声。他心里有些发怵，总觉得身后有人跟着自己似的。可是，他回头时只有灰蒙蒙的田野和一片灰蒙蒙的桑树林，其他什么都没有。于是他加快了脚步，可越紧张害怕，就越发觉得身后有一种可怕的声音。他再回头，仍然灰蒙蒙的一片，什么也看不见。沈介良心跳加速，再次加快脚步，大口大口地喘着气，一不小心滑倒了。虽然不是人仰马翻，青草却洒了一地，斗笠也滚出去老远。他赶紧忍着疼收拾残局。当他赶到家时，篮子里的草丢掉不少，不过心总算落了地，没有那么害怕了。

"良良，你去哪里割的草，你摔倒了吗，没事吧？"祖母见状问。

"没事儿，去牛奶浜桑树林子那儿了。"沈介良用水冲了冲脚，还有斗笠、蓑衣，上面沾满了泥巴。

"啊，那里刚葬了人，你胆子可真大，跑那么远！"

"那儿的草多，没有人去割，村附近的草都被大家割完了。"

没有想到的是，到了晚上，沈介良就开始发烧了！

"哎，烧一直不退，肯定是被那里的坟茔吓掉魂了！"祖母絮叨着，拿起沈介良戴的斗笠，对着村头远处桑树林子的方向，一边挥动，一边走近沈介良身边，反复走了几次，嘴里还不停地喊：

"良良啊，回来吧，跟祖母回家吧！良良啊，回来吧，跟祖母回家吧！"

你别说，祖母这种混混沌沌的"叫魂"治疗大法，或者说是一种关心和爱护，却给了沈介良极大的心理慰藉，再加上喝了一碗姜茶，出了一身汗，烧渐渐地就退了。

在那个年代，小孩子头疼发热等小毛病大多都是用土办法治好的，很少到医院治疗。

这是沈介良经历的第二次"叫魂"事件了。第一次发生在1956年农历三月二十六，也是他刚满三周岁多一点的时候，场景犹如发生在昨天。

"良良，我们带你和外婆一起去赶集好不好，那里可热闹了！"

"好！"沈介良声音拖得长长的。不过，那次"外出赶集"，沈介良的爸爸，还有哥哥把他们送到阳湖头村的村口就回家了。当时，沈介良的哥哥发现爸爸流泪了，自己心里也有一种莫名的难过。

中华人民共和国成立后，国家采取多种措施，努力发展城乡经济，农村的集市或者说庙会得到了恢复与发展。集市上的交易形式多样，产品丰富，买卖活跃。江南农村一直被誉为"鱼米之乡"，向来都十分富裕。每个乡镇每年也都会有规模不小的集市，并且人气非常旺。那天白天，常州漕桥集市如期举办，早有耳闻的三村五里的在漕桥及周边有亲戚的人们都会去逛集市。很多人逛完集市，还顺道去亲戚家走走亲戚。因此，漕桥集市的街道上人头攒动，男女老少，十分热闹。集市上大多是镬头镰刀、蓑衣斗笠、布匹鞋袜、脸盆茶壶类农村用的小商品，也有一些吸引孩子的气球、糖果、连环画类的产品，还有卖鸡蛋、羊、猪等的。有把商品摆在地上的，也有摆在板车上的。卖家禽类的农户有装笼子的，也有牵着的，不时传出鸡、鸭、鹅、羊的叫声。

街上，吆喝声、讨价声不断。

沈介良欢天喜地，一路小跑，快到中午时，他们来到了漕桥集市上。妈妈给他买了很多糕点吃，沈介良玩得十分开心。下午，他又跟随妈妈到舅妈、外婆家走亲戚。

可是吃过晚饭后，沈介良找不到妈妈了。他心中一下子慌了，非常着急，紧张。

"良良，你娘有事，等会儿就回来了，赶紧睡吧！"

晚上，沈介良单独睡在一张小床上。

他睡的那个房间不大，比较简陋，地面有些潮湿。木门已经无法完全关闭，窗户破旧，用纸遮挡。风一吹，门发出"吱吱"的声响，窗户也发出"吱呀吱呀"的声音。房间里摆了两张床，一张双人床，一张单人床，还有一些简单的家具。

沈介良尝试着闭上眼睛，但是漆黑的夜、空寂的屋子、凝固的空气，与白天热闹非凡的情景形成巨大反差，犹如天要塌下来一般。

最主要的是找不到妈妈了，没有妈妈的陪伴沈介良根本无法入睡。

正恍恍惚惚将要入睡的时候，模模糊糊看到一条又粗又长的大灰蛇顺着墙角往上爬，还吐着蛇信子，这下可把沈介良吓坏了。

"娘，娘！"

任凭沈介良怎么呼唤妈妈，就是没有人应答。他全身像被巨石压住了一样无法动弹。沈介良内心的恐惧达到了极点，泪水止不住地往下淌。

这之前，他一直是跟妈妈一起睡觉的。可是今晚，妈妈却不告而别，沈介良的内心陷入了极大的渴望和恐惧之中。

"娘，你在哪里啊？"沈介良整宿都没有好好睡觉，发烧中不断呓语，有时指着墙角喊，"娘，蛇……啊……蛇……"

第一次单独在一张床上睡觉，不知是找不到妈妈的恐惧，还是被长蛇吓到了，第二天凌晨，沈介良就生病发烧了！

"这孩子刚分开一个晚上，就生病了，以后怎么办呢？"沈介良的妈妈杨爱如有些担心，问爸爸沈和尚。

"慢慢会好的！慢慢会好的！"沈介良的爸爸沈和尚低语说。

还是沈介良的祖母有经验，她晓得沈介良是第一次单独睡觉，肯定是被吓着了，就用她的那一套老办法为孩子"叫魂"：

"东方米粮，西方米粮，南方米粮，北方米粮，良良你回来呀，快回来呀，良良你回来呀，快回来呀……"

当然，真正治好沈介良的，其实不是祖母的"叫魂"，而是他随妈妈外出走亲戚时，晚上依偎在妈妈怀里安稳地、美美地睡了一觉。这让他体会到母亲慈祥的关爱和温暖的怀抱，湿冷的内心像是得到了太阳般的温暖，哪怕是非常少有、哪怕是非常短暂，同样得到了巨大的、长久的安慰。

幼时的 饭团

20世纪50年代，江南农村，放眼望去，千亩沃野绿。到了收获季节，呈现的是一片金黄和两岸稻花香。家家户户的劳力都会散落在各自的田头。他们手快镰利，他们挥汗如雨，靠人力和畜力抢收抢种。正应了那句风靡大江南北的歌词：黑黝黝的铁脊梁，汗珠子滚太阳！

那时大多数人家以土砖房、草房为主，能住上砖木结构房的家庭条件算是不错的。沈和尚虽是贫农出身，但属于分房分田入户，分的房子是一个富农成分的两层石木混合结构的瓦房，还顶嗣了陈家前后四间瓦房，在曹家桥北后村算是比较有家产的人家了。

1958年，一声啼哭，沈介良的弟弟沈佳新呱呱坠地。沈和尚喜添一子，这是他结婚以来第一份惊喜，也是上天赐给他唯一的礼物。加上沈介良和大女儿，他们这个小家庭里就有五口人了，再加上沈和尚的父母，一大家子更是其乐融融。当然，他们除了住的比其他人家略好些以外，日子也并不富裕。不过，在那个年代大家都一样，过的都是苦日子。大家都说，添个人，加瓢水。因此，孩子生下来了，条件再差也不愁养不活。

沈介良那年五岁，有个弟弟还是非常开心的。弟弟的小衣服、小脑袋、小脸、小手都是稀罕的，令他十分好奇，围着弟弟总是看不够，觉得很好玩。有时候，还会悄悄地用手轻轻地去抚摸弟弟红扑扑的小脸蛋。

"轻点摸，嫩着呢！"妈妈生怕沈介良弄疼了他的弟弟。

沈介良抚摸着弟弟的小脸蛋，轻轻地喊着："弟弟！弟弟！"

"哇！哇！"弟弟这时哭了起来，这是他未料到的，赶紧把手缩了回去。

"叫你轻点摸，摸疼了吧！摸哭了吧！"

沈介良心想：弟弟别哭了，下次我再轻一点摸。沈介良的祖母听到小孙子哭，赶紧走了过来，一看，再用手一摸，就抱了起来，唱着说：

"哎哟哟……你这个小孙子啊，你尿咋也不瞅个地方啊，也不挑个时间点儿啊，真是不省心啊！"

沈介良看着小弟弟被祖母逗笑了，才安心一点，心想还好不是自己弄疼了弟弟！

沈介良弟弟出生那年，正赶上我国农村体制改革，成立了人民公社。大家脱离了以户为单位的单干，开始以生产队为单位的集体化生产。当时生产队还流行着一句话：放开肚皮吃饭，鼓足干劲生产！这样一来，农村可热闹了，大家一起出工，一起收工，一起吃饭。公共食堂里大多贴着用毛笔写的大字的标语，诸如：共产主义是天堂、人民公社是桥梁、公共食堂是我们的大家庭等。因大家一起出工了，很多小孩子就没人照料，十分不安全。由此，生产队又衍生出了专门照管孩子的"托儿所"。有条件的生产队，还办起了养鸡场、养鸭场等。

"这孩子一出生，农村就大变革，真是厉害了。可是这三个娃，我哪里带得了啊！"沈介良的祖母不知道是该高兴还是难过，累得腰都直不起来了。

"把孩子送到薛文英家吧,她是我们生产队指定的'托儿所'人员。她人比较好,有耐心,也让人放心!"沈和尚想了想对母亲说。

"那就先把良良送过去吧!"

薛文英是潘家茅柴巷人,嫁到了临近的曹家桥。她是一个典型的江南农村妇女,心地善良,为人又好,生产队就指定她在家照顾生产队的几个小孩子,享受与出工社员一样多的工分。

"这孩子长得真俊,真是一个小帅哥啊!"她看到沈介良时,弯下腰,牵着他的小手,啧啧称赞,"看这双大眼睛,真惹人喜爱,我喜欢。"

当然,给薛文英以及后来转到邻村牌楼下幼儿园的阿姨们留下深刻印象的不只是沈介良帅气的外表,还有他的懂事和孝心。记得那是用一个大院改造的幼儿园,比较大,宽敞。小朋友也多了起来,他们在幼儿园一起吃、一起玩、一起唱歌、一起玩耍,十分开心。可是新鲜劲儿一过,有的小朋友就跑回了家。沈介良却从未那样做,表现乖巧。还有,有时幼儿园会包团子吃,沈介良舍不得吃,就会请假带回家给父母亲吃。这些表现,让幼儿园的阿姨们大为称赞。

上幼儿园是沈介良真正意义上全天候地离开家。他在幼儿园的表现总是出众,并且在幼儿园得到了阿姨的认可和夸奖,内心充满喜悦和自信,也有了自豪感和优越感。

挑起一桶水

沈介良小时候，农村家里的饮用水都是要到村上的水井里挑的。他八九岁时就高过同龄人一头，比较壮实，像个小大人。妈妈就会让他到离家三百米开外的井里挑水。

"良良，家里的水没有了，你去挑些回来吧。"

"好的！"

"慢点啊！"沈介良祖母有些不放心。

"嗯！"沈介良挑着空桶出发了。

去的路上比较轻松，空桶，沈介良还是蹦着跳着去的。可是他到了井边打水时就遇到了困难，因为水井里的水面离井口很深，根本无法控制吊桶的方向。吊桶斜漂在水面上，也根本沉不到水下去，井里的水也打不到吊桶里来。他就学着大人拎上来、放下去，试了很多次，费了很长时间吊桶里才装满了水。他刚想松口气，又发觉不对劲。一桶水在井水里有浮力时比较轻，可是一离开水面，才知道一桶水的真实重量。沈介良根本不能像大人那样，一下一下地将吊桶快速地拉到井沿上，再猛一拉顺势放到井旁边。眼看着拽不住了，心想总不能倒掉一些吧，不过怎样才能倒掉悬在井中吊桶里的水呢？

"哎哟！"一个不小心，吊桶又落到了井里，绳子也"嗖"地一下从手中脱落。沈介良一个踉跄，差点一头栽进井里，吓出一身冷汗，他心想：别水没打到，绳子、桶、人全掉到井里去了。

谢天谢地，绳子脱落的一刹那，沈介良条件反射般双手在身前乱抓了几把，正巧抓到了那根绳子的尾巴。

"我的天呀，好险啊！"沈介良抓着桶绳，蹲在井边喘着气，"这可怎么办？"

正无奈之际，沈介良眼睛灵光一闪，发现井的旁边有很多槿树。那树开紫色的花，长长的枝条可以做篱笆，叶汁像洗发水一样可以洗头。于是他就将绳子的一头绑在树干上，再跑到井边拉吊桶。他反复几次，吊桶就被拽到了井沿。接着，沈介良贴着井沿将吊桶拖拽了上来，等完全拉上来放好时，吊桶里也就只剩下半桶水了。不过，沈介良非常开心，他借助槿树，总算成功了。

他先将那半桶水倒进另一只空桶里，然后再去井里吊半桶，加满，然后再吊，加起来一桶半多点水。大人都知道，两桶一样多的水挑起来才平衡，也不费力气。要是一头是半桶水，一头是一桶水，就会一头轻一头重，挑起来身体前后就无法保持平衡。小小年纪的沈介良哪知晓这个道理，一个弯身就猛地去挑。

"哎哟！"扁担重的一端没有挑起来，水桶倒在了地上。轻的一端，桶襻顺着扁担钩荡悠起来，碰到了沈介良的后背。

疼痛不说，费了九牛二虎之力，好不容易吊上来的水也打翻在地上了。

不过，沈介良并没有放弃，他再次从井里吊水。最后一次仍然只有大半桶水，他将满的一桶又倒进不满的一桶，控制得一样多，两大半桶，这才重新挑了起来。即便这样，等沈介良晃晃悠悠挑到家时，一共就剩下一桶水了，路上洒了不少！

沈介良家的那口水缸可以装六桶水，开始时，他家的大水缸都是一桶水一桶水灌满的。沈介良刚开始挑水时也没有觉得什么不适应，等他挑满一缸水休息时才发现食指被桶绳磨出了水泡，肩膀也变得通红，第二天手和肩更疼了，他只好换手、换肩完成挑水任务。即便如此，他家里的生活用水全部落在了他那弱小却坚强的双肩上。

沈介良十来岁时，挑水的活已经被他总结得熟门熟路了。他走到井边，会娴熟地将水桶口朝下倾斜着撂进水井里，然后猛地一摇、一甩绳子，再提一提、放一放水桶，水桶就装满了水。接着，沈介良快速地从水井里拉出水桶，轻松地挑上两满桶水就回家了。路上，水桶在沈介良前后有节奏地摆动，忽闪忽闪的，走的过程中不用停下来就能换肩挑，水还不洒一滴，太神奇了。

从八岁开始，他挑起的不是一桶水，而是满满的责任。从挑一桶水开始，他接连又挑起了粮草、河泥、肥料等，为家里增加工分、增加收入。

在那个热火朝天的年代，有的大人干起活来都会偷懒耍滑，反正为公家做工，做多做少一个样。可是沈介良像拼命三郎一样，别人挑100斤，他就挑120斤，甚至150斤，这跟他挑的一桶水有关，这是童子功，他挑起的生活重担无人能比。

少年寻宝图

随着年龄的增长，沈介良以曹家桥为中心，走得更远了，方圆几公里没有他涉足不到的地方。当然要想"仗剑天涯"，首先还要有走天涯的本领和宝剑！

从小喜欢思考、总结的沈介良，自懂事起就在家里蹲在爸爸旁边细心地观察编竹篮、竹筐之类的农具，还有草鞋、草帽等。他看着爸爸在一片平地上横几道、竖几道摆放几根厚的竹条，先是相互镶嵌串压，再穿细软的竹条，很快筐篮的底部就完成了。然后将粗厚的竹条扳起定型，迅速将准备好的细竹条像织布一样编在竖起的竹条上，竹筐一圈一圈地不断增高。最后到一定高度时再加上筐沿，一个竹筐就编好了。在这个过程中，沈介良似乎能看出一些门道来，总是忙前忙后，一会儿递上准备好的竹篾，一会儿又递上准备好的竹条，忙得不亦乐乎！

如此，沈介良跟着爸爸学会了编竹器、扎草鞋，还有捕捉黄鼠狼的办法。

在捕捉黄鼠狼的方法上，沈介良还做了一些改进，他将捕捉老鼠的办法用在了捕捉黄鼠狼上。只是黄鼠狼要比老鼠的个头大多了，老鼠笼子根本没法用。沈介良就学着爸爸编竹筐、竹篾的办法，把竹子换成铁丝，编成了一个铁丝笼子，其实就是一个特大号的"老鼠笼子"，用来捕捉黄鼠狼。

"啪！"

沈介良试验了一下，用竹子轻轻地捅了一下笼子里的诱饵，没想到还挺灵敏，笼子的盖子一下子就合了起来。他再用手拉拉盖子，拉不动，就满意地笑了！黄昏的时候，他走出曹家大队，来到不远处的山丘下，仔细地查看地形，寻找黄鼠狼的蛛丝马迹，然后将装有诱饵的笼子放在外面看不到而里面比较宽阔一点树林里，这样不会轻易地被人发现。另外，黄鼠狼也很聪明，也要寻找安全的地方落脚。

走到不远处，沈介良又回头看看，蹦蹦跳跳地回家了！

就这样，晚上放笼，早上收笼，隔三岔五总会有些收获。特别是到了初冬下霜后，正是青黄不接的时候，也是黄鼠狼到处觅食的时候。沈介良还发现，黄鼠狼会寻老鼠洞，抓老鼠，甚至饿极了的时候，还会与蛇博斗。沈介良掌握了黄鼠狼这一习性后，就在笼子旁边做一些鼠脚印等假象，黄鼠狼就更容易钻进笼子里咬诱饵了。当然，等待它的只有被活捉的下场。然而，黄鼠狼是不会轻易上当的，抓到的成功率在5%以内。一只黄鼠狼可以卖4.69元，买一双雨鞋3.6元，沈介良的第一双36号雨鞋就是抓黄鼠狼换来的，多的1.09元钱和4尺布证交给了妈妈。

春夏捕鱼，沈介良也有妙招。

每当稻田灌溉或插秧后，灌溉用的水沟里都会进鱼。沈介良便会用土堵的办法将水沟截上十来米长的一段，这样就变成了一个两头不通的"小水塘"。然后用盆子将里面的水向两边舀出去。随着水越来越少，里面的鱼虾就都蹦了起来。

一条，两条，一只，两只！

"哈哈，泥鳅，哪里跑！哪里跑！"

沈介良与小水塘里的鱼儿、虾儿们玩得不亦乐乎。有时，他还会到真正的河塘边摸一些河蚌、田螺什么的，总能收获满满，用于改善家里饭桌上的菜肴。

捉青蛙，就更不用提了。沈介良身手敏捷，只要发现青蛙，悄悄地溜到它后面，伸手一抓，就能抓到。当然，也有遇到意外和失算的时候。有天晚上，沈介良趁着月光，在稻田埂上发现一只个头很大的青蛙，鼓着腮帮，正"咕咕呱呱"地叫着。他从侧面轻手轻脚地走了过去。心想今天又要有收获了，可是当他伸手抓时才发现那青蛙已经是一条大灰蛇的猎物了，被盘在了蛇的中间。

"啊……"

沈介良吓得一声尖叫，哧溜一下就跑得没影了。接下来好几天，他都没敢再走到稻田埂上捉青蛙。

此外，沈介良还是个有心的孩子。他一有空就三村五里去捡破烂。培植稻基用过的塑料薄膜、人们丢弃的纸片，还有厨余垃圾像大骨头什么的，都是他眼中的"宝贝"，每斤可以卖7分钱呢。偶尔，沈介良还能捡到废铜烂铁，积攒起来，每斤可以卖3毛5角钱。他抓的黄鼠狼、鱼虾等，到街市上每斤能以5毛钱的价格卖掉。他只要卖掉1斤就能换回价值5毛钱的两节"金扇"牌电池，然后装进手电筒，就能抓到更多的鱼。除了开销，剩下的可以改善家里的生活，当时一般人家是不到市场上买荤菜的，除非家里请了瓦工、木工或裁缝才会买点肉。

时间长了，沈介良有了积蓄，就会买一些学习用品，铅笔、新华字典什么的，他还买了一些连环画类的小人书，有《哪吒闹海》《真假美猴王》《钢铁是怎样炼成的》等。

在很多人埋怨生活和命运不公时，沈介良小小年纪就走遍了三村五里，游遍了家乡的角角落落。田头、埂边、渠沟、街市、山丘等都留下了他的脚印。他还悄悄地绘制了一张路线图，哪里有青草、哪里有黄鼠狼、哪里有鱼、哪里有破烂捡，甚至还标注了有多少人去过、需多长时间去一次、每次有多少收获等，他都记得清清楚楚。现在再谈起那张路线图，上面标注的路线和地点，基本上都是一些不起眼的、大家不怎么去的，甚至是大家不怎么关注的也不敢去的荒草地。或者还可以说，那张路线图其实就是沈介良少年时代的一张拓荒用的"寻宝图"！

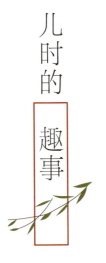

儿时的趣事

日月如梭，几十年弹指一挥间。

回过头来想想，小时候天天盼着长大，因为长大了就可以不受父母的管束，就可以自由啦。可是，长大了就体验到了人生的艰辛，又总会想着回到那个难忘的童年时代。那时的自己是那么纯粹，想干什么就干什么，想说什么就说什么。虽然那时没有电视机、没有游戏机、没有手机、没有网游等，但趣事并不比现在的孩子们少。

沈介良小时候正赶上我国农村体制改革，农村不再以户为单位，全是集体化。集体劳动、集体收工、集体吃饭等是那个时代的最大特征。

社员听见队长收工的哨子后，就会各自先回家取些碗、罐到食堂打饭、盛菜，然后拿回家吃。沈介良的母亲被安排在公共食堂当炊事员，他就很喜欢跟着母亲到公社公共食堂玩。

"吃吧！"母亲杨爱如忙完，就会将粥锅内侧边上的一圈透明如蝉翼、像薄膜的锅衣刮下来给沈介良吃。他接过锅衣就往嘴里送，没想到锅衣又薄又脆，刚吃进去，就粘舌头、黏喉咙、裹牙齿，于是就干咳了几声。

"你慢点吃，别呛着了，真是小馋猫啊！好吃吗？"

"嗯，好吃，甜甜的、黏黏的、香香的！"锅衣很快就在沈介良的嘴巴里融掉了，唇齿间留下一抹甘甜清香味儿。

在那个年代，什么都是好吃的。沈介良偶尔能吃上一次那样的锅衣，算是一件比较开心而又难忘的事情了。还有，孩子们贪玩是天性，只要不在父母的视线内，就会疯玩，用现在的话说就是玩得很嗨。只要孩子们聚在一起，一些稀奇古怪、异想天开的想法就会层出不穷，什么玩法都有。

"我来玩一会儿吧……"

"我来拍几下吧……"

五六个孩子围着一个有皮球的同伴，羡慕地盯着他手里的皮球，商量着怎么玩皮球，都希望自己能多玩一会儿。大家几番商量下来，决定谁滚球滚得准就可以多玩一会儿，谁拍球拍得高也可以多玩一会儿，然后就开始了游戏，几轮下来就到了吃饭的时间。有的孩子还没有玩成，只能垂头丧气地回家，期待着下次再玩。

凡是那时候沈介良没有的玩具，他只要想玩都会自己动手做。他才不会羡慕谁有个皮球，或者有个铁圈什么的，也很少参加什么丢手绢、跳皮筋、踢毽子类的简单游戏，他都是玩难度大的。

有一次，沈介良见到同伴玩木质陀螺，就自己挑选了一块椭圆形的石片，打磨成圆形，中间打孔，穿竹管，管中加竹筷，削成圆锥形，一个简易的陀螺就做好了。拿出去和同伴比赛，因重量比木质的重，旋转过程中速度也快，并且碰到谁的陀螺，谁的陀螺就会被碰飞出去，就会输掉比赛。

另外，沈介良比较热衷于做"枪"。

他会截取一节适合做"枪管"的水竹做成"枪管"，再将筷子削成与枪管匹配的圆柱形，也就是"枪栓"，然后再找些朴树籽当"子弹"，外加枪基、牛皮筋等，一把"噼啪铳枪"就做好了。这可是他们玩"打仗"时不可缺少的道具，虽然不会伤到人，可是打在身上还是有点疼的。于是他们开始玩"枪战"游戏，分几路攻打、如何隐蔽、怎样撤退等等都提前有所"安排"，玩得跟电影里的枪战片差不多，就是在开始前谁演主角、谁演反面人物时争论得不可开交，有时还会因此吵起来。

关于"枪战"游戏，也有一个村与另一个村的孩子进行"对仗"玩的，那时候就不再分正反面人物了，而是看哪个村的装备更厉害，胜者为王，因此玩起来更痛快。

人们总是想回到儿时的年代，或许都是因为诸如这些难忘有趣的人和故事吧！

良驹

难驯养

"奶奶！奶奶！"沈介良吃完早饭对祖母说，"我去割草啦！"

沈介良提起竹篮，拿着镰刀，向外飞奔。

"慢点，慌里慌张的，不能急！"祖母停下手中绕线的活，关心地说，"千万不要去河边割，还有河沿上，最好也不要去，太危险了！"

"同学还在等我呢，知道啦！"

"你见到草就要割，不要挑地方，找草的时间也是要费工夫的。"沈介良的父亲见他向外跑去，对着他喊，"割不到草你娘是要揍你的……"

话音未落，沈介良已经跑得没影了，并且很快就与同村几个同龄的伙伴聚在了一起。

几个孩子在一起，头脑马上发热，开始疯玩起来。一路上各自拿着镰刀，你追我赶，嬉笑打闹。危险不说，割草的事情早就抛到九霄云外去了。即便沈介良有时也割一把放进篮子里，不过也马上会被同伴叫着、催着去玩。一直到篮子里的那把草干瘪掉，最后，又被同伴一个不小心踢倒篮子，篮子就滚了出去，那把干瘪的草也丢了。

"来来，看我们谁投得准！"

"投什么？"

"投那土块！"沈介良指着田埂边凸起的土

块说。

大家转过头，眼睛都瞅向那保龄球似的土块，上面还长了青草，眼睛闪闪发光。

"好！"

"罚投不准的给投得准的割草！"

"好！"

最后，沈介良赢了。其他小朋友都割一把青草给他。可是，就象征性的几把青草，篮子根本装不满，沈介良回家也交不了差。于是他在下面垫了些树枝、枯树叶，将草放在上面，准备回家蒙混过关。

路上，他们经过学校后面的一个小竹林时，刚才输掉的小伙伴看着长势很好的竹子，有的还斜插到小路的上方，想扳回一局，于是就指着竹子对大家说：

"看我们谁的镰刀快，谁敢比？"

"我比！""我也比！""还有我！""加上我，加上我！"

四个应战，当然，刚才赢了大家青草的沈介良也不好推脱，脑子一热也答应了！

"哈……哈……哈……"他们武侠般砍向竹子。瞬间，那片竹林里的新竹、老竹、高的、矮的很多应声倒地！

"你们……你们干什么，不想活啦？"一个四十多岁的阿姨拍着大腿大喝一声！

沈介良等村上的五六个小男孩听到呵斥声，才知道酿成了大祸，吓得魂飞魄散，先是一愣，接着便是各顾各地落荒而逃。

"别跑，往哪跑，都别跑，赔钱！"

孩子们谁还去听，早就脚底板抹油溜之大吉了。

"跑，看你们往哪跑，别以为跑了就有用了！"

沈介良回到家，不敢吱声。刚才一跑，篮子里的草少得更加可怜了，比镰刀快的事情更让他心有顾忌。他悄悄地将几把草丢给了咩咩叫的羊，才默默地进了屋。

"你割的草呢？"沈介良妈妈看到他挎竹篮、走路轻松的样子，就感觉不对劲，于是跟进了屋。

"放羊圈了！"

"放羊圈了？谁叫你放羊圈了，带我去看看！"沈介良妈妈见状，心想完不成每天割五篮子草的任务就算了，还撒谎骗人，拎着沈介良的耳朵说，"净骗人，你以为我眼睛不好就好糊弄吗？你听听那羊饿的，一听羊叫的声音就知道你又要滑头了。"

沈介良挣脱妈妈的手，知道自己撒了谎，捂着生疼的耳朵不再争辩。

"老早跑出去，割的草呢，总是放些树枝树叶，上面蓬上几棵草，就想蒙混过关啊，你倒知道吃饭，没草，羊吃什么，羊怎么长大？"沈介良妈妈虽然心疼孩子，但还是毫不含糊地对沈介良说，"贪玩，撒谎，玩小把戏，不割草回来，就别吃饭！"

沈介良的爸爸在一边看着也不好阻拦，毕竟孩子犯了错，理应受罚。为了让孩子知道是非曲直，觉得对他惩罚过了头也不好当场阻止，只能事后悄悄对沈介良说："下次你娘打你，你就跑……"

这时候，沈介良的姐姐沈丽英见状，赶紧拉着他到外面去割草。

当他们姐弟俩汗流浃背地割完草快到家的时候，沈介良看到刚才那个阿姨抱着竹子、笋头朝他们家方向走去的身影，隐隐约约地听到"还跑，往哪跑，找你老娘算账去！"

沈介良一听，慌了神，怯怯地对姐姐说："你先回去吧，我肚子有点不舒服，我要去大便！"

"你快点，真是的，还要吃饭呢！"

沈介良知道这下闯祸了，他不知道怎样面对别人拿着证据找到母亲，让母亲丢尽脸面。赔偿不说，碍于情面，母亲肯定会为了给人家找个台阶下，当着人家的面揍自己的，与其这样不如暂且先躲一躲，走为上策，等母亲火气消了再回去。沈介良心想即便是被打，也不愿意当着别人的面被打，那太丢人了。

"躲哪里呢？"沈介良寻思着，既然要躲，就躲到别人找不到的地方。他想到村头河边停着一条生产队的水泥船，就想躲到船里去。

于是，他等姐姐走远，就反方向朝着河边走去。

那里果然有条水泥船，这种水泥船以钢筋混凝土为主，中间是船舱，两端空心结构，有盖子，以增加浮力。在当时那个年代，因制造工艺简单、成本低廉，在江南内河十分常见，可以用作短途农用载货、捕鱼等。

沈介良看了看，周围没人，赶紧上了船，钻进水泥船的船艄，还索性盖上盖子，没人能找到。

"你弟弟呢？"沈介良的妈妈见沈丽英一个人回来，就朝她吼了一声。

"一会儿就回来了！"沈介良的姐姐沈丽英被吼得吓了一跳，还看到一个不认识的阿姨在家里，不知道发生了什么事情。

"你们看看，你们看看，多可惜啊！"那位阿姨在沈介良家里哭诉，"我们每年竹笋都舍不得吃，养了好几年，竟然被他们轻易地给毁坏了，我们还指望着今年编竹篮、竹筐、竹席卖呢，这下可好！"

沈介良的姐姐沈丽英左看右看不见弟弟回来，加上妈妈怒不可遏的样子，还有家里的断竹子、断笋头，她这才明白，原来弟弟在外面闯祸了，吓得躲了起来！

这一次，沈介良躲在船艄里，是真的后悔了。他猜想家里肯定乱成了一锅粥。在漆黑的船艄里，他想到了以前妈妈教育他的场景。

那是去年春节的事情了，几个孩子聚在一起，嬉闹着玩鞭炮。

"看谁的鞭炮响！"沈介良拿出最大的鞭炮说。

"来来来……"几个孩子嚷嚷着将各自的鞭炮排成一字型，依次点燃。

"嘣、轰、啪……"鞭炮依次响起。

"我的最响！""我的最响！"

谁的最响，就看谁的嗓门大了。

"看谁的鞭炮威力大吧，炸这个！"沈介良看到一个废弃的茶缸，灵机一动说，"这响声难比，不分上下，我们比看谁的鞭炮炸得高，谁的就厉害，怎么样？"

"好好，这个好！"

沈介良点燃鞭炮，马上放到那个废弃的茶缸盖上，立即堵上耳朵跑得远远的。突然，一声闷响，"嗖"一下，只见茶缸冲向天空成弧状飞去，不久，"咣啷啷"一声，滚落得老远。

正当他们几个孩子玩得高兴时，旁边一个稻草垛冒起了黑烟，瞬间火光骤起，熊熊地燃烧起来！

"谁干的？"

"谁干的？"

"沈介良，沈介良……"几个孩子嚷嚷着一哄而散！

这一嚷不当紧，沈介良算是倒大霉了。人家跑到沈介良家，找到他母亲理论，非要沈介良家赔偿一垛稻草，其他的不要。

沈介良的妈妈虽然没有文化，但在管教孩子方面毫不含糊。她认为对就是对，错就是错。要是给的任务完不成就得有个说法，要是犯了错就要受到应有的惩罚。

"你这个不争气的孩子，天天到外面疯玩。"妈妈面对不省心的沈介良，气得浑身发抖，声音都有些嘶哑了，"家里哪里有稻草，大过年的还闯祸！"

沈介良被妈妈劈头盖脸地训斥着，邻居曹友和跟沈介良爸爸沈和尚交往甚好。他的爱人庄慧琴心想，怎么跟一个孩子过不去呢，实在看不下去了，就走过去说："算了，把我们家的稻草赔给你们吧，他们家又没有稻草，再说了，玩鞭炮的孩子又不是沈介良一个人。"

"不行，我们就要他们家的，我们只要稻草！"

妈妈一听更气了，看着顽皮的沈介良，不知该如何是好，悄悄地抹去了眼泪……

"别跟一个小孩子较劲了……"庄慧琴在中间劝说着。

沈介良的内心有些不服气，他想，怎么确定那稻草就是自己的鞭炮惹的火呢！越想越不服气，恨死那几个乱嚷嚷的小混蛋了。

沈介良躲在漆黑的船舱里听不到外面有什么动静，思来想去觉得以前母亲严厉的批评着实有点冤枉，首先那些事情都是意外，再者，谁也不能肯定就是自己干的。谁的鞭炮烧了稻草、谁抓的鸡死掉了，谁能说得清楚？怪就怪在不应该跟他们一起玩耍，惹上了是非。不过，这一次自己真的是错了，真不该脑子一热去砍人家的竹子，虽然不全是自己干的，但自己确实也动了手，真的无法原谅自己。

沈介良精神有些恍惚，决定回家。他勉强推开船舱盖，已经接近黄昏。他若是再晚些时间不出来，或许就再也出不来了。哪能长时间待在那漆黑、潮湿、缺氧的船舱里呢？

挨揍是跑不了的了，但沈介良这次决心悔过，再也不给妈妈丢人了！

第二天，祖母说："良良啊，你也长大了，也该懂事啦。你要知道什么事情是对，什么事情是错。什么事情能做，什么事情不能做。一个人活在世上，要学会分辨是非……"

沈介良默默地点了点头。他想：或许在农村生活的妈妈心里，人家找上门来跟她算账，还指责她孩子的不是，应该算是她的奇耻大辱吧。因此，每次无论妈妈如何揍他，甚至打得皮开肉绽，他都能理解妈妈的苦心，谁让自己这么倔强，这么不省心，做错事、犯错呢！

割草是能手

"哎哟……"

沈介良顿觉自己左手食指被镰刀割破了，赶紧将镰刀放下。起初还没觉得疼痛，只是有些麻木，可是还未缓过神来，手指就开始疼起来。再定睛一看，指甲都被割破了，鲜血直流。

虽然沈介良十来岁就长得像个小大人一样，但毕竟还是个孩子，手上根本没有多大的耐力。开始割草时还能稳住镰刀，可是一篮子、两篮子、三篮子、四篮子一直割下去人也就累了，手上的力气也弱了。他在割完第五篮子草后，镰刀一滑，正中左手食指，镰刀穿透指甲，指头肚深深地被镰刀划伤了。

俗语说，十指连心。手指受伤，那种痛往往都是钻心的，能感到手指在一股子一股子地疼，血也在一股子一股子地流。

这已经不是第一次被割伤了，还有几次镰刀一滑，都是割到了自己的脚指头，也是鲜血直流。不过，这次割得是最严重的一次，以前用破布条一包扎，做些简单处理就能止住血。这次不行，需要上消炎药、吃止疼片才能解决问题。

虽然受伤了，但沈介良仍然坚持割草。

到初中的时候，沈介良割草就割出了经验，是生产队有名的割草能手。这主要有两个原因。一个原因是妈妈规定每天必须完成割五篮子草的任务，小时候用的是小号篮子，年龄大点后用中号篮子，初中用的已经是大号篮子了。另一个原因是沈介良非常勤快，养成了早起的习惯，并且他总会想办法完成妈妈交给他五篮子草的任务。有时候村子附近的草都被割完了，他就会跑到很远的地方割草，或是游泳到河中冲积滩上割草，总能割到大量鲜嫩的草。

后来为了能和同伴玩耍，又不耽搁割草，以免受到妈妈的批评，沈介良就会提前一天到田埂上割草，割好后放在隐秘的地方。第二天，他就可以和同伴们尽情地玩耍了，回家时只要收集一下昨天割的草就可以跟妈妈交差了。

割到的草一部分喂家里的羊、兔、猪，一部分在打谷场上晒干捆好后放到阁楼上，供它们过冬用。如果还有多余的，就会挖坑浇河水，发酵成农业肥料，供生产队用，挣一些工分补贴家用。一年下来，往往可以记100多个工分呢，这让沈介良非常有成就感。

每天割五篮子草，时间长了就会觉得实在是太累了。沈介良实在受不了啦，就会盼着下大雨。因为，下大雨就可以不用完成五篮子草的任务了。不过，赶上一整天都下大雨的日子还是比较少的。即便是赶上了，沈介良也闲不下来。

他会在雨天里望着羊圈里的羊发呆，听羊咩咩叫。他认为动物也是有感情的，对人不仅依赖，而且非常忠诚。每当沈介良割草回来，将鲜嫩的草给羊吃，羊就会非常满足，边吃边发出感谢的咩咩声。有时候，沈介良还会高兴地将一捋羊的胡子，摸一摸羊的脖子，理一理羊的毛。

"咩咩，咩咩……"沈介良听着羊叫，就不自觉地想喂羊，还有生产队包给他爸爸养的牛，这也是他的一份责任。要照顾好它们可不是一件容易的事情，加上兔子、猪，一二十张嘴，饿了、渴了、冷了都等着沈介良解决，要是照顾不好生病了，就比较麻烦。

沈介良挑些以前没有吃完的嫩草给羊、兔子、猪、牛吃，然后在旁边观察。他发现羊吃草跟兔子吃草不一样，羊是一把一把地吃，像剪刀一样上下咬合，兔子则是一根一根地吃，用牙齿左右磨合，还有猪，则是直接吞进嘴巴里大口地嚼着吃……沈介良看着它们拱槽、摇尾巴、蹦跳等这些滑稽的动作，十分开心，时间也便过得飞快了。

天一放晴，沈介良这个"割草能手"就要赶紧提着篮子出门了。

当然啦，沈介良这个"割草能手"的称号也是有代价的，也算从小锻炼出来有童子功的。随着岁月的流逝，虽然他的手指头、脚指头因割草受伤的一条条口子早已经愈合了，但受伤留下的疤痕却成了那时最深的无法抹去的印记了。

生活全自理

　　根本不清楚沈介良的各种能力是什么时候开始养成的，他的细心、他的耐心、他的慧心，等等，只知道他很小的时候，生活的很多方面都已经能够自理了，有些方面还远远超出了其应有年龄阶段该做的。

　　比如洗碗，那时沈介良还小，个头还没有灶台高。不过，他已经懂得找个小凳子放在旁边，然后再站在上面开始刷锅洗碗，并且每次刷得非常认真，先刷几遍，然后用清水冲洗过滤，再用毛巾把碗筷擦干净摆整齐才算结束。刷锅洗碗还好，要是到了冬天，去河边洗山芋、土豆才是难熬的一件事情。

　　20世纪六七十年代，农村都会挖地窖储存一些山芋、土豆、白菜之类的食物过冬。每年冬天，沈介良都会用篮子装些土豆、山芋等到河边去清洗。

　　初冬还好，要是到了寒冬三九天，就要受罪了。

　　那年冬天特别冷，沈介良刚走到河边，寒冷刺骨的河风就呼呼地钻进他的衣领、裤腿里，衣服单薄的他被冻得浑身直打哆嗦。沈介良发现人们平时在河边洗衣洗菜的石条露台周围结了一层薄薄的冰。他小心地走到露台上，蹲下弯腰，用手拿着山芋一个一个在冰碴子水里洗，冰冷的布满冰碴子的河水发出呼啦呼啦的声响。才洗了五六个山芋，他的手已经被冻得发红发麻。

沈介良停了下来，在露台上跳着，搓着双手，用嘴巴哈着热气暖手。

"这不行，要是这样洗下去，等洗完了，我的手都要失去知觉，要废掉了。"沈介良望着一篮子的山芋，脑子快速运转，自言自语地说，"怎么办呢？"

"有办法啦……"

沈介良将山芋同篮子一起放进了河水里，并反复上下快速提起、放下。效果还不错，几个回合下来，山芋上的泥土洗掉了一大半。接着，他再放进河里，双手扶着篮子的边沿，像筛筛子一样左右快速来回筛。这下好了，很快洗好了不说，还省下不少工夫，并且还不用挨冻了。最后，沈介良又细心地检查了一下，发现有些有虫眼的山芋没有洗干净，虫眼里面的泥土洗不掉。他往河岸一望，笑了，就跑到河岸，顺手收集了一把干草，三两下就扎成了一把简易的刷子，又捡了一块瓦片，很快就将山芋刷得干干净净。他这才满意地回家了。

"洗得蛮干净的嘛……"沈介良的爸爸沈和尚看到一篮子洗得干干净净的山芋说，"你看，连篮子都洗得干干净净！"

"别提了，今天真冷，都把人冻坏了！"沈介良说。

"赶紧去灶台生火，我们开始做饭，也顺便烤烤，暖和暖和！"

"好的！"

除了这些，在这里还不得不说一下，沈介良后来上学时在同学、老师眼中一直穿新衣服的秘密。在那个缺吃少穿、物资极度匮乏的年代，有百衲衣穿就非常不错了。那时大多家庭兄弟姐妹都多，基本上是一件衣服老大穿了，老二再穿，老二穿了老三再穿。有时根本不分男女孩子，常常是小补丁落在大补丁上。可是沈介良穿得却与众不同，他的衣服一直都跟新的一样，并且非常整洁，每天都像烫过一样板板整整。

其实，沈介良的衣服都是他自己独立赚来的，都是他用捡来的废铜烂铁、废旧报纸、捕捉的鱼虾、黄鼠狼等卖掉几分钱几毛钱积攒下来买来的。别忘了他有一张少年拓荒用的"寻宝图"。对于他来讲，买几米0.85元一市尺的布来说并不是什么太难的事情。

有了新衣服，沈介良还是非常珍惜的。他做家务、外出劳动时穿的都是旧衣服，并且每次洗过以后从来不拧干，非但不拧干反而还将衣领、衣袖、衣摆拉直、拉平整后再泼上一些水，这样自然淋水晾干的衣服就不会有褶皱，就会像新的一样了。

是的，沈介良从十岁开始，他的所有衣服、裤子、鞋子、袜子等都是自己洗、自己晒、自己叠、自己保管了。

性格的养成

阳春三月，暖风吹得万枝绿，蜂蝶惹得百花红。

那天，沈介良看到很多菜花虫，蜜蜂的一种，在花丛与生产队牛棚之间飞来飞去，觉得非常好奇。他来到牛棚边，牛棚的墙是稻草泥砖堆砌的，时间一长斑驳不堪，有些地方还有孔洞，他发现那些菜花虫钻了进去，觉得非常有趣，就想要抓到它们。

沈介良快速回家，找了一只空玻璃瓶，将瓶口对准孔洞，等着菜花虫自投罗网。可是那菜花虫也非常聪明，知道外面有动静，进去以后就不出来了！

"出来，出来！"沈介良找了一根很细的竹枝，贴着瓶口插到了孔洞里。在不停地骚扰下，菜花虫一只、两只、三只，都乖乖地飞进了瓶子里。沈介良见状立即将瓶口封上，然后仔细地观察起来。

那些被装在玻璃瓶里的菜花虫像极了无头的苍蝇，在玻璃瓶子里乱飞乱撞！

"哇，你真厉害！"村上一个与沈介良年龄相仿的同伴看到瓶子里的菜花虫，眼睛发亮，恳求说，"我把饼干给你吃，你把菜花虫给我看看吧？"

"好的，你看吧！"

那孩子接过玻璃瓶，便顺手将自己的一块饼干递给了沈介良，然后就忙着打开瓶盖，用草逗菜花虫玩！

"哈哈，好玩！"

"你这饼干真好吃，谁给你买的？"

"我大姐姐从无锡带回来的，你吃吧！"那孩子两眼盯着瓶子里的菜花虫，用草拨来拨去！

正在这时，那孩子的姐姐走了过来，虎着脸质问弟弟：

"你怎么给他吃我们家的饼干？他爸爸是个和尚，他是个没爸没妈的孩子！"

"我没给他！"那孩子担心姐姐怪他就顺口说，"是他抢我的！"

"我爸爸不是和尚，只是他的名字叫和尚。还有，我没有抢你弟弟饼干，是他给我吃的！"

"就是他抢的！"

"要是我抢的，那你刚才为什么不反对、不反抗，还那么开心？"

"就是他抢的！"

"就你馋嘴，馋猫，野猫！"她比沈介良大十几岁，对沈介良不依不饶，"肯定是你这个野猫抢去吃的，你给我吐出来！"

沈介良实在搞不懂，同伴为什么会突然改口，更不能接受的是同伴的姐姐非要他吐出来，真是让自己无地自容，怎么会碰上这样无理蛮横的姐弟俩，不久那孩子的二姐姐、三姐姐也来"助阵"！

"这怎么可能吐出来，你才野猫呢！"

"你才野猫呢，你是野猫，你是野猫……吐不吐？吐不吐？叫你不吐……"

"你才是野猫！"沈介良最讨厌别人说自己是"野猫"，要不是看着她是大姐姐辈，早跟她拼个你死我活了！

同伴见他几个姐姐骂沈介良，就用手拼命地去抓挠沈介良。沈介良的眼窝和额头都被抓破了，鲜血直流，但他自始至终没有还手。首先对方人太多不说，重要的是他认为自己确实是吃了人家的东西，嘴短、理亏！

两个孩子的吵闹，两三个姐姐的帮忙，最终引来了双方的家长。

"叫你嘴馋……"母亲再次揪住沈介良的耳朵，"你多大了？丢不丢人啊？"

"我没抢他的饼干，真的！"沈介良对母亲说，"要是我抢的，他开始为什么不吵不哭不闹，我还能定定心心地吃吗，还有他那么大的姐姐怎么这样骂人呢？"

"别说了，赶紧回去包扎一下，我都替你感到丢人！"母亲爱恨交加地说。

这件事情令沈介良痛恨无比，一痛他们姐弟几个太不讲理，二痛流了那么多血，被抓破的伤疤至今还留在脸上，三痛妈妈的体罚。同时，教训也是深刻的，他发誓这辈子再也不吃别人的任何东西。

有的小伙伴为了取笑沈介良，便叫他"野鸡""野猫"，甚至还从他爸爸沈和尚的名字上"下功夫"，歪解、曲解名字叫"和尚"就是庙里的和尚，而沈介良就是庙里和尚的儿子。

这让沈介良一直非常苦闷。当然，骂沈介良的人有不懂事的孩子，也有与他爸爸不和的大人，更有纯粹欺侮沈介良的刁蛮之人。这样的生活直到沈介良15岁才结束，也让这位硬汉悟出"家鸡有食刀俎近，野鹤无粮天地宽"的道理，从而坚强地撑起了一个家。

一个人的性格形成其实很简单，有先天基因的遗传，以及后天的影响，大多数都在小时候就形成了。那颗爱憎分明、疾恶如仇的种子早早就埋在了沈介良幼小的心灵深处，影响了他的一生。直到今天，沈介良仍然不轻易接受别人的宴请，大都是自己宴请朋友。

第二章

人生磨难

CHAPTER TWO

猫过 曹家桥

　　沈介良在上幼儿园的时候就经常得到薛文英老师和阿姨们的称赞，夸他懂事，有爱心、有孝心。那时候他便对幼儿园产生了好感，对上学也充满了憧憬，甚至盼望着能够快点长大，早一天到学校上学。

　　1960年9月，沈介良满8岁，上小学的这一天终于到了，他终于如愿以偿，可以上小学了！

　　"良良，快起床啦，今天要去上学了！"

　　"好的！"沈介良其实早醒了，知道要上学，兴奋得根本睡不着觉。

　　"快来，穿上试试，看合不合身！"沈介良的妈妈拿着衣服，帮着给他穿衣服。

　　"哇，新衣服！"沈介良高兴得手舞足蹈，浅蓝色的学生装，崭新的裤子，"好！很好！特别好！谢谢妈妈！"

　　"有点大！"沈介良爸爸看了一眼说。

　　"大点没关系，良良每年都是噌噌地蹿着长。"沈介良妈妈为他整理衣领，还向下拽了拽衣襟，卷起一点裤腿，然后开心地说，"明年肯定小了，他每年都长得很快！"

　　"前几天都报好名了，能自己去吧？"

　　"能！"

　　"打把伞，外面下雨了！"沈介良妈妈关心地说。

"不下了，毛毛雨没关系！"

沈介良说完就背上解放牌书包，开开心心地上学去了。

曹家桥村的桥北村庄与桥南村庄隔河相望，沈介良家在桥北村，曹家桥小学在桥南村。他上学非常近，只要过了曹家桥右转就到曹家桥小学了。曹家桥小学是由一曹姓人家的祠堂改造而成的，比较宽敞。

沈介良从家里出来，不到十分钟就到了曹家桥的桥北头，当他走到桥边时非常紧张。那时候的曹家桥是用两根长石条中间加石板两头固定在平整的石墩上建造而成的简易桥。人走在上面走得快了，忽闪忽闪的，能看见湍流的河水，还有经常来往的客轮、货船。这还不说，那桥竟然没有桥栏，不刮风、不下雨晴朗天的情况下，大人小孩都能走，但遇到雨雪天、刮大风，一个孩子走过去还是有些困难的。不巧的是，沈介良上学第一天就下着毛毛雨，还刮着秋风，走在上面一滑一滑的，唯恐一个趔趄掉到河里去。

沈介良走在上面，内心发怵，腿脚发软，像猫一样猫着腰，半蹲着，一点一点往前挪。好不容易走到桥中央，后面几乎是爬着过桥的。

越是紧张，越是添乱子。一艘客轮，从脚下嘟嘟地经过，吓得沈介良寒毛倒竖，心里七上八下的。快到桥头时，一个猛扑，算是过了桥。即便过了桥，他还是心有余悸，三步一回头，确认是不是真的过了那座曹家桥。

不讨，正是这座简易斑驳的曹家桥，承载着两岸村民一年又一年互通有无，传递着浓浓的乡情，承载岁月不断地洗刷这世间的沧桑，也见证着历史的巨大变迁和兴衰更迭！

现在这座曹家桥经过两次改造已是水泥钢筋弓桥了。沈介良还以女儿沈文桔的名义资助了10万元，以回忆自己童年时代爬着过曹家桥的乡愁。

为师
做教鞭

　　周凤华老师用粉笔在黑板的左上方画出用来练习汉语拼音的线格，并在线格里写了 a、o、e 三个拼音字母，转过身对着同学们，声音拖得长长地领读：

　　"同学们，跟我一起读……啊……喔……"

　　"啊……喔……"

　　"好，同学们，很棒！"反复领读了几遍后，周凤华老师笑容满面地说，"接下来我再教大家写一写，看同学们谁写得工整，谁写得漂亮。同学们看一下，这组拼音是不是都写在中间的线格里啦？"

　　"是的！"同学们异口同声地回答。

　　"对，不要超过中间上下两条线，写 a 时，先写个半圆……"

　　沈介良个头比较高，坐在了后排。他在听老师讲课的同时，还注意到老师用的那根令他觉得好笑的教鞭。那教鞭是随便找了根弯曲的细树枝做成的，看上去非常不雅，不适合老师用。

　　"我要为老师做一根漂亮的教鞭！"沈介良默默地想。

　　不过，时间一晃，沈介良都上二年级了，也没有找到适合做教鞭用的材料。还有，老师竟然没有换新的教鞭，这让他为老师做一根新教鞭的想法更加迫切了。

　　放学后，沈介良望着自家门前的小竹林，兴奋不已。他回到家里，取了把竹刀，先砍掉一棵细长的竹子，再放到地上，然后"啪啪"两下从两个竹节处斩断，约有一米多长。接着，又到屋里找了把水果刀，将竹节的地方，还有两端都削得很圆润。末了，再用手指在上面轻轻地抹来抹去，看看哪里还有竹刺，免得扎进肉里伤到老师，直到削到满意为止。

　　第二天，沈介良很早就到了学校，悄悄地换掉老师的教鞭，坐到了座位上，等着老师来上课。

　　"谁把我的教鞭换啦？"周老师惊喜地看着被削得圆润光滑的竹教鞭，还散发着竹子的清香味，就开心地问，"我早就想换了！"

　　"我！"沈介良从座位上站了起来，"我做的！"

　　"太好啦，谢谢沈介良同学！坐下吧，你真是一个细心、懂事的孩子！"周老师又巧妙地拿起教鞭趁机补充说，"同学们，做人就要像这竹子，笔直、向上，一定要有精、气、神！"

　　沈介良这个小小的举动，在学生中间实属少见。他又得到老师的夸奖，很开心，只要想到这件事心里就美滋滋的。可是没过多久，他就发现有其他老师用那根教鞭惩戒不听话的学生，心里多少有些不是滋味。他本想为老师换一根美观好用的教鞭，没想到成了同学们都痛恨的东西。这还不说，从教鞭这件事情上，还让他看到了事物的两面性，甚至多面性。由此，他学会了全方位思考问题。

野泳惹事端

　　"午休课你们去哪里了，沈介良他人呢，你们看到沈介良同学了吗？"钮老师带了几个学生在学校、学校附近的龙游河边找了一圈回到班里，发现沈介良仍然没有回来，着急地问刚才不在教室的学生。

　　午休课不在的几个学生，红着脸摇摇头说："没有看到他！"

　　"燕子，还有你，你……快点，都跟我一起出去找他！"钮老师用手点了几个学生说。

　　"好！"十来个同学应了一声，跟着钮老师，匆匆地走出了学校。

　　"沈介良，沈介良……"声音在龙游河上空回荡。

　　"钮老师，这棵槐树洞里有衣服！"一个女同学大声说。

　　"我来看一看！"钮老师看了看说，"这就是沈介良同学的衣服，那他人呢？"

　　"不知道！"

　　"躲起来洗冷浴去了，就让他去洗吧，看他洗到什么时候！"钮老师抱起衣服说，"走，回去上课！"

　　下课后，沈介良找不到的消息在班里一下子炸开了锅。同学们议论纷纷，也都为沈介良捏了一把汗。唯有班里坐在后面的几个学生好像没有发生什么事情一样，因为他们知道沈介良在哪里，只是他们没敢说实话，不然就间接地证明他们在午休课的时间也离开了学校，那是要受惩罚的。

原来，在开学一周后，就遇上了"秋老虎"。"秋老虎"一来，天就热得够呛，连狗都伸出了长长的舌头，热得直哈气。沈介良趁着午休课，悄悄地从座位上弯着腰溜出了教室，与几个同学跑到学校不远处的龙游河里游泳去了！

这条龙游河对于沈介良他们来说都太熟悉不过了，摸鱼抓虾，逮泥鳅捉青蛙，他可是一位好手。还有，这也是他与很多同龄的孩子每年暑假都要光顾野泳的地方，给他们带来了无限的童趣。当然，也有意外事件发生，时常出现孩子野泳溺亡的悲剧，只是不久就被他们忘得一干二净，抛到了九霄云外，并且不论家长如何恐吓，他们同样会毫无顾忌地去龙游河里野泳。

"扑通！扑通！"

几个同学像下饺子一样，直接从岸上跳进河里。还有几个同学跟鸭子一样，双手扑腾着水，冲进河里。沈介良则来到桥上，从桥上一头扎进河里，顺着惯性，在河里潜游一段距离，然后在河浜的某个地方露出脑袋，大喊一声：

"太爽啦！"

"噢，哦，噢，嘿嘿嘿，哈哈哈！"他们还开心地打起了水仗。

时间一分一秒地过去了，短短的午休课很快就结束了，但沈介良他们在河里像欢快的鸭子一样扑腾着，早已忘却了时间。

当钮老师带着学生第一次找到龙游河河边时，几个野泳上岸的同学早就发现了，急忙抓起衣服边穿边弯着腰跑，很快偷跑进校园，进了班里，坐到座位上。沈介良离岸有点远，根本没有发觉同学们都一个一个地跑光了。等他发现时，已经晚了，索性就躲了起来。当他听不到什么动静准备上岸穿衣服时，没想到钮老师发动了很多同学又赶到了岸边，这次来的还有几个女同学。为了不让别人发现，沈介良游泳时将衣裤藏在了树洞里，现在可不能光着身子去穿衣服，于是又被迫躲了起来。

不久，传来了令他十分尴尬的声音，有同学发现了他的衣服，还交给了老师！

"完了完了，没衣服怎么上岸？回学校上课更是不可能的了，可是也不能一直待在河里啊！"沈介良一下慌了，不知道如何是好。最后，他躲在了路边不容易被人看到的草丛里。

"嗨，徐忠！"沈介良看到邻村的同学，轻轻地喊，"徐忠，徐忠！"

"沈介良？你吓死我了！"徐忠说，"你怎么躲在这里，吓死我了，我的魂儿都被你吓跑了。你的衣服呢？"

"哎，别提了！"沈介良恼火地说，"我在河里洗冷浴，被老师发现了，将衣服拿走了！"

"啊！"徐忠惊得张大了嘴巴，说着脱了衬衣，光着膀子说，"你穿我的衣服吧！"

"好的，真是好兄弟，太谢谢了！"沈介良说着穿了上去，可是他比徐忠高半个头，衣服自然也短了不少。

"你别看了，我就剩大裤衩了，不能再给你了！"徐忠扑哧笑了，"等会儿，天再暗些，没人的时候，我跟你一起回去吧！"

"好的，好的，你别紧张，你把裤衩给我，你穿什么呢？"沈介良也无奈地笑了。

沈介良虽然回到了家，可是怎么也高兴不起来。

"你衣服呢？"妈妈问道。

沈介良没说什么，急忙回到了屋里。

"你还敢回来啊？"妈妈得知他下午不在学校上课时，到处找不到，心急如焚，可是当她看到沈介良并无大碍时，气又不打一处来，就将衣服扔给他，"赶紧换上，把衣服还给人家，真是气人。"

这件事情让她跟着丢人不说，跑到校外的河里野泳，万一出了意外怎么办啊，毕竟那河里淹死过人。这才是沈介良妈妈内心深处所担心的！因此，妈妈为了防止他不听话以后再去游泳出什么意外，还是忍不住揍了他。

"哎，我是错了，可是你为什么不先批评我而是先去告状呢？你不知道我妈妈对我非常严格吗？不知道她会揍我吗？"沈介良看到自己丢的衣服在妈妈这里，就知道妈妈发火的真正缘由了，肯定是钮老师给自己告了状。

从此，早早埋在他内心深处的那颗爱憎分明、疾恶如仇的种子像是得到了雨露的滋润、阳光普照，很快便生根发芽，又很快长大开花：凡是自己不喜欢的事，一律不做，不喜欢的人，一律远离。当然，这种性格也让沈介良吃尽了苦头。学生时代，凡是他喜欢的老师的课，总能考高分，他不喜欢的老师的课，总是在全班垫底。

忆起童年往事，沈介良常说："我当然感恩父亲，长辈的抚爱我会终生铭记；但我不仅不记恨母亲，相反我一直非常感谢她，她的严格管教，让我终身受益。"

是啊，如果没有挨过父母的揍，童年都不是完整的。

当然，一般人的孩童时代多是严父慈母，而沈介良的童年却是相反的，而是严母慈父。在感到伤痛的时候，有慈父在，是一种保护，是一种安全感。而母亲信奉"棍棒之下出孝子"的严厉，对沈介良的人生则是另一种功效，它使沈介良早早具备了独立生活、明辨是非的能力，可以说，沈介良自强自立的性格，是从母亲的严厉管教起步的。一个人就像一棵树，他既要吸收春风的温暖，雨露的滋润；同时又要接受盛夏阳光炽热的照射，才能长大成才。

介良的身世

　　曹家桥村居住着上百户人家，大多姓曹，都是祖祖辈辈在那里生活的本土人。也有零星的几家姓沈、陈、吴、侯、强的人家，都是新中国成立初期土地改革时分田分地外村来的分进户。沈介良的父亲沈和尚就是那时的分进户，也是北后生产队唯一的分进户。

　　那个年代的农村，人们很少流动，几十年都不会有什么大的变化，有的甚至一辈子都没有走出过自己的村庄。因此，谁家是怎样的人，谁家是什么情况大家相互都比较了解。

　　沈和尚为人忠厚老实，踏实能干，从不招惹是非，在村上的人缘非常不错。但是，像他们这些小姓的人家，无论是大人还是孩子，单单从姓氏上就能分辨出是不是本村人，中间有种说不出的隔阂感。有的小孩子总会听到一些村上的事情，仗着人多，总是欺负外来人家的孩子。

　　沈介良有时候也会听到妈妈说些大姓人家欺负小姓人家的话，只是他根本不懂，也领会不到大人生活世界里那份难以名状的酸楚。即便是自己受到人家的冷言冷语，也不跟他们理论，只会离他们远一点，不搭理他们而已。

　　1965年6月20日，这天正巧也是父亲节。

这天是星期天，沈介良除了上学以外，早像个大人一样承担起了家庭里的一份责任。趁着星期天随爸爸沈和尚到生产队去劳动，为家里挣工分，总能增加一些微薄的收入。

这天，家住无锡阳山的尹义良要去当兵，于是到舅舅家来与舅舅一家告别。特别是对他"表弟"沈介良更是欲言又止，但又有必须要讲的话：

"弟弟，我有个好消息告诉你，我当兵体检通过啦！"

"啊？"沈介良看着"表哥"，一头雾水，"什么体检通过啦？"

"我可以当兵啦，我马上就可以穿上军装，成为一名解放军战士啦！"

"真的假的？"沈介良这才反应过来，高兴地跳了起来，"哥哥，你太厉害了，我也要像你一样去当兵。"

"当然是真的啦，我今天来就是要向你辞行的。"尹义良笑了笑又说，"你当兵可以，不过你刚满13岁，还没有到当兵的年龄，还要再等好多年呢。"

"我知道，等我长大了也去当兵！"

"好的，我这一去三年内不能回家，会很长时间见不到你了！"

"要这样啊！"

"是的，我……我……"尹义良突然变得严肃起来，有些犹豫不决，说话也吞吞吐吐，"我……我……"

"哈哈，怎么变得婆婆妈妈的，可不准哭啊！"沈介良见"表哥"吞吞吐吐说不出话来了，就安慰他说，"开心点好不好，你不回来，等放暑假的时候我去看你不就行了嘛！"

"我……我……其实，我还有个秘密要告诉你！"尹义良更加严肃起来，认真地说。

"哎哟，你快说嘛，急坏我啦！"

"你要做好心理准备！"

"我的天呀，我的哥哥啊，不就是去当兵嘛，又不是永远都不回来了，有你这样的吗，你要给我做好表率的，你一直是我心中的榜样呢，要坚强才是啊！"沈介良看着尹义良的样子说，"真是看不透，到底是什么秘密啊？"

"其实你不是我表弟，我也不是你的表哥！"尹义良俨乎其然地告诉沈介良。

"啊？什么？你说什么？"

"你是我的亲弟弟，我爹也不是你大姑父，我娘也不是你大姑妈，他们是你的亲生父母。还有我的大妹妹尹玉琴、二妹妹尹赛琴、小妹妹尹秀琴、小弟弟尹明良都是你的亲姐妹、亲弟弟！"

沈介良愣住了，不说话，呆呆地望着尹义良。

"真的！"尹义良补充说，"现在你爹沈和尚、你娘杨爱如其实是我们的舅舅、舅妈！"

沈介良的眼泪不住地往下流，却说不出话来！

"我们的舅舅、舅妈他们家当时没有儿子，才把你接走当作自己的孩子养的！"

沈介良内心像打翻了五味瓶，思绪万千、百感交集，没有想到自己一直称呼的大姑父、大姑母竟然是自己的亲生父母。他也终于明白同龄人对他的白眼、骂他"野猫头""野鸡"的真正原因了，包括邻居阿姨也跟他说自己跟别人家的孩子不一样，自己跟无锡"表哥"长得很像。这还让他想到了小时候模模糊糊把养母杨爱如当亲娘的记忆，加上与义良哥这种自然血亲的亲近……所有这一切似乎都印证了义良哥的话，但他还是无法接受这个事实。

沈介良周围的人们专门给他编织了一个虚假的世界，他在这个虚假的世界里已经生活习惯了。现在，突然让他回到真实的世界，他一下子不能接受。哎，这人世间啊，真真假假，真是假作真时真亦假，真作假时假亦真，沈介良良久才平静下来："我要去问问外婆！"

他们兄弟两个很快找到了外婆，沈介良问：

"我的大姑父、大姑母是我的亲爹爹、我的亲娘？"沈介良说了一半，哽咽了起来。

外婆没有说话，望着尹义良，再看看泪人一样的沈介良，身子一颤，叹了口气，默默地点了点头，扭过身抹着眼泪！

"我明白了！"沈介良说，"我哥哥要当兵去了，我想去送送他！"

兄弟两个说完就向无锡阳山飞奔而去。风在耳边呼呼刮过，他们跑过常州武进曹家桥沃绿的田野，走过那座年久斑驳的曹家桥，跨过那条人字形的龙游河，很快就到了沈介良的出生地。虽然两地只隔了七八公里远，可是沈介良却用了整整十二年的时间才看清了这段路，还有这段路沿途四季不变的风景。

"娘！"沈介良见到生母吴梅珍就改了口。

吴梅珍吓了一跳，惊问："怎么喊我娘！"

"你就是我亲娘，我哥哥告诉我的！"沈介良内心忐忑不安，哽咽着说不出话来。

"你娘……"吴梅珍觉得往后肯定是瞒不住了，改口问，"你舅妈知道吗，你舅舅知道吗，还有你外婆知道吗？"

"舅妈还不知道，外婆知道了，哥哥告诉我后，我去问过外婆了！"

"哎，义良啊，你这是捅了……捅了天大的篓子了，你舅妈肯定会怪你外婆的！"妈妈嗓子有些嘶哑地又说了一遍，"他们会责怪你外婆的！"

"介良，你过来！"沈介良的生父尹产兴向他招了招手说，"快，过来我有话跟你说。"

沈介良艰难地抬起脚，走到生父的身边。尹产兴抚摸着他这个送走十来年儿子的头，心情沉重地说：

"我们也舍不得你，也想让你回来，但你要懂得感恩，你舅舅、舅妈把你养大不容易，虽然你去了舅舅家，后来你舅舅、舅妈生了个儿子沈佳新，但他们还是喜欢你的。我们穷也要有志气，要做正派的人，做正确的事情。你还是要赶紧回去的，免得他们为你担心！"

"你们放心，我知道，我会回去的！我可以继续叫他们爹娘，可是你们更是我的亲爹、亲娘，我再也不会喊你们大姑父、大姑妈了！"沈介良说着说着，泪水止不住地往下淌！

坚强的尹产兴，贤惠的吴梅珍听到儿子沈介良的话，悬着的心总算落地了。他们唯恐孩子知道事情的真相后就会留在自己身边，再也不肯回曹家桥了！

"你在舅舅、舅妈面前千万不要喊我们爸爸妈妈，懂得吗？"

沈介良点了点头。

"你要是哪天想我们了，饭吃得不香了，饿上一顿，就好了！"吴梅珍对他说。

沈介良再次点了点头，记住了生母的话。

这是沈介良在小学阶段心灵上受到的最大一次磨炼，原有的生活一下子被打乱了。玉不琢不成器，现实生活的重担，让他的心智迅速变得十分成熟，像变了个人一样，更加懂事、更加努力！

1972 年
沈介良与生父母和兄弟姐妹全家福（无锡阳山阳湖头村）
后排左起：尹明良　尹玉琴　尹义良　沈介良　尹赛琴
前排左起：吴梅珍　尹产兴　尹秀琴

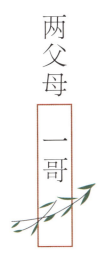

两父母一哥

　　回到常州的家后，沈介良也未改口，同样该叫娘叫娘，该叫爹叫爹。他只是觉得：自己可以有养父母，但是，既然我知道了谁是自己的亲生父母，那就不能面对自己的亲生父母而叫其他的称呼，做到这些就足够了。

　　沈介良的生父尹产兴，生于1924年12月20日，农历十一月二十四。其实，尹产兴也没有随父姓，他父亲姓戚，入赘到无锡，随了他母亲尹姓。

　　若要溯源的话，沈介良的祖父姓戚，为山东戚继光一族，有立志报国的情怀和民族英雄的基因。

　　尹产兴个子高大，一米八以上，曾任无锡陆区人民公社阳山大队副书记，与吴梅珍结婚。退休时为陆区镇养殖场书记、场长，是地地道道的农村基层好书记。吴梅珍生于1930年农历二月初八，与尹产兴婚后育有三个儿子三个女儿，加上祖父母，三代同堂，八口人，人丁兴旺。沈介良排行老二，上有一个哥哥、一个姐姐。他三周岁时，被送到了舅舅、舅妈家。

　　当时，尹产兴的哥哥弟弟也都已经成家，算下来有二十多人，都住在一起，是个大家族。他们住的地方离村庄有五百多米，起初是尹产兴的父母为方便农田收种，在自己的田边搭建的几间土坯墙草房，后来干脆就在那里安家立户了。

这样一个团结和睦的大家庭，虽然不是大富大贵的家族，但大家生活得非常自得融洽，相互帮扶，饿不着冻不着，四季都过得平平安安，幸福美满。

"我不同意把良良送给他舅舅、舅妈。"沈介良亲祖母知道要把他送走后，第一个站出来坚决反对，后来因这事不知道流了多少泪，"他长得那么好，我找人测了他的生辰八字，介良命里有一口井，一辈子都吃不完、用不完，比其他几个孩子的命都好着呢！"

生父尹产兴对送走沈介良一事以沉默反对，他岳父岳母、阿舅要总不能说不行吧。

生母吴梅珍也很无奈，主要是她娘向她要介良，做女儿的怎么讲？这都是因为她同母异父的哥哥沈和尚是个独苗，结婚多年没有一儿半女，虽领养了一个女孩，但在那时的农村，认为女孩不能延续香火。于是，沈介良作为"押子"送到了舅舅家，以祈求生个男孩好续香火，当然这都是以前农村迷信的传统做法。

送走沈介良那天，也就是1956年农历三月二十六，沈介良经历的第一次"叫魂"事件。尹产兴、尹义良跟到村口，抹了把眼泪，再也迈不动脚步。

吴梅珍将介良送给常州曹家桥哥哥家的那天，在离开曹家桥时，蹲在曹家桥河北面的木墩上哭了起来，在走到圣烈桥时，又蹲在圣烈桥桥墩上一直哭到天黑才一步三回头地离开曹家桥回到阳山阳湖头。

当晚，沈介良第一次离开妈妈，独自一人睡在一张床上，哭着找妈妈，喊妈妈。

母子离别，虽送走后离得只有七八公里远，却似乎又很遥远。因为大家用谎言给沈介良编织了一个新的世界，舅舅变成了爸爸，舅妈变成了妈妈，而自己的亲生父母却变成了姑父、姑母。

每年，沈介良的父母尹产兴、吴梅珍会到常州曹家桥走亲戚。到了吃饭的时候，尹产兴就将沈介良揽到怀里说：

"跟我坐一起吧！"

"跟娘坐，别吃饭不小心弄脏了你姑父的衣服！"沈介良刚到生父的怀里，舅妈就大呼一声，一把把他拽走了。

尹产兴吃饭如同嚼蜡，内心刀绞一般。他知道沈介良的舅妈是怎样想的，唯恐他再将沈介良要回去，因此才不让他抱着儿子吃饭。

有时，沈介良也会去无锡阳山阳湖头走亲戚。沈介良见到尹产兴、吴梅珍后就会叫姑父、姑母。尹产兴、吴梅珍从未答应过，只会开心地说："介良来啦。"

在以后的日子里，尹产兴对沈介良的爱只能以其他形式来表达。他每年都会到曹家桥附近，问陌生的路人："你认识沈介良吗？他人怎么样？"

"知道，是曹家桥北后村的，长得帅，人品好，能力强，人很好的！"

尹产兴每当听到这样的话，各种担心就没有了，露出开心的笑容，美美地回家了。

他以这种方式时刻关注着沈介良的成长，担心自己的孩子走错门槛，与社会上的坏人交往，还担心自己的孩子处理不好工作上的各种事情。后来，沈介良牵涉到黄河案件，蒙冤坐班房，尹产兴不知到底发生了什么事情，整日坐卧不安，神思恍惚。这种父爱，是难以用语言来表达的……尹产兴作为介良的生父，知道自己的儿子是无辜的，最多是年少气盛，为了工作冒险。他还知道介良虽然有能力，但个性太强，爱憎分明的性格非常容易吃亏。

如今，提起那段与众不同的童年往事，仍历历在目。

沈介良虽然三周岁就离开了生父尹产兴，但精气神足、艰苦朴素、忠孝节义的父亲却是他的偶像。他还在学籍表上清楚地写着：生父尹产兴，大队书记。养父沈和尚，务农。以此回击那些说他没有父亲的人。然而，心中高大伟岸、英俊潇洒、待人和善的父亲，不知不觉也会变老。有一次尹产兴在电话里对介良说：

"你们打电话，只会问娘好不好，从来也不问问我……只知道给她做一张大沙发……我也老了啊！"

沈介良的生母在他四月份出生时，因春寒，劳动，不小心落下了关节炎病。年龄大了以后，手脚疼得更厉害，沈介良就为母亲定制了一把沙发，没想到父亲也像个孩子一样会心生不公平感。这时候沈介良才猛然觉得，是啊，心中的偶像父亲年龄也大了，也老了。于是，沈介良又赶紧为父亲做了一把沙发椅。

在沈介良幼小的心里，他的生父长温文尔雅，非常有能力。他管理27个生产队，是个带头劳动的农村干部，集体、个人公私分明，一心为民。他把焦裕禄当作学习的榜样，争做焦裕禄式的好干部。他还有一双会说话的炯炯有神的眼睛，爱孩子、管教孩子都用眼睛表达，从不跟妻子发火，从不打骂孩子。不过，每个孩子都尊敬他，典型的严父腕慈母心。

就是这样一个偶像型的父亲，不但变老了，还病了。印象中，沈介良只知道生父身体很好，是从不生病的。

2002年12月8日，尹产兴已住院卧床一年多，长年卧床，屁股都溃烂了，不过从来没有喊过一声痛。他临终前对沈介良说："介良啊，有些账是永远算不清楚了。"

"爹爹，没有什么账要算的，子女孝敬父母天经地义，兄弟姐妹相互关心照顾理所当然……你放心，小妹阿芬今后我一定会照顾好她的。我先回去一趟，看看我娘！"

"你都是为了父母、为了兄妹啊！"父亲挥挥手说，"你快点到家里看看你娘吧！"

"我对社会都在做贡献，何况兄弟姐妹呢，特别是我的小妹妹，我更会关心照顾的，请爹爹放心！"

"那我就放心啦！"尹产兴听到他唯一放心不下的小女儿能得到照顾，在第二天12月9日，农历十一月初六，心中无憾地离开了这个世界。

生父永远是沈介良的榜样和表率，也是工作上的靠山和精神上的支柱。对于他的去世，沈介良内心总觉得有些遗憾。在2000年秋天的时候，沈介良的妻子张娟芳告诉他："这次我见你爹爹脸色蜡黄，还瘦了不少，是不是病了。"

沈介良一听，赶紧打电话问生父："爹爹，你怎么瘦啦？"

"没有啥事，牙齿不太好了！"

沈介良立即帮生父装了一口德国进口的磁牙，牙齿装好后他还真胖了好几斤。

谁料，到了第二年一检查，竟是肺癌中期。沈介良不但自责自己不应只尊重生父不去上海的大医院做手术治疗，而且起初也没有坚持自己的意见，只相信生父说是因为牙齿不好，没有陪他到医院进行全面的身体检查，错过了最佳治疗时机。

尹产兴的追悼会有几百人参加。他生前无锡市陆区的领导、安阳山村的领导、朋友、尹义良部队的首长及同事，还有原武进市潘家镇的领导、潘家中学的领导、旷达集团及各分公司的领导等都参加了追悼会。沈介良的胞兄尹义良为爸爸亲撰挽联："茅棚、瓦屋、楼房，耗满腔心血恩泽子孙；贫农、党员、书记，拼半世生命奉献社会。"

八年后，2010年4月18日，令沈介良骄傲的母亲也去世了。

当沈介良胞弟尹明良打电话告诉他娘好像不行了的时候，沈介良放下所有工作立即赶回家。沈介良回到家抱着生母叫："娘……娘……"

沈介良想起六个子女没有一个在生母身旁照料，只有一个保姆睡在生母隔壁，当晚没能及时发现她有痰有异样，没能进行立即救治，就失声痛哭起来。

悲痛的哭声令现场所有人流下眼泪。

生母去世前两三年对沈介良意味深长地说："我养你到三岁，没想到到头来这么多门头的事情都是你负责……你妹妹脾气没你好……"

"娘，我妹妹的脾气才是真正的好，妹妹才是你和爹的小棉袄呢。你想啊，钱再多是凉的，母女情才是热的。我出钱买块肉，我不会做，你能吃吗，而妹妹会给你做，做了才有的吃啊。我每次在家才十几分钟，她却一直要照顾你，她的脾气可是比我好！"

母亲的音容笑貌一直萦绕在沈介良的面前。特别是出自母亲之手的炒韭菜、炒青菜、炒丝瓜菜、炖鸡蛋肉末汤等，都是他一辈子忘不掉的家的味道。

吴梅珍，是一位平凡而又伟大的母亲。

她一共养育了三儿三女，都非常优秀。她操持家务也丝毫不含糊，衣服缝缝补补，非常精细，总是干干净净。桌子椅子，家里的每个角落任何时候都是干净整洁的。

现在，沈介良仍天天都会想到自己的生父和生母，回忆起他们的言行举止、点点滴滴。

当然，沈介良还非常孝敬和感谢他的养父母沈和尚、杨爱如，也就是他的舅父、舅妈。舅父犹如一座山，保护着沈介良。每当完不成每天的割草任务、顽皮犯错的时候，舅妈就会毫不客气地批评教育他，要是三番五次不改正的话，还要进行体罚，以警戒沈介良。这倒因祸得福，锻炼了沈介良必须想办法在有限的时间内完成交代的任务，提高了办事效率，养成了当日事当日毕的好习惯。

养父沈和尚在沈介良心中是慈父。他虽然不识字，但非常朴实，也非常勤恳，对邻舍都非常友好。他从来不打骂沈介良，每当沈介良担子挑不动时，他就会帮沈介良挑。要是沈介良受批评，他就让沈介良赶紧跑，免得挨养母的打，受皮肉之苦。

1983年，天气有些反常，农历十二月早该进入冬季了，可是天气还是异常的热，干农活只要穿衬衫就可以了。

当月15日上午，沈和尚还找毛竹做蹚网，准备下午网鱼。下午沈介良拿着养父做的蹚网去河里网鱼，刚准备蹚，就听到有人叫他：

"沈介良，快点，你爹晕倒啦，不行啦！"

沈介良一听，撂下蹚网，赶紧斜穿过麦田，急速跑到养父身边抱住他。原来，他养父一身短袖，正往田里挑粪，在路过做箍桶师父的面前时还看了一眼，那里围了好几个人。当沈和尚再转头往田里走时，头晕倒下时，被旁人拽住了。

"爹爹……"沈介良抱着累得热乎乎的养父沈和尚大声呼喊，"爹爹……"

任凭沈介良如何呼喊，沈和尚还是闭上了双眼，眼角还滚出了豆大的泪水，就是不会讲话，送到医院时已经不行了。他身体一直都很好，不怎么生病，也没有吃过什么药。没想到，说去世就去世了，时年只有64岁。

命苦的人可能就命苦，沈和尚的亲生儿子沈佳新那年春节就要结婚了，办喜酒用的各种货也都备齐了，而他却没能喝上亲生儿子的喜酒。

另外，也没能看到蒙冤的沈介良得到平反的那一天。

沈和尚去世的第二天，狂风大作，气温陡降，还下起了鹅毛大雪，这在江南是极其少见的。因为大雪，很多电线杆、树木都倒了，只能延迟出殡。19日出殡那天，唐伟元开的拖拉机走不动，众多人抬出村。在去往南夏墅方向的路上，群众都在扫雪，似为沈和尚这个好人开路送行。

"他活到64岁，得的是急性脑出血，死在了我的怀里，是一位慈父，为我冤案的事情流了不少眼泪。他没能看到我平反，也没有看到我表弟沈佳新结婚……"

男儿有泪不轻弹，只是未到伤心处。

沈介良这位在生意场上叱咤风云、永远拓荒而不服输的硬汉，在提及失去亲人伤心事的时候，几度哽咽，几度抹眼泪，几度讲不出话来……

2003年，沈介良的养母杨爱如去世，享年78岁。

俗语说"鸟之将死，其鸣也哀；人之将死，其言也善。"

从小在地主家做佣人的养母杨爱如在弥留之际对沈介良说："你各方面都比我生的孩子要好，更孝敬、更有能力，你要帮帮佳新……"

当年，又遇常州武进潘家工业园开发，很多地方迁坟，沈介良为尽孝心，将养母和养父沈和尚及其顶嗣陈阿梅、外公、外婆合葬在了无锡青城山公墓，那里是一块风水宝地，希望祖先在天之灵能庇佑后代健健康康、平平安安。

"你缅怀祖宗，不忘养育恩情，真是做了一件有功德的大好事！"沈介良的生母吴梅珍欣慰地说。

哥哥当兵啦

自从胞兄尹义良去当兵那天起，沈介良就默默地把他作为自己的榜样。

首先，他也想着有朝一日能像哥哥一样去当兵，能戴上令大家羡慕的草绿色军帽、穿上神气的草绿色军装。另外，哪怕是他们一起玩耍时，哥哥掷瓦片比他掷得远他都感到由衷的佩服。于是，不管在什么地方遇见认识的朋友他便会自豪地讲：

"我哥哥当兵啦，他是一名解放军战士！"

是的，在20世纪六七十年代，一人当兵全家光荣。要是谁当兵了，佩戴大红花不说，全村的人都会敲锣打鼓、夹道欢送，无比荣耀。还有，军人的家属也会受到大家无比的尊重。如果哪个学生戴了顶军帽，或者穿了双军鞋，哪怕是仿制的，都会引来同学们羡慕的眼光。

有一次，沈介良突然听到有人在议论他：

"沈介良穿了一身军装！"

"是的，昨天我在街上看到他了，穿了一身军装！"

"他真牛！"

原来，沈介良根本没有穿军装在街上走，而是他的胞兄尹义良穿着一身军装去看他时，很多人误以为是沈介良。他们两兄弟都像他父亲尹产兴一样，高高的个子，长得很像。

尹义良有空时就会给沈介良写信，告诉他一个人学习也好，工作也罢都要学会多思考，要有创造性地思维、创造性地做事情。沈介良的生父母总会教他好好学习、认真做事，而尹义良则会告诉他具体怎样学习、怎样工作的方法，因此沈介良对胞兄的建议都会铭记在心，作为自己学习、做事的标准。

沈介良十六七岁的那年，跟着村上的四个人摇船到上海化肥厂拉氨水。那是化肥厂的废水，可以作为农田的肥料，还不用花钱，因此受到农民的青睐。每当到了化肥厂要排放的时候，附近的农民都会摇船去拉氨水。

他们摇的是一艘五吨级的水泥船，轮流摇，摇到上海需要三天多时间，期间吃住都在船上。他们那次到上海后，天刚蒙蒙亮，几个人就到上海繁华的小吃街吃早餐。熙熙攘攘的小吃街，非常热闹。沈介良看见一个卖油条的小吃店，走过去问：

"油条怎么卖？"

"5分钱两根！"

沈介良买了4根，拿在手上。同行的人也要买，可是没带钱。沈介良因为手上都是油，就让同行的人去掏自己的钱包取钱买油条。那人取完钱后，又把钱包放进了沈介良的口袋。

"哎哟，我的钱包不见啦！"等他们吃完油条，喝完粥准备起身离开时，沈介良发现自己的钱包不见了。左摸右摸，口袋都翻了个底朝天，四周也找了个遍，也不见钱包。

"钱包丢了！"

"估计是刚才掏钱时被小偷盯上了！"

这让沈介良心疼坏了，这顿早餐的代价可大了。后来他去找在上海汶水路当兵的哥哥时，不自觉地提到了吃早餐丢钱包的事情。

"丢了多少钱？"尹义良问。

"有两块四毛钱，还有布票呢，真倒霉！"沈介良气呼呼地说。

"这太常见了，那条街人很多，小偷也多！"

"我那钱夹子也很值钱的，都是我捡破烂攒的钱买的，差不多要三块钱呢。"

"这样吧，我给你10元钱，再给你10斤粮票，别难过了！"

真是亲兄弟呀，沈介良毫不客气，开心地收下了哥哥的钱和粮票。

那次回来后，他们两兄弟仍写信保持着联络。

尹义良通过写信告诉沈介良自己在军队的情况和见闻，还告诉他高中文化太低，要利用闲暇时间自学，要上大专，上本科！

沈介良没想到哥哥真的考上了复旦大学，13门课程都在78分以上。他更加佩服哥哥了，军队那么辛苦，纪律严明，哥哥硬利用工作之余抽时间学习，还考上了复旦大学，并通过自身努力，成为一名少将，真是不容易。

总之，沈介良做什么都以哥哥为榜样，将哥哥作为自己前进的动力。沈介良的生父和养父都是长工出身，如今家里出了一名少将，一位企业家，都是令人自豪的事情。

终于要读书

时间如白驹过隙，转瞬即逝。脚步却从未改变过，日子快了，还是慢了，只是每个人的感受不同而已。

在沈介良心里，小学的时光极其宝贵而充实。那些充满童趣的日子、绘制"寻宝图"的日子、被同龄人"诬陷"的日子、被老师批评的日子，对于沈介良来说，每一天都是充实的，都催促自己不断成长。特别是沈介良得知自己身世的那一刻，他好像一夜之间长大了。学着自己解决问题和克服困难、学着自己抚慰身心的创伤、学着自己变得更加努力和意志坚强。

1967年9月，沈介良上了青石桥中学，他表现十分成熟，乐于助人，被推选为学校学生代表，相当于现在学校的学生会主席。因此，他在学校经常组织参加一些文体活动。

"沈介良！沈介良！"一名女学生喊道，"帮我们把毽子取下来吧！"

"在哪呢？"沈介良看到一名女生向他求助，随口便说，"好的，我来帮助你们取！"

"在那儿！"那名女学生指着教室房檐的方向说。

"没问题！"沈介良一看，毽子落在了教室的房檐上。

"哦，你等我一下啊，马上来！"

沈介良说着跑回教室，从里面搬了张凳子过来。可是问题来了，刚才离远点看是可以看到毽子的位置，当站在房檐下的凳子上后就看不到了，若把凳子放远的话，用手又够不到。

"你再等一下啊！"沈介良跑到老师宿舍旁，拿了根晾衣服的竹竿，再次站在凳子上，用力向下拨。

"往左，往上！"其他同学在下面指挥，充当沈介良的眼睛。

"快了，快了，用劲儿！"

"哦……下来啦！下来啦！"下面的男女同学一片欢呼！

"谢谢！谢谢！"

"没关系！"沈介良开心地说，"我要赶紧走了，还要跟校长一起去罗溪中学开会呢！"

"好的，再见！"

沈介良匆匆赶到鲁校长办公室。鲁校长问：

"以前你总是第一个到，今天怎么这么晚呀，再晚怕赶不上车了！"

"有点事情耽搁了！"

这次去罗溪中学开会，由鲁岳清校长亲自带队。需要先乘潘家到常州的农公车到常州车站，再从常州车站乘到罗溪的农公车到罗溪中学。

他们开开心心地上了前往常州车站的农公车。那农公车巴士圆头，拖着两节车厢，早中晚各一趟，里面的人很多，根本没有位置。沈介良还没站稳，车子一晃就跑了，没跑多远又来个急刹车，沈介良像是遭了个扫堂腿，一下子就碰到了前排座位的靠背上。

"哎哟……"

"没磕着吧？"鲁校长最怕跟孩子们在一起外出，要是磕着碰着了，无法跟他们家长交代，也无法跟学校交代，更无法原谅自己！他赶紧扶稳沈介良问道，"没磕着吧？碍不碍事？"

"没关系！"沈介良赶紧去查看自己的钢笔，刚才摔倒时被磕了一下，顾不上疼痛说，"钢笔断成两截了，我的钢笔，我的钢笔断了。"

"钢笔断了可以再买，钢笔哪有身体重要？"

沈介良对鲁岳清校长的关心倍感温暖。他从小就养成了别人敬他一尺他就敬别人一丈的性格，初中还有很多难忘的人和事，后来回想起来都历历在目，也充实了他的学习生活。

"沈介良要留级了，不能毕业！"

小学六年级那年，当沈介良听到自己要留级的消息时，有一种莫名的难过。其实，并不是他学不会，而是吃了性格的亏。从小他就是如此，爱憎分明，他喜欢的老师教的课，总能考高分，不喜欢的老师的课，总是在全班垫底。但随着年龄的增长，加上胞兄尹义良的鼓励和开导，哥哥在军队还在继续自学，自己在学校为什么不能好好读书学习呢？他还逐渐明白不学总归害的是自己，这次留级更加说明了这一点，也彻底让他清醒了。

沈介良留级后，也碰巧他"不喜欢"的老师调走了，调来的都是他喜欢的老师。实际上也是他自己要自觉学习了。由此，学习成绩有了很大提高，语文、数学都能考高分，其他学科也都有很大进步。他要向哥哥学习，暗暗为自己定下读书目标：今后要上初中、高中，还要考上好的大学！

高中 梦未圆

一个人一旦有了目标，即便是暂时无法实现，只要努力，也会不断地接近目标。但要是没有目标，便会一事无成。沈介良留级的事情彻底让他醒悟了，从此不再贪玩，下定决心一定要努力学习，上初中、上高中、上大学，将来做一个对社会有用的人。

他初中毕业那年，潘家公社与县文教局决定在青石桥中学开设两年制高中部，取名林果班。开设林果班，是为了给今后当地农村的发展提供人才。林果班以当年初中毕业生为招收对象，共招收60名学生。

虽然沈介良初中阶段正赶上"文革"，教育受到了很大的冲击，连像样的课本都没有。学生上课也处于断断续续，甚至处于停课状态。好在青石桥中学在那个特殊的时期还克服重重困难开办高中部，这是非常难得的。沈介良这一届正好赶上，也是很好的机会。鲁岳清校长也鼓励他上高中，凭他的成绩，平时表现和能力没有问题，他还说要是沈介良不上高中还有谁能上高中呢？于是沈介良决定选择上高中部林果班。

沈介良在学校自认为各方面表现还不错，他想自己上林果班应该绰绰有余。毕竟他通过努力，成绩早就赶了上来，综合能力也比较强。为此，他边等通知书，边开心地利用暑假时间不停地劳动，捡破烂，也好为自己交学费、买文具的钱做好充分准备。

然而，一天过去了，两天过去了，一个月过去了，马上要开学了，沈介良也没有等到高中录取通知书。这下他才感到不对劲，就打听了一下。原来，高中部林果班最终的录取名单不是学校单方面定的。还需要学生所在大队推荐，大队不推荐学校就不能录取，就无法上高中。可是生产队、大队哪里知道学校的情况呢？即便是知道，推荐制上学本身的主观性就比较强，又有多少是按品学兼优的标准来推荐呢？

加上沈介良家在村上是唯一的分进户，或者说是外来户，与本村的孩子还真是隐隐约约或多或少有些区别的。还有，他父亲沈和尚忠厚老实，本本分分，大字不识一个，与大队自然没有什么交情。虽然大家平时抬头不见低头见，见面客客气气，但实际上因为是外来户，是没有话语权的，也是被区别对待的。大队也不会推荐沈介良去上高中，高中是轮不到他了。

有时候老天真是会戏弄人，沈介良小时候有学上，却因性格原因，加上贪玩，偏科非常严重。现在，年龄大了，懂得要认真读书了，可是老天却不给他机会了。

因此，沈介良梦想上高中终将只是一个梦，终究未能如愿！

与军人无缘

　　高中没有读成，沈介良还有一丝希望，可以离开曹家桥展翅高飞。自从哥哥尹义良当兵以后，一直是他崇拜的对象。沈介良这样寻思着：既然上不了高中，去当兵也行，同样也是一条出路。

　　因此，他一边在家务农，一边等当兵的机会。

　　1970年，沈介良在春季征兵的时候就积极地报了名，并写了一份决心书。决心书中，沈介良引用了毛主席的诗词"埋骨何须桑梓地，人生无处不青山"。沈介良这份表达参军报国的决心书让他在报名人员中脱颖而出。那年征兵的是甘肃陇西炮兵部队，负责招兵的干部王振华看到沈介良的决心书时，为之一振，没想到会有这样一位热血青年。他立即找到沈介良，沈介良高大、帅气、精干的外表给他留下了深刻的印象，打心眼里喜欢，就马上拍板：

　　"真是好苗子，我要了！"负责征兵的干部推上自行车说，"走，去漕桥楼村，我带你去体检！"

　　"好的！"

　　沈介良坐在自行车后面，大喜过望，自己当兵的愿望马上就要实现了！很快，他们就来到了漕桥楼村。他排队去体检，体检也不复杂，很快就全部完成了。

　　"怎么样？"王振华迫不及待地问，"还好吧？

我要招他去部队，肯定会有一番作为的！”

“不行！”南宅医院的五官科蒋医生说，“有一项没有过关！”

“什么，哪一项没有过关？”医生的话无疑像给王振华劈头泼了一盆冷水，也让沈介良的心一下子跌到谷底。

“中耳炎！”

“让我看看，这怎么可能呢？”

王振华夺过蒋医生的手电筒，查看沈介良的耳朵！

“这不是很好嘛，哪里有炎症啊？”

“中耳炎是看不出来的，可是犯的时候就不一样了，会化脓的！”

“没关系，他我要了！”那征兵的干部王振华拿着体检报告对沈介良说，“走，到大队去，找你们大队民兵营长想想办法！”

沈介良再次坐上了自行车，心里有些落寞。

“沈介良你放心，我看你听力没问题！”

“哦！”

“曹营长，我要招沈介良入伍，我非常看好他！”

“那好啊，好事啊！”曹营长开心地说。

“哎，体检报告说他有中耳炎，其他都好。我看没有任何影响。”

“这事情要去找潘家公社的人武部部长商量！”

“这位解放军干部都看中沈介良了，你看能不能破格让他们录用？”曹营长说。

“好啊，这次甘肃陇西炮兵部队到我们公社招收23人，报名体检合格的有35人，你让我破格可以，部队招兵的王振华干部可以破格将其他12名体检合格的青年也都招收走吗？”公社人武部部长反问道。

这让那位负责招兵的干部王振华非常尴尬，摇摇头说：“我有权多带一个沈介良，但不能将其他都带上。”

沈介良落选了。他想自己怎么就得了中耳炎呢？难道是小时候到龙游河里野泳，担心耳朵进水，塞进棉球没有及时拿出来的原因吗？其实塞棉球是不对的，因为棉球是吸水的，若时间一长，就有可能发炎，只是小时候不懂，没有引起重视。当时确实有过一次没有及时拿出棉球化脓的经历，但至今都没有再发过炎。

第二年四川新津空军地勤部队到潘家征兵。沈介良认为可能是炮兵部队对体检要求比较严格，于是再次积极报名。沈介良再次脱颖而出，负责招兵的解放军干部石排长一下子就相中了他。

"你条件很好，我是没有意见的，不过你愿意去吗，到我们地勤部队当兵是很艰苦的！"

"我是农民一个，不怕吃苦！"

石排长听了沈介良的表态，满意地笑了。

但人生不如意十有八九，这次出现了同样的结果，沈介良再次落选。这让沈介良备受打击，人家征兵的解放军干部都同意了，怎么还是落选了呢？人武部怎么就不肯放人呢？中耳炎是什么东西，我怎么一点感觉都没有呢，不痛也不痒，也没觉得听力有问题啊，怎么就犯了中耳炎呢？但是无论如何，谁也无法改变发生的这一切：

沈介良选择高中，落空了。

沈介良选择当兵，两次机会同样都落空了。

沈介良能选择的，是留在曹家大队北后生产队种田，这就是现实。也正应了当地的一句顺口溜："有靠山进工厂，有门道学五匠，无山无门转田埂！"

经过一段时间的深思，沈介良想：既然我无法选择自己的生父母，也无法选择自己的养父母，也无法选择去上高中，也无法选择去当兵……可是，我可以选择做回我自己，我一定要在常州曹家桥扎根，就算不去上高中、不去当兵，自己也一定要做出一番事业来。

沈介良就像一粒饱满的种子，虽然掉在了石缝里，还被巨石压着，虽然遭遇到了不公平，遇到了种种困难，但总会有冲破艰难险阻长成参天大树的一天！

生产队 务农

上学期间，沈介良就利用农忙假、周末、放学后的时间到生产队劳动了，挑担的重量也是别人的一倍多，插秧割稻更是一把好手。

他17岁那年积累的工分加起来在生产队就已经排到了第一名，这让生产队里的壮年劳力都觉得非常惊讶。没想到一个尚未毕业的初中生，竟有如此大的能量。

特别是当兵落选后，沈介良更是以"劳动忘忧"为缘由，全身心地投入到了劳动当中。

那片片的沃土，给他希望。

那青青的稻田，给他希望。

那缕缕的稻香，给他希望。

桃李无言，下自成蹊。沈介良想我既然是一个农民，那就让我扎进这片肥沃的田野里长成稻子发出稻香吧。

沈介良要长相有长相，要力气有力气，要智慧有智慧。虽然只是初中毕业，但在那个相对落后封闭的地方，在农村能上完初中，也算是佼佼者了。

最重要的是，沈介良爱学习，干一行爱一行，爱一行钻一行。

那个年代，很多地方生产队记账的人都实在受不了白天出工，晚上再做记账的事情。劳累了一天，还要占用晚上休息的时间不说，还熬掉自家的煤油，关键这些记账记工的活全是义务劳动。话说过来，即便是记点工分，油钱都不够。还有，要是不小心将谁的记错了，记多了没人说，记少了还会惹上一些麻烦！因此大家都不愿意干这份名义上是帮生产队记账，实质上却是出力不讨好的差事。

因为沈介良务农期间各方面表现都比较好，大家一致推选沈介良来当生产队的记工员，其实就是现金出纳一职。生产队长也找到沈和尚做工作，希望沈介良能够成为生产队的记工员。

"老沈，你家介良有文化，又能干，你跟他说说，让他当我们生产队的记工员如何？"

"他不一定会愿意。"

"哎，你再问问他，生产队缺人，让他帮帮忙。"

"那好吧，要是他不愿意，我也没有办法！"

"我等你消息！"

沈和尚等沈介良回来就跟他谈了生产队记工员的事情。

"你就先当记工员吧，一分耕耘一分收获！"

"生产队请我帮忙嘛，我就帮一帮！"沈介良爽快地答应了。

从那时开始，沈介良鸡叫起床，天黑收工。晚上他家里的煤油灯就亮起来了，家里也热闹起来。每天生产队里谁出了多少工，都记在自家公示用的黑板上，大家随时可以去核对，核对无误后，沈介良再挑灯夜战，登记在账本上。

沈介良天天记工，每周小计，每月总计，到年底再进行汇总，一年的统计就出来了，清清楚楚！

"你记工记得就是好，跟专业会计一样，账目清楚得很。"生产队长说。

"这简单，人也不多，类别也少，不难，谁都能做！"

就在年度工分公示期间，一个五大三粗的社员找到沈介良说：

"沈介良，我的工分你给记少了，你得给我补上！"

"你的一点都没有少，你的情况我最清楚，今年整个生产队就你一个预支的，你忘记你提前预支啦？"

"那不行，你给我少记了，我得查账，你得给我补齐！"

"你来看看，我都记着呢！"沈介良拿出总账，找到那社员的预支栏说，"你7月预支一次，9月预支一次，11月预支一次，我这里都记得清清楚楚的，你都签字了，哪里少了？"

"你记的不算！"

"讲不讲理，我记的不算，谁记的算？"

那社员转了一圈，拿了根耕种农田用的扁担，跨过渠道，恶狠狠地要打沈介良，要求补齐，不补齐就不肯罢休。

当年沈介良18岁，也是生产队有名的大力士，论打架也不会吃亏，但他不会跟任何人打架的。沈介良一个"立正"，身子一挺，义正词严地说：

"你要打我，可以，但只要我记的账是对的，你即使打死了我也没用。账记错了我负责，人穷志不能穷，有话要好好说！"

那社员看沈介良一身正气，讲话也在理，于是只好作罢。末了，那社员丢下一句走着瞧，随即扬长而去。

沈介良刚正不阿的性格、认真踏实的工作，获得了生产队社员们的信任。1971年初，刚刚18岁的沈介良就被推举当上了生产队会计。虽然会计工作有些补贴，但仍然没有专门的办公室，仍然是在生产队劳动完以后，利用晚上在自己家里开展工作，他的会计基础知识也都是利用晚上自学来的。

CHAPTER THREE

第三章

工作狂人

决不学五匠

是金子在哪里都会发光。

沈介良在回家务农期间，不光生产队的领导找他当出纳、记工员，还有很多人找他学"五匠"，并且不收学徒费，还管吃饭。不收学徒费的情况，在"五匠"各个师父身上是很少发生的，他们认定沈介良人不错，是一块好料。沈介良记得生父尹产兴也鼓励他的胞兄尹义良学"五匠"，不过哥哥选择了当兵，现在养父沈和尚也希望沈介良能够学"五匠"，他平时行事都以哥哥为榜样，当然不会选择学"五匠"。本来他是想上高中，上大学，做警察，除暴安良，或当兵做一名出色的解放军战士保家卫国，可是都没能如愿。

泥瓦匠、缝衣匠、竹匠、木匠、铜匠等诸如这些农村传统的纯手工工匠统称为"五匠"，大多是代代祖传下来的，都说他们是"吃了潮的，拿了干的"，意思是吃香喝辣有钱拿，当时除了吃住，每天可赚一块多钱，都是比较吃香的行当。沈介良不学"五匠"，不是说他们不好，但这不是他的追求目标，也与他的性格有关，因为"五匠"做活期间基本都是在雇主家吃住，他不愿意在别人家里吃饭，这才是他不学"五匠"的主要原因。

"掌握一门技艺，总饿不着。"沈和尚还是不放弃，逮住机会就劝沈介良学"五匠"。

"那'五匠'也没有什么好学的，简单得很，我看一眼就会了，有什么好学的。"

"他们都不收学徒费，学会了，艺不压身嘛，在雇主家吃的也好，还可以赚钱。"

"我知道人家不收咱学徒费，能赚钱。可是我不想做这一行，也不想动不动就留在别人家里吃饭，我宁愿在家吃碗面！"

俗语说强扭的瓜不甜。一次两次下来，沈和尚也就不再劝沈介良学"五匠"了。

就这样，沈介良一边在家务农，一边做生产队的会计。

当时，组织上安排林盛茂到潘家公社工作。他是一名渡江战役干部，在曹家大队"同吃同住同劳动"期间认识了沈介良。那个阶段，公社干部、县委干部到生产队"同吃同住同劳动"期间，收工后都会按市场价出几毛钱到村民家吃饭。一次，林盛茂去沈介良家吃饭，见沈介良家墙上贴着由他自己用毛笔书写的"为人民服务""自己动手丰衣足食""有志者事竟成"等标语，还有挂在墙上的一本一本的工作记事本；后来在前黄区农村基层干部培训的时候，18天的学习，沈介良没有缺席一天，他认真记笔记、积极发言。这些都给林盛茂书记留下了深刻的印象。

林盛茂书记调走时给即将上任的宋仲英书记推荐沈介良，并说："沈介良是个有个性和作为的青年人，具有上进心，还肯吃苦，是个好苗子，可以好好培养！"

当时，整个武进县（现常州市武进区）有10个区66个公社，潘家公社是其中之一。潘家公社又有曹家等十几个生产大队。每个生产大队又分10~15个生产队，每个生产队的队长充当的角色就是每天天一亮就吹哨子组织社员，并带头跟社员一起到田里劳动。往往起床比社员早，干活比社员多，回家比社员晚，却没有什么实质性的回报。生产队长这个苦差事实在是没人愿意干，大队书记也最怕生产队长撂条子。

宋仲英担任潘家公社书记时，很多生产大队都缺队长，就像一个企业的生产车间缺车间主任一样，看着不起眼的角色，却直接影响到生产队能不能够正常运转。宋仲英心急火燎，奔赴的第一个生产队就是曹家大队北后生产队，那里的队长就明确不干了，急需新人担任。

其实，曹家大队为什么出现没人愿意当生产队长的另一个深层次的原因，宋仲英书记也是非常清楚的。这跟曹家大队领导的能力有一定关系，他搞不定北后村的生产队长和一些拳头大、手臂壮、脾气粗的社员，也解决不了生产队的问题。这也是宋仲英书记到北后生产队蹲点的真正原因。

"大家看由谁担任生产队长？"宋仲英书记到生产队里问生产队的社员。

"还能有谁，当然是沈介良啦！"

"为什么？"

"他非常能干不说，挑担往往一个人顶两个，关键他还是农技员，除虫配药，喷雾器使用，样样都拿得出手。他还经常帮助别人，又是我们生产队的会计，可以说是我们生产队名副其实的能人。"

"是的，他是真有两下子，简直是我们生产队的护线员、电工啊，刮风下雨，电线坏了都是他去修。"

"那你们到时候可都要支持他的工作啊！"

"没问题！"

宋仲英其实在这之前就接触过沈介良，林盛茂书记走时也推荐过，加上干部与民同吃同住同劳动，住过沈介良家。知道沈介良是外来户，也看到过沈介良家贴的那些激励人心的标语。没想到的是沈介良还非常有群众基础，大家都推荐他当生产队长。于是宋仲英就拿定主意，一定支持沈介良当队长。

"沈介良，连你家都贴着'为人民服务'的标语，这标语谁写的？可真漂亮！"

"说是会计，其实就是为生产队、为人民群众服务罢了！"

"大家都推荐你当队长，你有什么想法？"

"哪里会有什么好事轮到我，都是没人愿意干，吃力不讨好的苦差事！"沈介良又补充说，"这会计我都是帮忙做的，有合适的人来了，我就不做了！"

"哈哈，现在没人愿意吃苦啦！"

"我倒是不怕吃苦，我怕自己年轻当不好队长，我只是一个义务会计，农活也不是行家里手，再加上我是外来户，谁愿意听我的？"

"不要担心，我支持你当队长，你就不要推辞啦，大家都推荐你当队长，你不当谁当？再说了，金杯银杯不如老百姓的口碑，你在大家心目中的口碑可是不错的。农技员、护线员、会计员，哪样做得差？"

"你倒是了解得挺全面！"

"那当然啦，还有，林茂盛书记都夸奖你的！"

"宋书记，我跟你说实话吧，不是没人愿意当这里的生产队长，而是想当的人有很多。"

"是吗？"宋书记有点不解。

"是呀，只是有点小宗派思想，不服气现在大队的领导。我们大队书记还是北后生产队的，却不了解北后人的心，硬是按照他自己的主观意志办事，就产生了矛盾。领导干部一定要公开、公平、公正，大队书记要平衡生产队长、社员之间的工作和关系，哪里能硬来呢？"沈介良继续说，"这样吧，我可以兼一段时间生产队长，进行摸底调查，做社员的工作，帮你和大队书记推选一位称职的生产队长，你看行吗？"

"那也行，我正愁没人呢，为公社分忧，这还差不多！"

宋仲英书记住在沈介良家，苦口婆心地给他做了一个晚上的思想工作，可以说是"软硬"兼施下，沈介良才终于答应兼任生产队长。宋仲英书记才算松了一口气。

在宋仲英书记的支持下，1971年底，19岁不到的沈介良兼任了北后生产队的队长。后来，经过一年的摸底、调查、做思想工作，沈介良推荐曹明根为北后生产队的队长。

大队团书记

现在各个公司、学校、媒体、政府等单位流行办公众号，单位有什么消息就往公众号上一传，图文并茂，吸引大家阅读。可四五十年前却没有这么先进的技术。

那时候一个单位的信息中心是宣传栏，可别小看那时的宣传栏，起的作用可大了，一旦有什么新消息，马上就会围着里三层外三层的社员观看。

曹家大队在曹家桥的桥头就建了一个这样的宣传栏，起着信息传递、先进表彰、学习知识的重要作用。沈介良常常出现在那里，为大家带来新消息。

一次潘家公社工作队到北后生产队开会。当时，生产队经常出现丢菜、丢鱼、丢木材、丢树、丢大米的现象，针对这种情况，工作队的队长在大会上说：

"有谁'拿'了生产队的东西，限期三天，三天内还回来，全部放到学校，从此不再犯，生产队就会既往不咎。若'拿'了不还，查到以后将受到重罚！"

队长掷地有声的讲话极大地震慑了以前偷生产队生产工具、生产材料的人。同时，工作队的负责人与北后的一些先进青年沟通，希望能协助工作队的工作，以杜绝生产队丢东西的事情发生。沈介良就是其中之一，他们年轻，积极性强，被安排在学校附近，静静地观察是谁偷了生产队的物资。

还有，那些偷生产队物资的社员经不住工作队的旁敲侧击，在限定的时间里，都悄悄地将生产队的物资还回了学校。从那时起，曹家大队北后生产队就没有再丢过任何东西。

这项工作在当时引起了不小的反响，受到工作队的大力表扬。加上沈介良在村上相对来讲文化程度算是比较高的，他又是一身正气，做事也非常认真，生产队的账本记得工工整整、清清楚楚，并且调研能力、活动能力都比较强。

特别是他能够深入社员家庭，和大家推心置腹地沟通交流，关心社员生活中遇到的各种问题。因此，不久他就当上了大队团支书，做些宣传工作，负责各生产队的宣传、演出、学习等活动。

大队团支书虽然也是义务劳动，可是也照样忙坏了沈介良。

什么地方组织宣传队进行剧目排练啦、什么地方的宣传栏内容需要更新啦、读报学习汇报啦、安排放电影啦……还有谁家的喇叭坏了、线路不通了、电灯泡不亮了等，只要他一出现，大大小小的问题就会迎刃而解。

有一年夏天，狂风大作，电闪雷鸣，大雨倾盆而下。村上很多树木被折断，喇叭线杆被刮倒，需要跑去一户一户地通知村民。为了解决问题，沈介良带着几个积极的青年，冒雨沿着线路查找。好在他们很快查到了线路断的地方，喇叭线路得到及时抢修。

一桩桩不起眼的事情，都被沈介良默默地解决了。然而，正是这些带着乡土味的不起眼的"小事"锻炼了沈介良。他为人正派，从不强迫别人做任何事，自己做事非常用心，总是以理服人，从而取得了大家的信任。他也从这里"起跑"，所有的这些"小事"，都成为他这棵树苗的营养，让他把根扎得更深，并且茁壮地成长。

靠字典 学习

　　作家王蒙说过，一个人的实力绝大部分来自自学的能力。本领需要学习，机智与灵活反应也需要学习，健康的身心同样是学习的结果，学习可以增智、可以解惑，可以辨是非。

　　是的，有人说在学校只是学会怎样学习罢了，只要知道了怎样学习就可以毕业了。走出校园，再高的学历，如果不知道如何学习、停止了学习，被社会淘汰是早晚的事情。学习应该是终生的，是打开事业大门的金钥匙，谁掌握了这把金钥匙，谁就会成就不凡的一生。

　　沈介良初中的时候，遇上"文化大革命"，没有正儿八经地上过几节像样的课，因此刚毕业时的他，文化水平并不高。当然，看农药说明书和读一些简单的报纸是不成问题的。但对他来说，要有大的发展则根本不够。特别是后来生产队需要他做记工员、现金出纳、会计的时候，有些社员的名字都不认识。好在他爱学习，通过不断学习来提高自己的文化水平。

　　开始时，即使离开了学校，遇到不认识的字他还是会去曹家小学找毛安莹老师请教。毛老师教语文，和蔼可亲，住在学校，特别是晚上的时候很容易找到。不过，有时候毛老师外出，沈介良就没办法了。

"毛老师，前几天都找不到你，我又遇到很多不认识的字需要向你请教。"

"我呀，被派到外地学习了，我建议你买一本新华字典，这样即便我不在，你也可以查字典解决问题。"

"别提了，小学学拼音的时候我没有好好学，到了初中，英语又没有好好学。结果，声母、韵母都分不清楚，音调还会和英语的音调搞混，现在查字典都不会！"

"书到用时方恨少，事非经过不知难啊，现在知道学习的重要性了吧？"

"是的，老师说得极是！"沈介良连忙点头。

"不过只要想学、想做事情，什么时候学都不晚。"毛老师对沈介良说，"今天我教你一种简单的查字典方法，保证解决你的问题。"

"真的？那太好啦！什么方法？"

"四角号码查字法，跟拼音没有关系，可以用拼音查，不会拼音也可以查！"

"哦，没听说过呀，还有这种方法？"

"当然有，这种查字法说简单也简单，说难也难，你要是找到里面的门道还是非常容易的。"毛老师拿出一张纸，在上面写了一个国字，给沈介良说，"你看，要把国字分成四个角，每个字都是一样的，每个角确定一个号码，再把所有的字按着四个号码组成的四位数的大小顺序排列，把汉字笔形分为十类，头、横、垂、点、叉、插、方、角、八、小，再分别用数字0到9表示。这种方法比较简单，速度又快又准确，适合不会拼音的人查字典！"

"那好，我一定要学！"沈介良开心地说。

"这样吧，我先教你一个口诀，背熟了更管用。"毛老师也开心地说，"记好了啊，横一垂二三点捺，又四插五方框六。七角八八九是小，点下有横变零头。"

　　从毛老师教会他用"四角号码查字法"查字典以后，沈介良就以字典为师，还通过抄写成语词典提高自己的阅读水平、理解能力。那本字典在他以后做会计、自学考大专、考研究生，挑灯夜战、发奋读书、写文章期间起到了非常重要的作用。

　　现在的新华字典只有拼音、部首、难检字三种方法，以沈介良的学识也很少用字典了。不过，他还保存那本用捡破烂的钱买的破旧有"四角号码查字法"字典。有时候，他还会翻翻看看，不再是为了查字，而是为了回忆那段远去的生活。

潘家 工作组

1973年底，武进县委召开党委扩大会议，提出要培养一批年轻的工农新干部，为社会主义新农村建设服务。经县委组织部林盛茂介绍，潘家公社宋仲英书记、杨槐青副书记等提议，沈介良作为培养对象被调到武进县潘家公社工作组工作。潘家公社工作组一共12人，由潘家公社革委会副主任、团委书记王金兴挂帅，分成不同的组，互换到各大队，与各大队的生产队村民同吃同住同劳动，并组织开展思想政治工作，诸如以粮为纲、打击投机倒把、学习毛主席语录等。

1974年4月22日起，沈介良正式开始在潘家公社工作组工作。这也是他第一次脱离自己家的生产外出工作。现在他的工作性质发生了很大变化，每月有27元的收入，上交4.8元的生活费后还可余下22.2元，一年有两百多元的结余。因为都是工农新干部的培养对象，都是年轻人，大家态度都比较积极，工作也都很认真。

当时22.2元正好可以买一斤织毛衣的绒线，沈介良用一个半月积攒的钱买了一斤半绒线，请工作组组员吴琴芳、董亚琴帮助织了第一件毛绒衫，他非常开心，对他们两个人也一直感恩在心。

沈介良分别在潘家公社仁庄大队工作组、潘家公社信用社工作组、潘家公社胜利大队工作组开展工作。每个地方的工作侧重点也不相同。沈介良在工作组期间的出色表现得到王金兴书记的高度认可，特别是在胜利工作组跟沈介良一起工作近一年后，王金兴更加欣赏沈介良了。

"这胜利大队还是很重视的嘛，我们工作组都住上瓦房啦，比其他大队好多了，他们有些住的还是草房子呢！"王金兴书记到胜利工作组查看工作情况时跟大家说。

"是啊，这排瓦房在胜利大队也算是比较好的房子了。"沈介良说。

"就是，好像刚建好不久，门窗还都是新的呢。还有这通铺用的床也不错。"王金兴四处看了看，满意地说。

"有的是借村民的，到时候用完了再还给他们！"沈介良说。

"大家说说吧，今天又有什么新情况？"

"我这边没有大事情，有家青菜少了，还有家建房子比邻居靠前了，我也都解决好了！"

"我这边有人反映有人在自留地超额种果树，反映的情况是种了三棵桃树，两棵梨树，还没有来得及核实，明天我抽空查看后再做打算！"沈介良汇报说，并打开笔记本，开始记录工作交流情况。

"我们晚上还开展了几场学习毛主席语录、批评与自我批评的会议。"

几个工作组成员挨个向王金兴书记汇报近一个月的工作情况。

"大家白天跟社员一起指导翻田种地，不停地肩挑手推帮忙劳动，晚上还要听取社员反映的各种问题，组织开展思想政治工作，都比较辛苦。虽然来胜利工作组还不到一个月，但各项工作有序开展，非常不错。还有马上就到农忙时节了，虽然我们脱离了一线劳动，但我们的作用要发挥出来，要和这里的社员一起抢收抢种。今后除虫、播种都要进行指导。大家也要能吃苦，特别是这时候，我们要起到表率作用。"王金兴书记接着说，"好记性不如烂笔头，大家看沈介良同志，工作笔记都记满了，哪天去了哪里，接受了谁的反映，怎么解决的，都记录得清清楚楚，非常认真，值得大家学习！接下来，大家一定要放下身段，利用跟社员一起劳动的机会发现问题，抽空走进社员家，主动听取老社员的心声，我们的工作就好办啦……"

在潘家公社工作组期间，沈介良还处理了农机站加工厂张出纳和刘会计之间的矛盾。矛盾的起因是农机站加工厂核账时少了一笔钱。张出纳说没有收到钱，人家把钱直接给刘会计了。刘会计则说他也没有收到钱，肯定是张出纳收了钱没有上交。由此，闹得矛盾不可化解。沈介良是会计出身，了解情况后，心中就有数了。他提议开社员大会，到时上台讲两句，要求张出纳、刘会计都要参加。

在大队全体社员会议上，沈介良和大家讲："希望所有社员能够协助工作组开展工作，回家做一件小事，就是将在农机站加工厂加工过米粉、面粉的，如有社员保存了他们在加工厂开具的收据，请把收据上交到我们工作组……"

沈介良讲话时，发现刘会计脸色有变。沈介良料定刘会计有问题，收社员的收据进行核对每张票据的编号与加工厂收据的存根是否相符只是一种手段，目的就是看一看有没有开票不入账的情况。

两三天后，沈介良单独找刘会计好和张出纳一起谈话，和风细雨地妥善解决了该问题，还了张出纳清白。

大家都全身心地投入到工作当中，时间也过得飞快。很快到了1975年10月，沈介良在工作组的工作暂告一个段落。他在工作组前后工作一年多，共19个月，得到了很大的锻炼。沈介良还总结出不管哪个大队、哪个生产队，人与人之间的矛盾处理不好，都是领导不做细微的调查研究和做深入的思想工作造成的，最重要的是领导不能偏听偏信，要站得正，立得稳，要关心群众生活，注意工作方式方法。

由于他在工作组的出色表现，潘家公社团书记王金兴在党委会议上提出要沈介良到公社担任团委书记工作，要好好进行培养！谁料王金兴书记话音刚落，就遭到宋仲英书记的反对：

"那不行，我好不容易培养出一个人，你说要走就要走啊，我还要他到曹家大队当书记呢！"

"我看沈介良真是个好苗子！"

"这不用你多说，我早看上了，你就甭想了。"

最终，沈介良在1975年10月23日回到曹家大队担任副书记一职。在抢人才方面宋仲英书记赢了，他想让沈介良担任曹家大队的书记，帮助曹书记开展各项工作。可是，后来很多事情最终并没有向着宋仲英书记规划的那样发展，也因此沈介良失去了一次外出发展的良机。

前黄工作队

"公社团书记王金兴还是想让沈介良到公社团委工作，非要培养他做接班人。"

"那不可能，宋仲英书记让他担任曹家大队的书记呢，他要是到团委工作了，谁做大队书记？"

"你们不要瞎猜测，我可不稀罕什么大队书记，也不稀罕到团委工作，一切服从组织的安排，做好自己的工作，干什么都一样。今后你们不要再乱说了，要是被有的人听到了可要不高兴了！"沈介良阻止他的几个朋友。

"谁会听到啊，真是的！"

可是，事情就这么巧，这些话很快就传开了，在潘家公社进行人员调动安排工作时，曹家大队的书记不肯外调，也不肯到前黄参加工作队的工作。至于为什么不肯外调，原因有些复杂，主要是想继续做大队书记，真正动机谁也不知道。这让宋仲英书记很尴尬，这样沈介良就无法提任为正书记，只能是副书记，与他原来的计划有很大的冲突。其实，沈介良也不愿做曹家大队书记，反倒希望到公社团委工作。可是，天不遂人愿，他只能服从领导的安排。

为此，1976年11月，沈介良再次被抽调派往前黄工作队钱家大队工作组工作。沈介良带领几个工作组成员到钱家大队第一件事就是"安营扎寨"：

"卞宝奇你好，我是前黄公社派到钱家大队工作组的负责人，叫沈介良。谢谢你把书桌送来，我们用完了就还给你。"

"好的！好的！"卞宝奇笑容可掬，点头答应。

"我给你打个借条。"沈介良认真地说。

"不用打借条，还不还也没有问题。"

"你要不收借条，我就不敢借了。"沈介良认真地说，"收下吧！"

卞宝奇见沈介良态度诚恳，就收下了借条。可是等到第二年6月初用完归还时，卞宝奇就是不肯收。

"不用还了。"

"肯定要还的，为什么不要我们还呢？"沈介良有些疑惑地问。

"我们图个太平就好。"卞宝奇有些无奈地说，"反正我们也没有出头之日了！"

"啊？"沈介良听出卞宝奇话中有话，"方便讲吗，到底什么事情？"

"我叔叔是美国造船厂的博士，他每月给家里邮寄100美元，由香港转汇到南夏墅信用社。因此事我就成了'亲美走资派'，成了'特务'，由大队干部陪着我去信用社提了钱交给大队，很多东西也都被搬走了，还被戴上了'高帽子'！"

"哦？是这样啊，你先把桌子收下！"沈介良说，"你放心，这次你帮了我们工作组很多忙，我们真的非常感谢。你要知道我们工作组是来解决钱家大队一些遗留问题的，不是来找麻烦的，也不是来监督谁的。我来帮你问问队长，再了解一下情况，看能否得到妥善解决。"

后来，沈介良通过做钱家大队卞书记的工作，说这样做是不合适的，涉及国家统战政策，要赔礼道歉，我们是基层党员干部，代表党的形象。最终通过沈介良的协调，解决了卞宝奇的问题，将钱物都归还给他。要不然，这可是卞宝奇心中一生都无法迈过的坎儿啊！

1977年6月初，前黄公社钱家大队工作组的工作刚告一段落，沈介良又被调到武进县前黄工作队文教组任组长，对教职员工进行暑期学习培训，并接受教职工反映教育教学期间存在的各种新老问题。沈介良在培训班发动会上向大家表态说：

"我们文教工作组是来解决一些遗留问题的，不是来点火放火制造麻烦的，也不是来监督谁的，所以在培训学习期间，大家有什么问题，可以畅所欲言，积极反映各方面存在的问题……我们这个暑假学习培训班按县教育局要求为期半个月。为了提高培训学习效率，大家要严格遵守会场分组学习时的纪律和时间。还有，大家记好了，我们召开大会期间，谁晚到一分钟，就晚一分钟结束，所以大家要遵守开会讨论作息时间，谁都不要浪费其他人的时间。"

大会谁晚到一分钟就推迟一分钟结束，就这一条简单的纪律却起到了很好的效果。若是有人学习来得晚了，就会影响到其他老师回家，所以没有人迟到。还有，这个新秩序、新模式、新气象的"三新"暑期学习班是武进县教育局授予前黄文教工作组开展的，整个培训期间，没有一个人请假，缺席和早退。每位老师都能联系自己工作实际开展批评与自我批评，气氛积极团结。

没几天，沈介良就接到一名副校长的诉苦，说有人冤枉他生活作风方面有问题，说他曾和一名女教师有染。

解决男女生活作风方面的工作对于年轻的沈介良来说十分尴尬，他还要带着一个50多岁的工作组人员一起工作，但他只能迎难而上。

"到底什么情况？"

"我也不知道什么原因，我们学校就开始四处传了，还有鼻子有眼。我们只是工作上的关系，你们要帮我调查清楚，不然，我的前途就完了，校长肯定是不能当了！"

"是这样啊！"

"哎，还有那名女教师，她居然和他爱人说我们之间有关系，真是邪门了。"

"按常理要是真发生了这样的事情，都还藏着掩着呢，谁会承认呢？我估计她是跟爱人生气时讲的气话，被有的人听到后误传了！"沈介良想了想，十分郑重地说，"你放心，我去了解一下他们的家庭情况再说。"

"那就拜托你了，我的清白就靠你了！"那位校长握着沈介良的手，久久不肯放开。

沈介良了解情况后，迅速组织工作，将副校长的事情作为重点工作。当沈介良来到女方当事人家里时，事情一下子就明了了。他们夫妻两个真是吵吵闹闹十几年了：

"沈组长，你不要信我老婆的话，那位副校长根本不了解我老婆。"那名女教师的爱人见到沈介良就愤愤不平地说了起来。

"我是不信。"沈介良点头说，"她肯定是气你的话。"

旁边的那位女教师也解释说："就是，我们有次吵架信口开河，不知道怎么会闹出这样的事情！"

沈介良任他们夫妻两个相互指责，等到他们不说了，才不紧不慢说：

"你们呀，俗话不是讲了吗，说者无意，听者有心。那么多人看你们吵架，看你们笑话，听到你那样说，能不出乱子才怪呢。你以后赶紧改口吧，别再气他了。现在你们还吵吵闹闹，说了对方一大箩筐的不是，那为什么不离婚呢？说明你们心里还有对方，可是你做得有点过了，严重地伤害了对方，要是哪天不跟你理论了，你后悔都来不及了。再者，这不仅影响到你们家庭，还影响到了校长的前途，你看那么好的校长，你忍心人家莫名地受到处分吗？你们夫妻俩吵架，解气了，可是人家校长冤不冤啊？"

那个年代男女生活作风问题是任何人都不敢犯的大事情，往往是人与人之间有其他方面的矛盾，相互攻击的传闻。作为工作组应该把这些"类似传闻"的事搞明白，让当事人"无事一身轻"，以安心工作。

经过工作组几个成员的全面核实，校长作风正派，根本没有任何问题，纯属捕风捉影。

那位副校长的事情一经解决，前黄工作队文教组就一下子树立了威信，在前黄公社名噪一时。后来，前黄公社"三新"工作队因工作开展得有声有色，还得到了县委的隆重表扬。

重回
曹家桥

前黄公社"三新"文教工作组得到教育局表彰后，前黄公社杨书记专门找沈介良进行了一次谈话：

"沈介良，你们工作组的工作干得非常出色，我要好好表扬你们。"

"这都是我们分内的事情。"

"我仔细看过了，你领的工作笔记本最多，我问了叶队长，他说你工作非常认真，笔记本都记满了，才到工作队部领的，都记些什么啊？"

"杨书记这都知道，就是记些工作问题、工作感想什么的。"

"今年多大了，结婚了吗？"

"25岁了，还没有结婚呢！"

"啊，真是不敢相信你才25岁，很多难解的问题都被你解决了，更没想到你还没有结婚，队里很多问题都是七荤八素的男女问题，竟然被你这个毛头小伙子给解决了，厉害啊！"

"我们工作组不是有年龄大的教师干部队员嘛，我只是做决策而已。"

"那也了不起呀！"

"黑就是黑，白就是白，公正公开公平，就能很好地解决问题。我又不是监督他们，大家都挺好的，非常热情。"

"就是就是，说得太好了！"

杨书记越是了解沈介良就越是喜欢，并希望他能留在前黄公社当党委组织委员。

"你就留在前黄，在公社当党委组织委员，怎么样？同意的话我跟你们的宋书记沟通！"

"好啊！"沈介良这时才明白，为什么杨书记问他那么多问题，原来是想留他在前黄公社工作。

那次谈完话，前黄公社杨书记立即找潘家公社宋书记沟通：

"宋书记，你再考虑考虑？"

"你们想得可真美啊，我们潘家公社好不容易培养出来的人，到你们那工作一段时间，你们就想抢走啊？"宋书记毫无回旋余地地说，"门都没有，想都别想！"

宋书记"看上"了沈介良，就是不放人。看来，这个社会不管发展到什么程度，也不管在哪个时代，更不管在什么地方，都喜欢有能力的人啊。

杨书记摇摇头，无奈地走了。

由此，沈介良完成前黄公社工作组的任务后，再次服从潘家公社宋书记的安排，重新回到曹家桥，继续开展曹家大队副书记的工作。

那年秋天农闲后，沈介良请人翻建自家的房子。那人看了场地后就跟他商量：

"沈书记，你这自留地建房子是够用的，搭脚手架的一角可能要毁掉一点儿只种一季的鸡口稻，这地方秋收后是用来堆放生产队稻草用的。"

"那样吧，这也不是三两天事情，估计耽误收成，也就几平方米吧，到时候我跟生产队长、会计商量一下，施工期间赔偿生产队一些粮食，等房子建好了，脚手架一拆就不影响了。"

"那好，那我们就开建啦！"

"开建吧！"

一切进展都比较顺利，整个施工结束也没有占据一寸水稻田，也是符合国家规定的。不过快到过春节的时候，潘家公社党委组织委员王耀明领着县人事局政工组一位女干部找到了沈介良，说："沈书记，有人举报你了！"

"不会吧？我又没有做什么事情，举报我干啥？"

"你是不是建房子了？"

"对呀，怎么了？"

"有人举报你建房子占用生产队的水稻田了。"

"啊？哪有的事啊，我的房子绝对没有占用生产队的水稻田，只是脚手架占了一点鸡口田，我还赔偿了生产队70斤粮食呢！"

"举报人写'人民来信'到县里，今天就是带她来查看的。"王委员说。

"好啊，查看后就清楚了，我哪里占用水稻田了？"

王委员带着那名女干部到沈介良盖房子的地方查看是否损坏水稻田，事实是的确没有。

"你是不是当书记得罪什么人了？"王委员不解地问。

沈介良叹了口气，心里也猜了个八九不离十，摇摇头说："我能得罪什么人啊，你们组织去调查吧。"

"你不知道吧？别看这封小小的举报信，是否属实先放一边，对你的影响可大了！"

"为什么？让他们来调查好了，我身正不怕影子斜！"沈介良疑惑地说。

"你想得太简单了，本来今年底潘家公社推荐你为工农新干部的，会议上有群众举报你盖房子占用水稻田，有了这封举报信，估计就'搁置'提拔了，要等下次提拔才有机会，下次可要等到猴年马月了！"

　　这件事情果然如王委员所说，虽然后来县里派人经过调查，确定举报信不实，但却让沈介良失去了一个提拔为公社工农新干部的机会。

男大当婚事

有一次，沈介良与几个同龄男青年闲聊：

"我们大队农机厂的张娟芳要是我能追上就好喽！"

"谁呀？"沈介良没听清楚问道。

"还能有谁，在我们大队农机厂的张娟芳！"

"她呀，要是真正喜欢她，向她求婚应该也不是什么难事吧？"二十五岁、风华正茂、浓眉大眼的沈介良说。

"哇，你可真会吹牛，听说她都要订婚发糖啦，有对象了，你们还在这瞎嚷嚷什么！"

说来还真巧，人品正派、做事认真、个性鲜明的张娟芳正好在他们几个面前路过。

"不要吹牛啊，刚才还嘴硬呢，现在她来了，怎么一句话也没有？"几个人起哄。

沈介良脸一红，壮了壮胆子走上前去和张娟芳搭话，并请她到家里坐坐，张娟芳坐下后，沈介良问：

"听说你五月一日要订婚，到时候就有喜糖吃了啊？"

"瞎说，哪有喜糖吃，要吃喜糖就吃你的喜糖啊！"面带笃实、一脸正经的张娟芳回眸一笑说。

"真的吗？那就一言为定……"沈介良说完

笑了。

"哈哈……"张娟芳也笑了。

可是，谁也没料到，他们这样相视一笑，竟定了一生的姻缘，开始交往起来。

张娟芳当时是大队农机厂的工人，是一位能干又会操持家务的典型农村姑娘，有很多人爱慕她。当然，她要求也比较高，认为沈介良是外来户，担心嫁过去会受欺负，家人亲戚有不同意的，但张娟芳的哥哥非常支持她与沈介良交往谈朋友。

沈介良的养父沈和尚也是明理人，他对沈介良说："介良，阿娟人好，长得也漂亮，干活也肯卖力，如果你不是大队干部，可能她还不肯嫁给你呢。"

"我还没有当上公社干部，就不想找定对象。"

"结婚是人生大事，结婚会影响你当干部吗？"

沈介良思考了一下说："我非常赞同哥哥尹义良的婚姻观，他谈的第一个女朋友是高干子弟，就是因为她不同意结婚后哥哥照顾家里，哥哥就没有同意这门婚事，两人分手了。我觉得，既然结婚了，理当共同承担家庭责任，不分彼此，我们再交往看看吧，相互再多了解一些。再说了，我们还要建房子，并且还没到政府要求的双方年龄加起来50周岁才能结婚的条件呢！"

之后，因沈介良在张娟芳的生产队杨家头蹲点，有机会接触张娟芳，偶尔也到大队农机厂去看她。每次去看她，这时本来跟同事有说有笑的张娟芳，看到沈介良后就会脸一红，不再说什么了。这给沈介良留下了深刻的印象。

一天晚上，沈介良对张娟芳认真地说："我反复考虑了，觉得你和我结婚可能享不到什么福。我现在看上去是大队书记，可是每天天一亮就起床转田头，晚上开会还要忙到半夜，根本不着家，上床时脚都是冰凉的。加上我是外来户，总会受人欺负。还有，舅妈脾气又不好，能给你带来什么好日子呢？还有做农村基层干部最容易受到别人的非议，琐事不断……"

沈介良这样讲，更加打动了张娟芳，反而认为他是个踏实能干可靠的人。她嫁的不是富贵，而是安全感，一个男人对她好一辈子，苦点累点也不会有什么怨言。沈介良一身正气，有责任心，这让她很有安全感。她想，能走一辈子的婚姻，即便磕磕碰碰，也是一生的幸福。再说了，谁家又能什么事情都如意呢？

他们结婚的前一年，也就是1976年7月28日，唐山发生大地震，举国悲痛，另外，他们也没有达到双方年龄加起来为50周岁的结婚要求，因此，沈介良和张娟芳没有举行像样的结婚仪式。

不过，沈介良心想，现在不举办仪式就算了，到1977年春节正式结婚时，礼数礼金都不能少。

1977年沈介良筹备结婚，计划将自己的积蓄全部拿出来，158元钱用于彩礼。那可是他多年卖破烂、在工作组工作的工资积攒下来的。同时，他将成家后分到的原来住的两间楼房拆掉，加上舅父顶嗣继承的四间平房也拆掉，重新在自家自留地上造了四间新房子，并花120元钱买了一张"西式"床，用自己家里的木材自制了一些橱柜，还购置了水桶、脸盆等生活必备品。

尹义良听说自己的胞弟要结婚了，非常开心，为他买了一台"三五"牌坐式时钟，一辆"凤凰"牌二手自行车，还有一双雨鞋等。沈介良对哥哥送的雨鞋感慨万分，因为他小时候几乎都是光脚去上学。舅妈也曾经给他做过一双棉鞋，但没过几天，就被他跳方块玩耍时不小心弄破了。舅妈一生气就把棉鞋拿走了。后来，逢到下雨天就只能赤脚走路上学。直到后来逮住一只黄鼠狼卖了4.69元，用3.6元买了一双36号的鞋。再后来，他舅父将灌溉农田开水员发的一双40号农用雨鞋送给他，但沈介良很少下雨时穿，到了冬季才穿。现在结婚了，哥哥送给他一双42号的雨鞋，他开心极了，连贵重的市面上很难买到的时钟都没有雨鞋来得让他高兴。

不过，唐山大地震之后，出于安全考虑，各级党委政府要求大队基层党员干部下村夜巡。9月份，沈介良被安排夜巡汇东、汇西、杨家头三个自然村，岳母考虑到沈介良与女儿张娟芳已经领取了结婚证，且在几个月后的春节将办婚事，便做主留他夜宿家中。

很快，张娟芳有喜，沈介良非常高兴。然而，在一次大队党支部的民主生活会上，有人批评沈介良可能存在"未婚先孕"的错误。所谓"未婚先孕"，其实是夫妻俩没有达到政策规定的生育年龄而怀孕，当时规定已婚夫妇的年龄加起来必须满50周岁才能生育。沈介良和张娟芳商量后，觉得自己作为大队书记、党员干部，应严于律己、以身作则，他毅然接受党员的监督，主动没有要孩子。

直到1978年8月，沈介良、张娟芳夫妇俩喜得一女，聪明、活泼、可爱，取名沈文桔。

此后，沈介良夫妇也曾想要生二胎，但是当时政府有个"三先三后"的计划生育原则，即结婚时间短的夫妇让结婚时间长的先生育，第二胎距离第一胎时间短的要让时间长的先生育，第一胎生男孩的要让第一胎生女孩的先生育。此外，在第一胎满48个月后才能生育第二胎，还必须拿到二胎生育指标。当时，政府以人口基数的千分之十二为指标有计划地控制生育。由此，沈介良一直把生育指标让给别人。

直到1982年，沈介良夫妇决定要生二胎。然而又逢国家将"计划生育"确立为一项基本国策，推行"独生子女"政策，要求党员干部做表率。当时，作为党员干部，必须坚持三个原则：要求群众做到的自己要先做到，要求下级做到的领导要带头做到，要求别人的家人做到的必须自己家人和亲属先做到。在那个时期，大部分非党员干部和非企事业单位职工即便罚款也要生二胎，全国各地逃避政策的"超生游击队"数不胜数。而沈介良作为基层的大队书记、党员干部，积极响应国家号召，带头执行党和政府推行的"独生子女"政策，因此他们夫妇俩就跟生育二胎无缘了。

　　有时候，生活就是会变着法子戏弄人，历史也在不停地演变。

沈介良全家福

忘我工作狂

在生产劳动过程中，沈介良从不"偷工减料"，也从不斤斤计较。

生产队会计、生产队长、生产大队团支部书记，这些服务农村、为群众服务的工作一般人都不乐意做，沈介良全做过，而且都做得较好。当生产队长时，白天天刚亮他就起床吹哨子，带领社员出早工。从早上五点半到七点。接着就是上午工，从上午八点到十一点。下午工从十二点半到五点半。因为沈介良力气大，每样都是抢着干。填塘修渠、罱河泥、卷猪草、平丘种田、打农药、护电线、无锡拉粪、太湖捞蓝藻做肥料、上海摇船拉氨水。他还当过农村的技术员，做过广播线务员，养过几年肉猪和母猪、仔猪，为社员家的猪义务看病，是三村五里的"聪明能干"人。

不论春夏秋冬，除了插秧时节都一样从早到晚，沈介良没有闲着的时候，每个地方都留下了他的脚印。到了晚上，靠月亮照明开生产队会议，负责传达上级各种会议精神，展开批评与自我批评教育。到了抢收抢种时节，还要挑灯夜战开夜工。秋季稻子收割后，还要进行田间平整、沟渠加固、开河筑堤、兴修水利等，全靠肩挑人抬完成。

每天当他躺到床上的时候，才觉得肩、背生疼，但很快便进入了梦乡。以致后来落下肩周炎、腰椎间盘突出等疾病。他就是一个工作狂，有社员看到他就会直呼：

"拼命三郎来了！"

沈介良往往一笑置之，继续干活。即便是现在当了大队书记，也没有闲着的时候。

一天，一声急促的喊声打破了农村黄昏时刻的宁静。

"沈书记，快去看看吧，有人跳河啦，快去！"一个村民找到沈介良，上气不接下气地说，"晚了……晚了就来不及了，非出人命不可！"

"在哪儿？"

"圣烈桥南边，快点！"

沈介良箭一样飞出家门，向圣烈桥跑去。他在桥上就看到河对岸站了很多人，还有个人漂在河里。人溺水一般有三个过程，先是在河面上，然后沉到河底，溺死后还会浮起来。沈介良心里咯噔一下，千万别闹出人命啊！

"沈书记来啦！沈书记来啦！"围观的村民喊了起来。

"谢天谢地，人没事就好！"沈介良跑到河边，见一老汉被拽上了岸，还在那骂儿子，心里总算踏实了。

那老汉叫秦大全，下沿桥人，70多岁了，有什么想不开的，为什么要寻死觅活呢？

"沈书记，别提了，我生养了四个儿子，没想到都是不孝子。把他们养大了，结婚了，生孩子了，盖了八间房，我倒没有地方住了。"老汉眼泪汪汪地说。

"别担心，我给你做主，我不允许我们大队有不孝子。"沈介良一听就猜出个八九不离十，"走，回家去！"

沈介良连夜给秦大全的四个儿子开会，儿媳妇全部暂避。

"他吧，老是偏心我家小弟。"

"他怎么偏心了？"

"他们不养，我也不养！"

……

"你们都说完了吧？还有什么要说的吗？"沈介良看了看几个人低头不再言语，便强势地说，"你们说，发生这样的事情，丢不丢人？你们兄弟四个中还有当老师的，孩子女儿都有了，每家都有两间房子住，你们老父亲和母亲辛辛苦苦把你们养大，还有你们的儿子女儿都安排好了，你们就这么一个爹娘，到头来却没地方住，丢不丢人？你们兄弟四个，今天一定要把这个问题解决了，我们大队决不能出现不孝子。"

"沈书记你说得对，我听你的！"

"我也听你的！"

"那好，每家腾出一个房间，让你们父母轮流住，他们老两口愿意住哪间住哪间，每家每年交给父母40元生活费。我们曹家大队，我们潘家公社自古就以孝心美名远扬，你们连做人的基本底线都没有了吗？我坚决不允许你们这样对待父母。"

几个月后，秦大全住上了新房子，是他的四个儿子共同出资建造的，总算有了安乐窝。从此曹家大队再没有出现什么不肖子孙。

沈介良刚松口气还没几天，一大早汇东生产队就有人找他报案："沈书记，昨天我们生产队的稻子被偷了，还不少呢，肯定不是鸡鸭偷吃的那点。"

"你报告治保主任了吗？"

"我去了，他出去了，不见人！"

"民兵营长呢？"

"也巧了，都不见人！"

"走，我先去看看！"

到了稻场，盖着那一堆堆稻子的油纸被动过了，一看估摸着少了一担，差不多80斤，肯定不是鸡鸭偷吃。

"好了，我知道了，我会跟治保主任还有民兵营长进行具体分析处理的，晒稻子期间生产队要派人看守。"沈介良气呼呼地说，"没想到我们大队竟有人干这种事，一定要想办法把他查出来！"

沈介良一转身，没走几步便开心地笑了！

晚上，沈介良直接找到了那个偷稻子的人，还一并破了之前一家竹园里竹子被偷的案子。

"曹阿荣啊！"

"沈书记，你怎么有空来啊，有事吗？"

"你呀，做小偷都不会做！"沈介良单刀直入，恩威并施，"别人家做小偷根本不会让外人发现，你不行！"

"我……"

"别不承认，我早上从汇东生产队稻场，一直顺着洒落的稻子找到你这，还有用那草包盖着的竹子也不是你家的，我点了一下26根，跟人家报案时的数目一致！"

"沈书记，我，我承认便是，可千万别声张啊！"

"我今天一个人来，就是给你一个改过自新、重新做人的机会，不然治保主任、民兵营长，包括我们公社的公安特派员都要来了，非把你抓走不可！"

"我改，我一定改！"

"你今天就把稻谷和竹子悄悄地还给人家，我既往不咎，也不对你做什么处罚，你看行吗？"

"行行行，谢谢，谢谢！"

"你是招女婿的外来户，我也是外来户，我们要堂堂正正地做人，实实在在地做事，要为自己争口气！"

"你给我这么大的脸面，不让我丢人，我一定改过自新！"

"一言为定！"沈介良对曹阿荣推心置腹地说，"捡破烂卖也比偷强啊，今后一定要改正，我就先回去了！"

"一定改！"

沈介良当上曹家大队书记后，先是解决了秦大全子女不孝的问题，接着又破了几桩偷盗的案子，按理说心情应该高兴才是，可是他的脚步、他的心情却更加沉重了。后来，他在大队组织大家开会时表露了心声：

"有谁愿意做贼呢？可是饱暖思淫欲，饥寒起盗心啊，我们大队不是穷嘛，连个像样的大队部都没有。可是大家也不能选择做贼呀。现在我当书记快一年了，整个大队的风气越来越好，生产队二级干部精神面貌也都很好，自从我破了几桩偷窃的案子后，就再没有发生过偷盗东西的事情，这是好事情啊。以前我们大队有的领导不作为，耽误了大队的发展就不说了，重要的是，下一步我们要想办法超过其他大队，不能总是排在后面。他们有河泥可罱、有养鸡场、有牛棚，我们什么都没有，但大家一定要想办法改变现在落后的面貌，想办法使我们大队人民的生活水平得到提高，并且早日富裕起来……"

蒙冤坐班房

　　沈介良这个工作狂担任曹家大队的书记后，更加卖力了。他除了整顿大队的风气以外，还想平整土地、兴修水利，对大队的一些基础设施进行改造。因为曹家大队是一个比较落后的大队，连大队部都没有，也没有一个能够办公的地方，遇到开会，到处找社员家。还有村里的道路都是泥土路，下雨根本出不了门。另外，电线杆乱拉，不沿路不说，有很多还是毛竹线杆，年久失修，风一吹摇摇晃晃，非常不稳定，总造成停电，也不安全。耕地无机耕道，拖拉机不能畅通地里，以后要变成村村通拖拉机，生产作业到田头……诸如此类，可是要想做到这些，需要大笔资金，但曹家大队是潘家公社中比较穷的大队，要想改变这一切，犹如登天。

　　1979年，潘家公社新春茶话会来了几十个人。潘家公社、各大队、各学校、供销社等负责人、领导，还包括在外地发展的社会各界精英，聚在了一起，为当地的经济建设出谋划策。会上公社领导传达了国家改革开放的精神，提出思想要再开放一点，步子要迈得再大一点，争取早日搞活当地经济，让百姓过上富足的生活。

　　这让沈介良热血沸腾，终于看到了希望。改变曹家大队落后的面貌、带领曹家大队的百姓过上好日子一直都是他的梦想。于是他询问坐在旁边的袁同新：

"袁同新，你在公社办厂做供销已经很长时间了，也是我们曹家大队的人。你跑供销路子广，看有没有什么好的项目投资？可以改变我们曹家大队落后的面貌？"

"只能靠工业。"

"跟我想到一起了，正如大家所说的那样，单纯靠种田是不能搞活大队经济的，一定要发展工业，办厂才是出路，才能在最短的时间内改变我们大队落后的现状。其他大队有副业，可收到公社亩均10元钱的补贴，可是我们曹家大队什么都没有，一定要想其他办法才能富起来，不能总是掉在人家后面，我这大队书记当着也不称职，在其位谋其政嘛！"

"我有个朋友在苏州一家搪瓷厂工作，是工程师，姓郑，听说挺有能力的，我问问他有没有什么办法。"

"好的，要不茶话会结束了，我们晚上继续商量！"

"好！"

晚上，沈介良他们继续深入探讨如何改变曹家大队贫穷落后的局面。

没几天，好事情就来了。

"这是郑工程师！"

"你好！你好！"

"这是郑工程师的干儿子黄河！"

"你好！你好！"

大家一阵寒暄，算是认识了。

"你们曹家大队要办一家村办企业，要是成功了不富都难。"黄河出主意说。

"我也早想到办厂了，可是一没有项目，二没有人，更重要的是也没有办厂的资金啊！"沈介良说。

"办就办市场上最紧俏的产品，上涤纶中长纤维织布项目，先做原料买卖，赚到一二十万时再办织布厂，到时候肯定赚大钱，我们江浙一带自古都是纺织重地，纺织厂特别多。还有常州也是纺织之乡，有全国中小城市学常州的美名，需要大量的涤纶中长纤维原材料。"

"资金……"沈介良再次提到资金的事情，但被黄河打断了。

"沈书记你放心，资金根本不是事儿，我有朋友在上海开办联营企业。"黄河信誓旦旦地说，"你们只要开办一家针织类的工厂就行了，剩下来的事情我全部搞定，资金、涤纶中长纤维丝所需的原料粒子我都能搞定。"

"可是，设备什么的，需要一大笔资金。"沈介良还是不放心。

"沈书记你放心，我们前期不需要投入什么钱，你只要找个工厂地址，到工商所办个执照就行了，这样我们就可以低价买进，高价再卖出，赚其中的差价，等赚到了钱再投资买设备、办工厂也不迟。"

"就是，这个办法好！"郑工程师说，袁同新也觉得有道理。

为了尽快脱掉贫困大队的帽子，加上是熟人袁同新介绍，沈介良也没有再细想。

1980年初，曹家大队针织厂成立了。袁同新任厂长，曹正方任会计，黄河负责针织厂的外勤工作，沈介良负责其他的配合性工作。

"今后曹家大队就可以靠这个针织厂翻身了！"袁同新感叹地说。

"就是，有了大队办厂，就有希望！"

"我想，要是今年能完成10万元的利润，那我们大队就可办名副其实的曹家大队针织厂了，在潘家公社也能比一比啦！"

"现在涤纶丝每吨2万元，净利润2000元，那我们一年要卖50吨才能达到利润10万元。"袁同新扳着手指头算了算说，"有点难，不过也不用赚那么多就可以办大队厂了。"

"难才好，唾手可得的东西干着也没有劲儿，设定目标时一定要务实一点，适当可高一点。"沈介良笑笑说。

从那时起，沈介良的腰杆挺得更直了，信心也更足了，觉得希望就在前方。他还想若办厂顺利的话，曹家大队很快就能改变面貌了。

曹家大队针织厂成立后，同年8月，黄河以曹家大队针织厂厂长的身份和一家单位签订了供应30吨中长纤维的合同。

"我们针织厂刚成立没多久，还是空架子，哪里来30吨中长纤维？"沈介良问黄河。

"放心，我可以搞定。"黄河说。

黄河带那家单位的人到常州一家合成纤维厂，根本没有来曹家大队针织厂。原来他提前去常州的一家合成纤维厂，以曹家大队针织厂厂长的身份与合成纤维厂的厂长谈判，说有5吨涤纶粒子需要加工，那家合成纤维厂正缺原料呢，就跟黄河达成了加工涤纶丝的协议。因此，他带那家单位的人去参观时，受到了常州合成纤维厂的欢迎。

就这样，经过黄河的努力和沈介良坐镇大本营的操劳，截止到1980年12月底，从江苏、浙江等地纺织厂进账的采购款有170多万元。其中，曹家针织厂中长纤维的订货款陆续到账121.5万元，其他的订货款汇入了黄河名下的其他单位。

潘家信用社整个存贷总额也不过70万，这在整个信用社，甚至常州市可能都是一项重量级的款项。

沈介良在收到如此多货款的时候，根本高兴不起来。因为汇来的货款都是来买中长纤维原料的，而曹家大队针织厂还没有给汇款单位发一点货。

这种局面让沈介良非常为难。

"怎么样,还不错吧?"黄河满脸笑容,"沈书记,袁厂长,你们就等着在年底三级干部会议上受表彰吧!"。

"黄河,人家的订货款都来了,你得赶紧催浙江的工厂,赶紧让他们生产发货,我们也好发货。"沈介良说。

"这个你放心,包在我身上,对了,南京那边有家工厂供应涤纶粒子,你们汇过去6万元购买!"

沈介良照做了,可是一个星期后,款又退了回来,南京那里根本没有涤纶粒子可供,他再次找到黄河问清楚。

"南京那家厂根本不生产涤纶粒子,到底怎么回事?还有家单位都催了快两个月了,到现在也没有货给人家,怎么办?"

"南京那边有变动,太仓那边,还有浙江那边我已经下订单了,估计这个星期能发货。"

"那也行!"沈介良满是疑惑地说,"可要抓紧了,接下来的重要任务就是要在第一时间采购到货,也好把货赶紧发给人家!"

"沈书记你就放心吧!"

可是,沈介良总觉哪里不对劲,但又说不上来。

第二天上午,袁同新去上海付给黄河12万元的支票,用于支付采购货款。有订货单位找到沈介良催货,他这才得知,那家厂也是黄河让成立的,跟曹家大队针织厂的性质一样。很多单位的合同都是空对空,早就觉得不对劲的沈介良,这下终于明白了,黄河就是个骗子。

"我得把钱赶紧退给人家,黄河根本没有订货,他就是个骗子!"沈介良这样想着,第一时间向潘家公社党委政府汇报了情况。

"你们在营业执照拿到前就开始买卖了,也没有生产,属于投机倒把,买空卖空,严重破坏了社会主义经济秩序,你们让黄河来漕桥说清楚！"漕桥区工商所的包所长到潘家信用社郑重地对沈介良说。

沈介良一听，觉得事情非常严重。那个在自己家房前屋后多种三棵果树就要受到处罚的年代，要是被套上"投机倒把"的帽子问题就大了。更何况121.5万元，这绝对是一笔巨款，整个潘家信用社整个年度的存贷也不过70万元。

下午，袁同新在上海给沈介良打电话："黄河说我们针织厂已经有100多万元的进账了，他要4万元交际活动费，还要现金！"

"可以，不过4万元现金是巨款，需要本人来取！"沈介良告诉袁同新。

"我告诉他，让他本人到常州来取。"

1980年12月21日，在上海的黄河为了拿到4万元的现金，花101元包车和袁同新一起从上海来到常州。

"黄河他是个骗子。"沈介良见到袁同新后私下对他直截了当地说，"我已经报告要抓他了！"

"那怎么行，是我叫他来拿4万元现金的，这样做我不就变成'小人'了？"

"你真糊涂，和这样的骗子还讲什么道理，这可是原则性问题，是要按违法犯罪处理的。还有我是书记，我是要负法律责任的，你只是业务牵头人，到时候你可以把责任推给我，我能把责任推给谁呢？"

沈介良、袁同新将黄河带到了武进漕桥工商所。

"我们到县里取钱吧，4万元可不是一个小数目！"漕桥工商所包所长说。

沈介良汇报工作后，武进县工商局、武进县公安局早就织好了一张网，几个便衣警察正在武进县工商局等着黄河的到来。

"我们去调查过了，你们根本不搞生产，也没有进过货，很多工厂反映他们给你们厂付完定金以后就找不到你们了，也一直没有拿到货。即便是能联系上的，催来催去仍然拿不到货。你们这是典型的投机倒把，买空卖空，是诈骗。"

黄河被武进县公安局抓获！

沈介良与袁同新商量后，为了减少损失，坐着黄河来常州租的小轿车连夜赶到上海。找到上海黄河成立的华夏联营有限公司，又找到经办人，看到那人浑身刺青，顿感头皮发麻，心想钱肯定是要打水漂了。

"钱给你们，你们赶紧走，一分钟都不要停！"一个姓杨的告诉沈介良他们。

真是万幸，沈介良、袁同新将唯一付出的一笔12万元货款追回。

"人抓到了，钱也全部追回来了，集体经济也没有什么损失。货款我们也全部退了回去，接下来你们处理吧！"沈介良主动配合，向县公安局表示。

1981年初，袁同新也被武进县公安局带去问话。袁同新出来后，让沈介良也去一趟公安局。

1981年5月29日，武进县公安局没有太多的解释，直接对沈介良发布了逮捕令。

"啊？开什么玩笑，这怎么可能？"沈介良心想，"我又没做什么坏事，100多万货款已经全部退还了，自己又没有截留一分钱的好处，而且把骗子黄河也交给公安局了，怎么可能会逮捕我？"

"哼！谁和你开玩笑，进去吧！"公安局的一位干警像对待敌人一样斜着眼睛说。

沈介良被开除党籍和公职，逮捕入狱。

他本以为是被武进县公安局叫去做证，没有料到自己竟然被捕了。

开始还不相信这是真的，可是当他被推进关押室，强行将他的头发剃掉时，他才觉得自己的心像是被掏空了一样，头脑一片空白，顿觉天昏地暗。

进了班房，沈介良清醒过来后，眼泪止不住地往下流，号啕大哭，连声叫喊："冤枉啊……冤枉啊……"

"完了，一切都完了，自己的前途彻底完了！自己被抓不说，如何面对自己幼小的女儿，妻子和家人，还有自己的朋友，栽培自己的领导！"

这个坚强的男人就像蜗牛一样，向外展现的都是自己坚硬、刚强、铁骨般的外壳，可是那颗心却永远是那样柔软、敏感。对于倍加珍惜自身名誉的沈介良来说，这一切都是不公平的。他那柔软的内心，再也无法用什么来掩饰了。

沈介良以泪洗面，决定以绝食来抗议对他的不公。

黄河在常州市武进县落网，武进县看守所一共关押黄河等诈骗案涉案人员13名。曹福南与沈介良的罪名一样，且都是黄河如法炮制被骗被抓。黄河被抓、袁同新被扣、沈介良被捕，这在武进县乃至常州市、江苏省都是重大新闻。

在案件还没有最终判决的情况下，1981年8月8日《新华日报》抢先在第三版以《一百八十余万元诈骗案的始末》为题进行了长篇报道。

有报纸报道说沈介良他们办厂、交易等都是私密进行的，然而恰恰相反，沈介良的所有工作当时都向潘家公社领导汇报过。特别是1980年12月26日汇入的112.5万元，也提前进行了汇报；还说沈介良与黄河共同进行诈骗，事实上沈介良也是被黄河利用、蒙在鼓里，他是一名无辜的受害者；又说沈介良去上海是给黄河的同伙通风报信，其实他是去追要付出的12万元货款的。

实质上这起诈骗案的告破，沈介良从中起到了积极的作用，是他提前汇报了工作情况、提供了线索。可是，将他追要12万元货款的事实视为通风报信，实在是冤枉他了。

"伤心难过有什么用？我们不能倒下，留得青山在，不怕没柴烧，你冤，我也冤，可是我们要熬到出去再说，要是倒在里面，谁会给我们申冤？现在我们还是听天由命吧！"宜兴县万石公社大队书记曹福南在抄写监规时劝沈介良。

当时，看守所里还有一位姓姜的，手脚戴着镣铐。他是魏村公社的一名赤脚医生，正在镇江医师学校就读，因他对象的父亲与大队会计发生矛盾后几天几夜睡不着觉，他就为其打了一针改善睡眠的镇静剂。因氯丙静用量比例配错导致医疗事故误杀了人。他也劝沈介良说："你们身上背的这些事情，属于上当受骗，是受害者，当地政府能保你们出去。再说你们又不是骗子，算不上什么事，即使判也是判定免予起诉或判缓刑。我的事就不一样了，我是跳进黄浦江也洗不清了。如果判你沈介良有罪，你到时候抓一抓耳朵，我在天上会帮助你的，因为你是一个好人，一个一心为公的农村大队好书记！"

这时候有人给沈介良讲心里话进行开导，让沈介良内心生出一丝希望。可是，一向清高视名誉如命的他失去了自由，沈介良想到这不明不白的冤屈玷污了自己的清白，就啜泣了起来，简直是度日如年。沈介良这个一米八二的大个子，很快就瘦到127斤。

"啊！不好啦！"在文笔塔实施修复工程的脚手架上的施工员大喊一声。那施工员喊声刚落，一声闷响再次响起：

"咚！啪！"

一根用来搭建脚手架的又粗又长的圆形毛竹从文笔塔的塔顶落下，直插向看守所房顶。那看守所的青瓦房顶被快速下坠的毛竹一下子穿透后，紧贴着沈介良的脑袋扎在面前的地上，距离他的脚趾头只有五厘米左右。那毛竹的上端还插在房顶，沈介良被这突如其来的意外吓得蹲在地上。

这根险些夺去沈介良性命的毛竹，令他幡然醒悟。他想到了唐代刘禹锡被贬谪到巴山楚水时的名句"沉舟侧畔千帆过，病树前头万木春"。既然命压人头，那沉船、那枯木丝毫阻挡不了时间的脚步，也留不住任何东西，更没有人在意，日子也会同样一天天过下去。生命如此宝贵，不如顺其自然，只有好好地活下来，才能有机会洗清自己这不明不白的冤屈。

"天将降大任于斯人也，必先苦其心志，劳其筋骨，饿其体肤……"沈介良又想到了孟子的话，内心的孤苦与外界的曲解终于在无形中达成了和谐。他想即便掉进污泥里，只要有莲的精神照样能够汲取营养，长成雪白的藕、开出圣洁的花。于是，他开始振作起来，希望自己早日出狱，与亲人团聚，为自己申冤。

"沈介良，你爱人张娟芳几次都让我托话给你。"看守所杨所长给沈介良说，"她说你在里面，不用担心家里。"

沈介良闻听，虽然只是爱人一句简单的话，却深受感动，"我知道了！"

"她还问马上春节了，是把家里的猪杀了等你回去过年，还是把猪卖掉变成钱呢？"

"这我哪知道啊，你告诉她吧！"沈介良咧开嘴笑了。

杨所长嘿嘿笑了笑，到底是当大队书记的，讲话就是有水平，杨所长转身走了。

1981年12月25日，被关押211天的沈介良万万没想到自己还是被判有罪。结果是"判两缓三"，戴罪回家务农。他满腔热血，一心为大队发展的梦彻底破灭。

沈介良回到家，一手紧紧地抱着妻子，一手紧紧地抱着自己幼小的女儿，说不出一句话，只是用眼泪倾诉着自己的痛苦。

妻子是爱意、是家庭、是责任，女儿是动力、是希望、是未来。当时，还有朋友以及村里左邻右舍的村民、大队干部50多人来到沈介良家为他鸣不平。

苦难磨坚人志，厄运淬硬人骨。从此沈介良变得"刀枪不入"，并暗暗发誓："宜兴曹书记跟我的情况一模一样，并且都是因黄河如法炮制进行诈骗而受到同样的牵连，他因为企业和地方政府作保，就无罪释放。我是冤枉的，我一定要申诉，我一定要争取证明我的清白。"

政治生命的"夭折"，是沈介良一生之痛。他从看守所出来的那一天开始，就走上了申诉之路，直到1992年才得以平反。

1981到1992年，整整十一年的蒙冤与申诉，最后终究平反，但对于一个人的生命和意志是何等的摧残啊！

静心养猪仔

"介良，我想买你家一头小猪！"

"嘘！"沈介良拿着扫帚正在清理猪圈，听到声音，抬头看到邻居曹友和与庄慧琴夫妻俩来到猪圈旁说要买自己养的小猪，赶紧比画手势，示意不要讲话。

沈介良跳出猪圈，领着两个人离开猪圈好远才轻声说：

"小声点，我们那小猪是听得懂我们讲话的，要是听到我要卖它们，它们就会不吃猪食的，弄不好还会生病。"

"啊，还有这种事情啊！"曹友和夫妇惊得睁大了眼睛。

"是的，它们能听懂我们说的话！"

"我们要买一头！"

"好啊，我给你便宜些，市场上30元一头，给你就25元一头吧！"沈介良又说，"你们最好买两头，有个伴，才好养，钱可以先欠着，等长大卖了再给我都行。"

"你养的小猪比市场的好多了，你看多健壮！"曹友和望着哼哼不停的小猪，像发现了宝贝一样兴奋地说。

"哈哈，养小猪，也要费尽心思、下一番苦功夫的。猪圈的环境要求可高了，睡觉的地方一定要通风干燥，猪粪都要及时清理，不然那小猪身上就会弄得脏兮兮的！"

"你看都长得白白嫩嫩、油光锃亮的！"庄慧琴笑容可掬，"这都跟一个模子刻出来的一样，个头都一样大，你这是怎么养的？"

"哈哈，这个简单，刚出生时，哪头猪崽个头小就把它放在母猪的前面吃奶，因为十几个奶头，前面先有奶水，这样个头小的就会长得快，到后来就会长得差不多大小了！"

"你还真是个有心人，什么都懂。你可以再多养几头母猪，养得这么好！"

"两头母猪就累得够呛了，养不了那么多。去年我们家还拿了三亩田，也够忙的了。先把这两头母猪养好，把几亩田种好就行了。"沈介良说，"再过一个星期，我给你们把猪仔送过去？"

"今天捉过去吧，我们猪圈都打理好了！"

"不要急，我再把它们多养几天，这样出圈以后你们才更好养。"

"那给我们留两头啊，别忘了！"

"没问题，放心！"

沈介良嘴上说是再让小猪仔多养几天，再等一个星期，其实心里比谁都清楚，虽然每圈猪可以赚200元，4圈的钱就可以买4万多块八五砖建两间房子的墙了，但是他根本舍不得。因为自从接生小猪仔那天开始，几乎就跟它们同睡在一起了。为了防止被母猪压住，他只能这样做。有时那小猪崽会用鼻子把沈介良拱醒，哼哼地嗅他的脚和手。还有，小猪崽养大后都能听懂沈介良的话了，他小声一呼，小猪们就会昂着头跑到他旁边，不停地用鼻子、用屁股蹭他。小猪们给沈介良带来了很多乐趣，因此，每次出圈卖掉后，望着空空如也的猪圈，心里总觉得空落落的，感到很寂寞，有时眼眶里还会盈满泪水。

"哎哟，沈介良你在家呢，快到我们家看看吧，我们家的猪生病了！"桥南村的李玲气喘吁吁地来到沈介良家，见他在家像是看到了救星！

"怎么了？"

"拉肚子，好几天了，今天什么东西都不吃了！"那人甚是急切地说。

"我去看看！"沈介良、曹友和、庄慧琴、李玲他们几个一同向外走。

"你呀，都能成为我们这里的兽医了！"曹友和笑呵呵地说，"那你去忙，我们先回去了，别忘了留两头啊。"

"好的，放心！"

李玲领着沈介良，向村外走去。

说起沈介良成为村上的"兽医"，其实这里面还有个小秘密，或者说是无奈之举。沈介良"出狱"后，除了不断向政法部门申诉外，为了改善家里的经济条件，在家养起了母猪。身背"罪名"的他知道自己的政治前途是没有什么希望了，高中没有上成，当兵也没有如愿，当上大队书记准备为大队做一番事业的时候，竟惹上了莫名的"牢狱之灾"。有的人对他"指指点点"，也认为他再也不会有什么出头之日了。一时风言风语四起，他受尽社会的冷眼相待。沈介良这样想，自己不能活在别人的眼光里，也不能活在别人的议论中。虽然自己改变不了过去，但可以把握现在。曾经失去自由的他，接触了形形色色的人，自己在里面不但失去了政治生命，还差点失去性命。于是，他看淡了一切，做什么事情都能静下心来、踏踏实实的。一天，沈介良的小猪生病了，请了公社兽医站的兽医。

"好了，没什么大毛病，保证药到病除！"那兽医看了看，配了花花绿绿几小瓶的药，给那生病的猪打了几针说，"晚上就别喂了，明早就好！"

"好的！好的！"

那兽医打完针就走了。沈介良想要养好猪，要想省钱，光凭农业出版社出版的《科学养猪问答》这本书是远远不够的，还一定要学会给猪看病、基本用药等。于是，他赶紧查看那兽医刚才用的是什么药。可是，留下的几个空药瓶的标签都被那兽医扯掉了，有的只能看到几个字，有的被扯得干干净净。

"你倒还留了一手，标签可以扯掉，可是瓶子的形状，药瓶里装的药液的颜色是扯不掉的！"沈介良自言自语地说着，收起几个空药瓶，赶到了潘家镇的药店。

在药店，沈介良经过一番对比，刚才用的药全找到了。再一看价格，好家伙，可以便宜60%。

为此，心细如发的沈介良成了村上的养猪专家。首先是猪的饲料由熟改生，效果更好。两头母猪可以控制到上下一两天时间里同时生猪崽，并且他还能独自完成接生。忙下来，一数两窝猪仔25头，内心那份喜悦像是吃了蜂蜜一样甜。还有，小猪的个头、重量也几乎一样重，不会相差200克。毛皮光亮，体格壮实，惹人喜爱。另外，不论是母猪，还是小猪仔，要是生点小毛病，沈介良亲自给猪输盐水、打针。这一系列神操作，很快传得三村五里都知道了。不论是不是在沈介良那里买的猪生了病，他都会有求必应，尽最大的努力帮助大家，也不收一分钱。

"兽医"的雅号就这样传开了。

从养肉猪、养母猪产猪仔，到养鸡养鸭的辛苦和实践中，可以看出沈介良是一个做一行爱一行、爱一行专一行的人，用心、认真是他的成功之道，而且还乐于助人、懂得与人分享。沈介良还对教他养母猪和猪仔的袁海军、袁凤鸣一直心怀感恩，对帮他做猪圈、拖拉机卖猪仔的唐伟元、唐正元、唐伟刚、唐正平、曹培根、曹国平等人念念不忘，也可以看出他是个十分念旧情、懂得感恩的人。

第四章

能人可尚

邀进八毛厂

在电影《我和我的祖国》里有这样一个片段：在即将举行开国大典的凌晨，天安门广场旗杆顶端升降阀的阻断球出现了问题，可是一下子却找不到用来制造这种阻断球的材料。于是负责的人用大喇叭喊醒梦中的百姓，说出缘由。百姓闻讯，赶紧跑来捐电子管收音机、眼睛架、乐器等，以便提炼阻断球所需的铬、镍等材料，最后，还是清华大学一位教授捐献了实验室仅存的铬才解了燃眉之急。

这部感人肺腑、催人泪下的电影，充分说明我国解放初期物质的匮乏。

同时新中国成立初期，党和国家领导人提出实现"四个现代化"的宏伟目标，大兴农业基础设施建设，并带领全国人民建立起一个独立的、门类齐全的工业体系，不到三十年的时间，国民生产总值就达到了三千多亿元。

在已有的坚实基础上，为尽快加快我国经济发展，党中央在20世纪70年代末决定开始实行对内改革、对外开放的政策。

到了80年代，我国农村家庭联产承包责任制在全国范围内推广，国内的经济体制进行全方位改革，从计划经济体制转向了市场经济。中共中央、国务院决定在深圳、珠海、厦门、汕头试办经济特区，又相继在长江三角洲、珠江三角洲、闽东南地区和环渤海地区开辟经济开放区。

常州地处长江三角洲经济开放区核心地段，加上手工业基础自古比较坚实，又赶上国家改革开放，极大地激活了常州实体经济发展的活力。当时常州柴油机及手扶拖拉机、灯芯绒、卡其布、花布、化纤、收音机、塑料、玻璃钢、自行车"九条龙"产业链条发展十分完善，拥有100多个处于领先地位的优质工业品牌。常柴牌拖拉机、金狮牌自行车、红梅牌照相机、荷花牌灯芯绒、幸福牌电视机、星球牌收录机等红透大江南北，成为全国人民结婚、送礼的高档产品。

常州人均工业产值、劳动生产率和财政收入总量均名列全国地级市首位，被国家评为全国工业明星城市，一度赢得全国中小城市学常州的美誉。

1983年底，在这样的背景下，常州市武进县潘家乡政府积极响应各级政府的号召，鼓励潘家乡农机厂提供毛纺设备、潘家乡腈纶丝厂提供车间，联合成立潘家乡腈毛纺织厂，由农机厂生产技术科长张茂兴任厂长，从潘家水泥厂调到毛纺厂的袁同新负责供销科，并发起集资公告。凡是投资3000元的，凭三级证明即可进厂。

同时，谁要是能够为厂里买一台汽车，也可以进厂工作。最后，共集资42.1万元，用于生产经营。

新成立的潘家乡腈毛纺织厂其实就是在潘家乡采石场车间的基础上改建的几个矮旧的车间，外加几台毛纺设备，离真正意义上的厂相差还相当远。

虽然厂是成立了，可是，人才从哪里来呢？潘家乡政府提出"能人可商"的办法，只要有能力和有贡献的人就可以请进厂，为纺织厂的建设、发展服务。

"王书记，给我们介绍些能人呗！"张茂兴跟时任乡党委副书记的王金兴商量。

"沈介良肯定行！"

"他戴罪在家务农，能行吗？"

"他不行，你就到外乡找人去吧。他那是被冤枉的，早晚会平反的。"王书记拍了拍胸脯说，"他可是个能人，这样的能人上哪里去找？"

"我不是说他不行，他来我巴不得呢，这事情需你们同意才好啊！"张茂兴早知道沈介良，多少有些了解，乡党委又如此推荐，肯定错不了。

1984年8月初，张茂兴及乡党委副书记、工业公司经理一同到沈介良家，欲请他"出山"。

"沈介良！沈介良！"还未到沈介良家，他们就喊了起来。

"谁呀？"沈介良听到喊声应了一声，以为又是谁家的小猪生病了来找他。当他走出房间看到王金兴书记时有些激动地说，"哎哟，贵客啊，王书记你们怎么来了？"

"有要事商量！"王书记说。

"刚才我瞅了一眼，你这养猪都养成专业户啦，那么多小猪，肯定是万元户了吧！"张茂兴在沈介良家转了一圈，看到几十头小猪笑着说，"有多少头啊？"

"净说笑话，万元户不敢说，生活还不错吧，现在26头小猪，2头母猪，还有几十只兔子！"沈介良哈哈一笑说。

"真不错，今天来啊，是想隆重邀请你到我们腈毛纺织厂上班！"

"啊？不行不行，我能力有限啊。还有那3000块钱我也交不起。"沈介良一听要请他去工厂上班，赶紧拒绝。毕竟因为开办曹家桥针织厂那家村办企业蒙冤入狱的事情，申诉到现在还没有什么结果呢。

"你呀不要急着拒绝，你是厂里聘请的人才，不需要交钱。"王书记接着说，"我知道你有顾虑，以前的事情对不住你，你是冤枉的，这大家都知道。我想，你的事情早晚要平反的。你好好考虑一下，希望能够进厂帮帮张厂长！"

"现在纺织厂还在筹备阶段，比较忙，你要是能来帮忙就太好了。"张茂兴诚恳地说，"非常欢迎你到纺织厂工作！"

在他们几个人的软磨硬泡下，沈介良最终答应进厂帮忙。不过，他提出等纺织厂走上正轨后他就继续回家务农。他们几个一听，不管三七二十一，只要答应能先到厂里帮忙就行，目前厂里急需能人。

在那个年代，跳出农门的路十分有限。当工人、当兵、当老师都是人们十分憧憬的事情，工人、解放军、老师也是大家羡慕的对象。

1984年8月26日，沈介良正式到潘家晴毛纺织厂报到上班。

沈介良刚过而立之年，正是年轻力壮的阶段。

"牢狱事件"不管结果如何，申诉是否成功，政府没有忘记他，让他感到一丝欣慰。他进厂后任厂长助理，负责协调厂区基础设施的建设工作。不过，那片用来建设厂房的土地早被另一个生产大队挡起来了，因为双方互不相让，已经僵持了很久，施工工程也被迫停了下来。沈介良没想到刚上任就要解决这个棘手的群众问题，不过他一点也不担心。在解决群众问题方面，他从生产队到工作组，再从工作组到大队书记，每天和老百姓在一起，跟他们打交道，什么问题都解决过，什么样的难题也难不倒他。

"为什么啊？这地政府都批了，你们村民还把党委书记掀倒在烂泥地里，怎么就不能建了？"沈介良问那个生产大队的负责人。

"你们就是不能建，这是我们生产队的地，还有，你们这围墙也不

沈介良在办公室

能建，建了我们生产队的社员出门就要绕路到公路上去，不方便不说，也不安全！"对方气势汹汹地答道。

"你们一建厂，我们的韭菜地就没有了，韭菜谁来赔偿！"

"还有我们的鱼塘，这损失大了！"

旁边的村民也七嘴八舌地帮腔说个不停。

"这些都不算事，这样，我们先不建，你们先回去，都先散了吧，我向厂里汇报了情况再给大家答复！"沈介良熟读毛主席的《关于正确处理人民内部矛盾的问题》《关心群众生活，注意工作方法》等著作，知道解决人民群众问题必须放下官僚架子走进人民群众，了解他们真正所需，千万不能对着干，硬着来。

沈介良简单了解情况后，对谁是带头的、谁有多少损失，还有谁是起哄的都了然于胸。那经过厂区的小路最终还是要走到公路上，中间并没有多出几步路，至于安全问题当然由交通部门负责处理。还有那韭菜地也没多少韭菜。

另外，那几乎就要干涸的水塘平时也没人管，不会有鱼，对方只是拿来说事。沈介良心里非常清楚，一句话，老百姓也就是想多要些补偿。

于是，沈介良一户一户进行家访，给他们讲工厂是大家集资办的以及办厂的意义，最后筛选出牵涉到损失的村民，并肯定地保证：

"你家那些韭菜，我10元一垄买了！"

"你把水塘打干了，有多少鱼称一下，按每斤鱼虾10元，我买了！"

"你家那青菜、茄棵，10元一棵，我们去数！"

沈介良知道，老百姓不是不讲道理，而是要得到应有的尊重。你尊重老百姓，不压制老百姓，老百姓的问题当然就好解决了。

"哎，我们哪能收你的钱啊，再说韭菜10元一垄，每垄也就十根二十根韭菜，传出去我们也不好做人，再说也没有多少韭菜，就算了吧。你都亲自到我们老百姓家来了，什么问题都好说！"

"那小水塘抽干了，就几条泥鳅，钱就算了。"

看到沈介良如此真诚，村民们反倒不好意思了，态度来了个360度大转变。

说来也巧，有户村民家也种了青菜，恰好遇上自家小猪生病，正愁眉不展，沈介良到他们家一看：

"你家小猪咋啦？"

"拉肚子，好几天了！"

"我家有治小猪拉稀的药，我回去给你拿。"

就这样，沈介良以诚恳的态度感动了大家，群众的问题很快就解决了，工厂车间施工也很快得以顺利进行。没想到这项难缠的工作沈介良一出马就给解决了，他的工作能力得到了大家的一致认可。

一次工厂办公会议上，大家讨论厂名问题，认为原来的厂名不够响亮，要改名。

"我们县已经有6家毛纺厂了，我们厂名就顺着改为武进县第七毛纺织厂如何？"

"最好能跳过七，改成八，武进县第八毛纺织厂！"沈介良建议说，"八八八，发发发，没必要顺着实际的来，老百姓都认为要想发带个八嘛！"

"武进县第八毛纺织厂，好！"张茂兴手往桌子一拍说，"就这么定了！"

由此，潘家乡腈毛纺织厂从1984底开始启用新的厂名"武进县第八毛纺织厂"！沈介良当日在自己的记事本上写下一句话，还写了三遍：自己不强，认识天王老子也没用。

据说，当时常州有大大小小的毛纺厂不计其数，真正生存下来转型成功的就只有武进第八毛纺织厂一家。

猫儿 雄过虎

1986年1月3日，武进县第八毛纺织厂召开职工大会，一个生产车间变成了开职工大会的地方，摆满了一排一排大小不一的凳子、椅子，还有几张木桌子，当作主席台。这些都是职工们从工厂不同地方搬来的，临时开会用的。这种场景在1985年6月21日也发生过，就如发生在昨天。那是一次职工代表大会，沈介良作为工厂领导在闭幕会上发言。他在会上讲，职工代表在企业管理中非常重要，起着纽带和黏合剂作用，希望职工代表能够传达工厂的精神、反映职工的难处，并朝着700万元的销售目标迈进。这是沈介良的心里话，也是自己到纺织厂近两年的体会。

这次职工大会，是新年召开的第一次大会，是一次团结一致搞生产、下定决心夺取胜利的动员大会，更是一次落实武进县第八毛纺织厂车间承包责任制的会议，意义非同小可，关系着纺织厂的前途和命运。

"1985年，在大家的共同努力下，我们厂完成了新设备的引进，配套了机修车间。同时，完成了厂区道路、车间、宿舍等基础设施的建设，并取得总产值650万元的好成绩，虽然与年初定的700万元还有一定距离，但值得肯定，可喜可贺。今年乡政府给我们厂下达了总产值突破900万元和利润达到90万元的光荣任务。"

沈介良环顾大家，继续说：

"同志们，战友们，去年12月19日，我们厂分为两个大车间，实行产供销一条龙承包制，具体情况已经公布，张茂兴厂长也做了报告，乡党委唐书记也做了说明。我们二车间还专门组织召开了承包会议，统一了思想，工作人员分成三条战线。一条战线的人员协调工厂与车间、车间与车间之间的事务。另一条战线的人员负责生产和设备的整修，要为纺织'麦尔登'毛纱和坯布奠定基础。最后一条战线的人员是供销人员，完成原料采购和库存成品的销售。三条战线的人员要懂得分工不分家，要全员参与、人人战斗、持之以恒，争取首战告捷，圆满完成450万元的任务。我再强调一点：大家一定要统一认识，记得我们分包车间分的是责任、是450万元的任务，而不是分家，更不是分心。大家一定要顾全大局，记得胸前挂的是我们武进县第八毛纺织厂的厂徽，做事要讲原则，我带头做到，我们车间125名员工也要都能做到这一点。"

会议结束后，大家都投入到各条战线上。

沈介良知道自己承包的车间有有利的一面，也知道车间还有很多问题需要解决。在分车间之前，张茂兴厂长就找沈介良谈话："你的工资每个月90元，别人是一个月400元，你有意见吗？"

"我没有意见，我做大队书记时才600元一年，还要和社员一同劳动200天。这里每月90元，全年就有1080元了。"

"另外，车间的领导在外面门路广，你是农村干部，可能员工不愿意到你车间干，你要有思想准备！"

"没关系，路是人走出来的，出路出路，出门都是路。先让其他车间挑人，余下的人给我二车间！"沈介良继续说，"其实，你请我来是帮你的。其他车间对你有意见，你却协调不好。你和乡党委主要干部关系好，党委支持你，我也支持你，不过有什么用呢，还是要靠自己。我说过帮你三年，会全心全意地帮你。现在我们在你二楼办公室讲话，上不接天，下不接地，但我说话算话，也肯定会有员工跟我的。"

沈介良心想，余下的员工不一定就是工作能力不强的，说不定都是另外车间管理不住的良驹。所以，即便是那样，沈介良仍然信心百倍，确信能完成450万元总的承包任务。不过，完成450万元的任务压力还是很大的。沈介良变压力为动力，迎难而上，他认为有志者，事竟成。就像他平时在大会上给职工们强调的那样：功夫不负有心人，难道全国那么多化纤厂都是为其他厂生产的吗？别的厂能办到的事情，我们也能办到。既然路是人走出来的，那我们每个人就都要有一点精神，每名员工都发出一分热，每名员工都是一束光，俗话说三个臭皮匠顶个诸葛亮，我们车间120多个人，就有40多个诸葛亮，还有什么事情能够难住我们？我这个从没有跑过供销的人一定和大家一起从头开始，用愚公移山的精神完成任务。

可是，世界上没有随随便便的成功。

"沈副厂长，我们车间没有黏胶了，要停产了，怎么办？"

"不要着急，在路上了，我马上再到工业公司去想办法！"

沈介良知道工业公司早购进了生产毛纺用的黏胶，他们只给另一个车间用，却不给自己车间用。真是猫儿雄过虎，有点权力就上天了。"八毛厂"有人与工业公司的人联合在背地里用劲儿，围堵他承包的二车间，巴不得二车间早日停产停工，让大家看笑话，这不是明摆着欺负人嘛！

沈介良到工业公司找到经理借黏胶，好说歹说，总算借到了10包黏胶。

"这10包黏胶，是借工业公司的，谁都不要动。他们说过几天还要我们还给他们。"沈介良对二车间的职工说，"我们自己买的已经在路上了，下午准到！"

当天晚上，丁岳生、鲁亚定几个跑供销的职工问沈介良：

"沈副厂长，你是怎么做到的？"

"什么怎么做到啊？"

"哎，人家都弄不到黏胶材料，你却买到了上海高桥石化二厂最好的黏胶，这信息是谁透露给你的？"

"这事啊，谁也没有透露，都是给逼的。"

"哼，不说拉倒！"

"真的没人透露，我给你们说，前几天我不是借如皋毛纺厂的黏胶用吗，是产品上面的包装告诉我的！"沈介良解释说，"他们借给我们用的黏胶包装上贴着上海高桥石化二厂的标签，我一看开心极了，马上就去了上海，找到位于上海浦东大道2746弄8号的上海高桥石化二厂，找到在1503室办公的供销科毛朝茂科长。我们素不相识，谈了一会儿，他就答应5800元一吨卖给我，当然，比卖给国家贵200元呢。"

"天啊，真厉害！"丁岳生对鲁亚定说，"怎么样，看看吧，沈副厂长就是不一样，就是细心，以后我们可要多学着点，人家借黏胶还能借出门道来。"

"大家努力，就没有解决不了的困难！"沈介良告诉大家。

不到一个星期，工业公司的经理真的派人到"八毛厂"催还黏胶了。

"回去告诉你们经理，别欺人太甚，同样都是'八毛厂'，为什么只卖给其他车间，不卖给我们车间？"沈介良愤愤地说，"告诉你们，你们的黏胶我动都没动，在仓库里放着呢，赶紧拉走！"

沈介良这么一吼，很多职工围了过来，七嘴八舌地议论起来：

"就是，真是欺人太甚！"

"张厂长也不来协调一下。"

"不都是一个'八毛厂'吗？"

"就是呀，这分车间又不是分厂，厂长也出来说句话啊！"

那个工业公司来催还黏胶的人非常难堪，还是用车将黏胶拉走了。他们万万没有想到，沈介良绕过他们也能买到黏胶。

然而，一波未平一波又起。

一天晚上，一名职工找到沈介良说：

"沈副厂长，我们二车间的机修工鲁阿春被派出所带走了。"

"为什么？"沈介良不解地问。

"说他往另一个车间的梳毛机里扔了颗螺帽，将针布轧坏了，派出所说了，是破坏工厂财物的罪名。"

沈介良晚饭都没有顾上吃，赶紧来到派出所询问情况。

"我们车间的职工不可能干这种事！"

"鲁阿春都承认了，你回去问他，等着赔偿吧！"

沈介良又赶到鲁阿春家问情况：

"你扔螺帽了吗？"

"没有！"

"那你为什么要承认呢？"

"他们不分青红皂白地审问我，吓死我了！"

"不要怕，他们为难你，其实就是为难我，找我难堪。但只要你真的没有扔这个螺帽，就赶紧到派出所去说清楚！"

第二天一早，沈介良被乡领导叫到办公室，那位领导火冒三丈，拍着桌子说：

"你为什么指使那机修工扔螺帽、还让他'翻供'！"

"你凭什么说是我指使的？"沈介良也桌子一拍，气愤地说。

"你是不是还想吃官司？"那位乡领导揭沈介良的伤疤。

"你什么意思，想把我弄进牢里？"沈介良怒目圆睁，"针布我们赔便是，把我们车间梳毛机上的针布拆下来让他们用……你根本不配当领导，今后我再也不会到你办公室来。"

沈介良摔门而去。

为此，二车间唯一一台梳毛机上的针布被拆走了，所有人都认为，这次沈介良肯定完不成任务了。

然而，天无绝人之路。真正的强者不是没有眼泪，而是含着眼泪奔跑的人。沈介良努力"奔跑"，成功联系上了上海针布厂，顺利解决了针布问题。

同时，沈介良为了开展业务，拿着钱书记开的条子到供销社拿10条香烟，供销社主任看都没看说："香烟没有货了"。

他听后没说一句话就愤愤不平地走出了供销社。有个为"八毛厂"拉过货的拖拉机手鲁国贤看到他就聊了起来。

"钱书记都给我开好条子了，他们都不认，说香烟没货了。现在做事真难啊，连买几条香烟都有人给我难堪呀……"

"香烟啊，我给你买，你要多少？"

"10条就够了！"

那拖拉机手到供销社给沈介良买了15条香烟。他感激不尽，恨自己拿了乡党委书记的条子买香烟还不如一名拖拉机手在供销社的面子大。一个星期后，沈介良在外面巧遇一位好友在饭店吃饭，看见那位供销社主任也在，就进去散发香烟，唯独不给那个供销社的主任。那朋友一看没给那主任发香烟，就给沈介良介绍说这是供销社的杨主任。

沈介良却说："对呀，我认识他，可他不认识我呀。"

多年以后，沈介良创办了自己的企业。他仍不忘曾经帮助过自己的很多人，为表达谢意，为鲁国贤等安排了工作，解决了一些困难。

这样的故事还有很多。沈介良的工资每个月90元比其他车间同等职位的工资400元低很多、信用社不认他800元的支票、借不到银行35万元的承兑等令他为难的事情不胜枚举。蒙冤后的沈介良深深地体会到了什么叫内忧外患，什么叫得志猫儿雄过虎，落毛凤凰不如鸡，或者说虎落平阳被犬欺。

沈介良承包二车间后，还是有很多职工愿意跟随他的。毕竟沈介良大公无私，他只是一心想把事情做好，因此明理的职工都能理解他。有次他在单位忙完就对旁边的唐仲达、鲁献春、董时和说："明天我要去郑州参加全国纺织品展览暨交易会，厂里你们要多操心。"

"这个你放心，我们在厂里会认真工作的。"

当年在郑州举行的全国纺织品展览暨交易会有两万多平方米的规模，展馆分为纺织机械产品展馆、纺织品展馆、国际展馆三个展区，纺织专业人士、纺站的工作人员才能进去，即便如此，每天人流数量也在万人以上。沈介良没有参观资格，跟着常州戚墅堰纺站的人进入展览会。他花一整天的时间参观完毕，收集了两大包企业产品宣传资料。他带着资料回到那家简陋、潮湿的小旅馆。沈介良每次在外出差都是这样的落脚点，虽然散发着霉味，却给他带来无限希望。他一直认为，"出路出路，走出去才有自己的出路"，因此，哪怕借钱也要走出去寻找出路。并且，每次出差都是能省则省，不多花一分钱。

不同的是，受到邀请的专业人士、纺站的领导都住在黄河大酒店，条件相对好得多。

沈介良想，如何向这些单位和纺站的领导推销自己和产品呢？总不能让人家到自己与陌生旅客合住的小旅馆吧，为了开拓业务，又不失八毛厂的颜面，他想到了一个绝好的办法。

他在八毛厂的信笺上写了一句话：我是江苏常州市武进八毛厂的厂长沈介良，也在参加这次的郑州展览会，我厂主要生产粗纺毛呢，你若需要，请在下面留下你的房间号，我去找你洽谈！写好后，他就将信笺贴在黄河大酒店大堂的公告栏里。

这招还真管用，当天重庆李家坨毛纺厂劳服公司的鲜锋经理就在便笺上留言了。

晚上，沈介良就拿着"雪花呢"样品去拜访他。

"你这哪里是雪花呢啊，都成红色了，我让你看一下真正的雪花呢！"鲜锋经理拿出他要采购的样品对沈介良说，"你看，这才是真正的雪花呢。"

"真漂亮！"沈介良看到鲜锋经理手里拿着的雪花呢面料不由自主地称赞。他知道自己拿的那块雪花呢出了质量问题，这是因为生产时买不到毛型黏胶就用丙纶取代黏胶，结果着色出了问题。

"市面上优等的雪花呢80元一米，你们的多少钱一米？"

"42元一米，我们厂可是全押在雪花呢上面了。"

"那也不行啊，这么贵，你们这哪里是雪花呢啊，说难听点就是次品，你们要是同意，我20～23元一米给你们代销。"

"我认为没有问题，不过要回去和领导商量一下才能回复。"

"好的，那我们保持联系！"

最终，因厂领导没有同意，要35元一米才肯销售，后来这种不合格的3.2万米的产品积压在仓库里卖不出去。沈介良担任厂长后无奈以极低的价格处理掉了。只怪当时沈介良还不是厂长，无法做决策，错失良机。为此，厂里还蒙受了巨大的损失，这是后话了。

沈介良回到自己住的旅馆，他将收集到的企业资料、产品宣传页等进行分类整理，在笔记本上记录下参展单位的种类、数量、规模、联系方式等，从中分析全国的市场，找到要去拜访的单位和有价值的信息。

1986 年 10 月 18 日
沈介良到郑州参加全国纺织品展览暨交易会，在"二七"纪念塔留影

忙里偷闲，沈介良工作之余顺道在郑州"二七"纪念塔前留影，作为纪念。提起塔前留影，那就是不久后他去西安时在雁塔的留影了。

那是他第一次坐飞机去西安出差，印象比较深刻。那天，沈介良一大早就穿上他最喜欢的那身军装，解放鞋，左上衣口袋里还装了支钢笔。看上去就像一个当过兵的军人，看不出一点跑业务人员的样子。他收拾好行李后，乘车赶到常州奔牛飞机场。

这是他第一次乘飞机，登机牌、候机大厅、登机口，他都觉得十分新鲜。机票花费了113元钱，要赶到西安3507军被服厂洽谈业务。他站在登机口旁边的大型玻璃窗前，透过玻璃望着停机坪起降的飞机，心想马上就要登上其中的一架，遨游蓝天了。同时，又想起大丰服装厂的陈凤阳厂长，平时与他们合作，逢上拉毛、拉布车辆不够，他们就会派车帮忙。就连现在去西安3507军被服厂的业务也是他们之前介绍才合作成功的。

"亲爱的旅客，飞往西安的航班就要起飞了，请前往3号登机口登机！"喇叭里循环播放航班即将起飞的消息。

沈介良听到后，提着公文包登上了飞机。随着一阵颠簸，飞机起飞了。那是一架苏制伊尔24E型飞机，噪音特别大。沈介良却没有注意到这些，他的心思全在飞机窗外。刚才在地面上还云层密布，看不到太阳，现在他一跃就飞到了云层上方，阳光普照，湛蓝的天空如洗过一般。在太阳的照射下，那奇形怪状的云，一团一团、一缕一缕、一片一片，颜色不尽相同。远处层层叠叠的云像连绵不断的山峦。他想到了杜牧的"远上寒山石径斜，白云生处有人家"的诗句，还寻思着那云山里有没有住着人家。他再俯瞰，那阳光透过云层，像手电筒一样的道道光束，照亮整个常州。不过从高空俯瞰，常州像个棋盘一样大，在那里生活的人们显得那么的渺小……

沈介良的思绪像白云一样连绵不断，又像那阳光透过云层！

几经辗转，他来到了3507军被服厂。

"谢厂长，你们厂效益真好，以后还请对我们厂多照顾！"

"这个你放心，我们马上把合同签了，你来西安一趟不容易，我带你去西安转转。"谢全明厂长把沈介良带到办公室，拿出合同说，"西安前几年可是被联合国教科文组织确定为世界历史名城啦！"

"好呀，好呀，多谢！多谢！这合同我求之不得啊，你这是为我们几百号员工解决吃饭问题啊！"沈介良连声感谢谢厂长。

"我们3507军被服厂是一家军队家属办厂，为军人及家属提供被褥和大衣，业务都是固定的，不用到处跑业务。不过也发展不大，好几年了基本没有啥变化。"

"我们厂今年实行车间承包责任制，我压力大着呢，有什么需要，打个电话，我们尽量满足！"

"你放心，我跟大丰服装厂的陈厂长是老朋友了。他能介绍你，其他都不说，人肯定不错，所以一定会合作的。再说了，你也是帮我忙啊，现在有很多原料还都是抢手货，原料紧缺。"

"你真客气，我还是要代表我们厂感谢你！"

"走吧，我带你到附近的大雁塔转转，非常有名的景点。不远，走路就能到，中午我们就在那儿找个小吃店，顺便品尝一下西安特色小吃！"

"好呀！"

他们两个人边走边聊，很快就到了大雁塔前。

"沈厂长，我们合个影留个纪念吧！"谢厂长说。

"好，这个好！"

沈介良用手理了一下被风吹乱的浓密头发，整理一下草绿色军装，提着公文包，站得笔直，还有那支发亮的钢笔非常醒目。谢厂长则是一顶鸭舌帽、一件呢子外套、一条蓝裤子、一双黑皮鞋，显得精神十足。

1986 年
沈介良与西安杨庄少陵服装厂（内称 3507厂）厂长谢全明（左）在大雁塔前合影

"笑一个，笑一个，好嘞，照片马上可取啊！"
沈介良他们开心一笑，相机记录下了那难忘的一刻！

高票
当厂长

　　1987年12月26日，沈介良来到张茂兴厂长办公室说："张厂长，我和你商量个事情！"

　　"看你还客气。"张茂兴给沈介良倒上一杯热茶说，"有啥事情尽管说。"

　　"我答应帮你干到今年年底，现在已经到年底了，我准备回家了！"

　　"到底啥情况，如果是因为工资低，我可以向乡政府报告，给你涨工资！"张厂长非常不解地说。

　　"三年前，1984年初，你们到我家里来'请我'，我们都说好了，等工厂走上正轨，我就不干了。现在已经干了三年了，到今年底我们厂已经完成了680多万元的销售，我觉得也对得起大家了，更对得起你了，我也该离开企业了，准备回家种田养猪了。"

　　"啊？"张茂兴记得当时是听到沈介良这么说的，可是为了请他到厂里帮忙，怕他不答应才应承下来的，没想到沈介良会来真格的，"我们是答应你的，可是能不能再考虑一下？"

　　"我已经决定了，干到这个月31号，工资按正常周期结到25号就行了。"沈介良说，"当然了，我即使回家了，厂里我经办的事情有什么需要的还可以找我，我能帮的还会继续帮，一直到工作上交接完毕为止。"

"哎，你真要走，我也没有办法。我知道了，你先忙吧，我还得向乡政府汇报你的情况！"

"嗯，好的！"沈介良离开了张茂兴的办公室。

1987年12月31日，沈介良离开了奋斗三年多的武进县第八毛纺织厂。其实，他的内心是苦涩的，还是有些舍不得，毕竟在这里顽强地拼搏了三年多。他离开的消息刚传出去，工厂员工中间就炸开了锅。唐仲达、鲁献春、曹忠勤、丁岳生、董时和、钮泽元等很多员工在私底下说：

"哎，我们沈副厂长就这么不干了，还真是舍不得他。"

"就是啊，平时他根本没有官架子，跟员工平起平坐，再也找不到这样的厂长了。"

"没有他给我们鼓劲加油，干活都没劲儿啦！"

"我们厂从几十人，到现在三百多人，从零开始，做到今年680多万元，他可是立下了汗马功劳的。"

"别说提供便利了，要是我们沈副厂长不受到工业公司、个别不怀好意的人刁难，我们二车间就更厉害了。"

"就是啊，我还是盼着他能回来，继续当我们的领导！"

"希望如此吧！"

二车间的员工一个个都为沈介良的离开深感惋惜。

第二年年初，潘家乡党委扩大会议上，乡党委书记、副书记、乡长、副乡长等领导都在场。他们正在探讨武进县第八毛纺织厂的发展事宜。

"今年第八毛纺织厂已经亏损168万元了，大家要想一个万全之策，再这样下去，这个乡镇千万级骨干企业迟早要关门大吉！"潘家乡分管工业的施开兴副乡长说。

"企业不是谁想办就能办好的，要有能人，我建议请沈介良回来担任厂长！"钮兴荣乡长说。

"我同意，大海航行靠舵手！"王金兴副书记说，"沈介良向来是比较有能力的，要不然1975年我也不会推荐他当潘家公社的团委书记。还有1977年，前黄公社党委也不会留沈介良在前黄做组织委员。要不是当时领导不放人，他早成为团委的领导或者在前黄工作了。"

"先不要急于下结论，张茂兴老厂长还想继续当厂长。沈介良有能力不假，可是他有八条问题，以前让他承包一个车间，当一个副厂长就已经不错了。"书记一票否决，列出了沈介良的八条不是，"我看还是让他到百渎村矿泉水厂当副厂长去吧！"

"书记，我觉得沈介良要是有八条问题，去百渎村矿泉水厂当副厂长也不够格！"钮兴荣乡长话锋一转，"沈介良有没有问题，我们可以成立调查组去调查，若真是有问题，那么他去哪儿工作、去当领导都不合适。不过，若没有问题，也正好还他一个清白，好让他安安心心地工作，为乡里做贡献！据我了解，沈介良作风正派，从不在外面大吃大喝，而且做事光明磊落、踏实认真！"

"我同意钮乡长的意见，成立调查沈介良的工作小组！"副书记王金兴说，"沈介良是一个有上进心的人，事业心强，还肯吃苦，工作有方法，人又善良厚道！"

这个每年都召开的乡党委扩大会议，通常不会耽误吃晚饭，可是1988年那次会议，所有议程全都通过了，就因为武进县第八毛纺织厂的发展和厂长的事情硬是开到了半夜。即便会议开到那么晚，谁当武进县第八毛纺织厂厂长的事情仍然没有议出一个最终的结果。

"再议，再议吧！"书记说，"这会开得这么晚，赶紧散会吧！"

沈介良离开武进县第八毛纺织厂后，正巧临近1988年春节。若三年前进八毛厂时希望帮工厂走上正轨后回家种田的打算是真的话，经过三年多走南闯北后的他，如今已悄然发生了一些变化，他想办一家鞋厂。人往高处走，这也是人之常情。他这段时间做了一项市场调研，认为粗纺呢绒是纺织品，只是一种产品材料，要做大就要做产品，并认定鞋厂大有可为：全国有11亿多人口，江苏就有6000多万，得需要多少鞋子？沈介良还看准了职工上班时穿的鞋，认为市场潜力巨大。

　　再说武进县第八毛纺织厂厂长的事情，因为书记的犹豫不决，乡里一直争执不休，意见无法统一。后来武进县前黄区委责成潘家乡党委以竞选的形式产生厂长。

　　负责工业的钮兴荣乡长知道要以竞选的形式定厂长时，他就找到沈介良鼓励他竞选厂长。

　　"沈介良，你要参加竞选的话，厂长肯定是由你担任！"

　　"谢谢钮乡长抬举，我呀只想养猪。"沈介良说，"厂长不都是乡政府内定好的吗，这竞选又不是真正意义上的竞选，只是走个形式，走个过场，对我来讲又有什么意义呢？"

　　"哎，你不去竞选谁去呢？"

　　"谁想当谁就去竞选呗！"

　　"你到底是怎么想的，难道真的要在家养一辈子猪啊！"

　　"实话告诉你吧，我准备自己开办鞋厂了！"

　　"我说你也不会养一辈子猪吧，原来真是有想法。要是这样的话，那你不如去竞选，毕竟有基础，我建议你还是找一下区里的杨槐青书记！"

　　"我考虑一下吧！"

　　晚上，沈介良的妻子张娟芳也对他说："我知道你不在乎那个厂长，可是钮乡长都让你去找杨书记了，你就去找找他吧，总不能就这样不明不白地回家，了解情况的，知道厂里亏损跟你没有关系，可是不知道情况的，还以为厂里亏损是你造成的呢，你也要为自己为家人争气嘛！"

就这样，本不想回八毛厂的沈介良，还是去区里找了杨槐青书记。

"潘家乡不比我们区的雪堰、漕桥那些乡镇，就这么一个像点样子的厂子，去年不是还盈利近百万元的吗，今年怎么一个季度还没过就亏了100多万元呢？"

"可能是今年国家管控，市场形势不好吧。"沈介良说。

"按道理国家管控的是一些小的、污染严重的工厂，没有他们捣乱，八毛厂应该比往年更好呀！要找到问题的症结所在，不能光看表面，这样下去肯定是不行的。"杨槐青书记说。

"我知道这是表面现象，其实去年盈利是当年盈利，以前的潜在亏损是看不见的。企业内部矛盾也多，领导能力又有限……"沈介良将企业内外部情况如实向杨槐青书记做了汇报。

"我给乡里说了，同意竞选，要将乡里的能人都排一排，都让他们参加竞选。我觉得你有胆量，又厚道，以前承包车间经营思路开阔，干得也不错，你可以参加竞选嘛！"杨槐青说，"我说没有用，你们说也没有用，群众的眼睛是雪亮的，到时候群众选了谁，谁就当厂长。这件事情不能再拖了，需要赶紧办。"

沈介良找过杨槐青书记后不久，潘家乡党委书记让沈介良到他杨桥的家里商量竞选厂长的事情。

1988年农历二月初，沈介良来到了乡党委书记家。

"听说你想办个鞋厂？"

"是的，我对八毛厂的厂长没有兴趣，不一定去参加竞选！"

"你办个小厂，也只是小厂长。八毛厂也算是年产值超六七百万元的企业了，就算是去当副厂长也比你的小厂厂长大嘛。你来竞选厂长吧，到时候要么张茂兴竞选上当厂长，你当副厂长，要么你竞选上当厂长，他当副厂长。要看竞选结果了！"

"那更不行了，我可不愿当副厂长。"沈介良一本正经地说，"厂长必须是竞选出来的我才当，所以若不是走形式，而是真的进行公平竞选，我可以去。不过，我即便竞选当了厂长，我也要根据一个人的能力定副厂长，而不是谁想当副厂长就能当的。"

"一切由你定，前提是你要去参加竞选！"

1988年3月25日，潘家乡组织竞选武进县第八毛纺织厂厂长事宜。

武进县第八毛纺织厂的一个仓库里挤满了厂里的职工，他们有的站着，有的坐着，每人手里都有一张选票。还有潘家乡效益较好、规模较大的公司负责人及工业公司领导十五人组成的评委小组。

在投票前，安排了参加竞选人在现场进行主题演讲，题目为"我当厂长后怎么办"。

大家都等着竞选的开始，也都盼望着自己的工厂能够赶紧好起来。好事不出门，坏事传千里。八毛厂发展得好时没多少人关注，可是连续出现几个月的亏损，马上在潘家乡就有名了。老百姓之间都在传言八毛厂要倒闭了，快不行了。这样一来，在八毛厂工作的职工也觉得没有什么颜面。因此，他们都盼着来个能人，将工厂扭亏为盈，也都削尖了耳朵想听听哪位竞选者符合标准。

"大家安静一下，安静一下！"负责工厂党务工作的浦玉明对着话筒喊，接着说，"今天乡政府钮兴荣乡长等领导也来到现场参加这个竞选会议，足以证明乡党委政府对我们厂的关心。今天是决定谁来当厂长的日子，也关系到工厂未来的命运。我们请每个参加竞选厂长的候选人进行演讲后再选举。谁当厂长由你们、由大家决定。我相信群众的眼睛是雪亮的，等他们演讲结束后，请为你相信的人投上宝贵的一票。我们请职工现场监票、当众读票，保证民主性、公平性、透明性。好了，现在先请我们的老厂长张茂兴演讲！"

参加竞选的一共有三人，分别是张茂兴、徐国南、沈介良。张茂兴第一个发言，徐国南第二个发言，最后轮到沈介良发言。他发言时没有任何吹嘘，只是信心满满，诚恳地说了三个方面的内容："若选我做厂长，我现在还没有把握能办好这个'八毛厂'，办得好还是办得不好这要等到三年以后才能下结论，才能见分晓。现在毛纺不赚钱，我们要上新项目，至于上什么项目，需要时间，需要调研才能定。现在，我能向大家承诺和保证的是我要是当了厂长，一定会与大家同甘苦、共命运，一直干到退休，当然也希望在座的全体员工都能干到退休；我还可以向大家承诺的是，凡选择离开的，办厂初期有3000元投资款的，到年底一分不少全部退还给你们，当然，选择离开的就再也不要

1988年3月25日
沈介良竞选厂长

回八毛厂上班了；我还向大家承诺，为了厂的安全，我第一个带头戒烟，大家知道我是个老烟枪，抽了十年的香烟，但无论如何我一定会戒掉。我知道戒烟需要毅力，可是要办好这个企业更加需要毅力，而不是表一下决心……"

沈介良刚讲完，下面的职工就鼓起了掌。

"没想到走的话还能退钱！"有投资3000元进八毛厂的员工说。

"就是啊，厂里亏成这样，钱就像打水漂了一样，早不抱什么希望了！"

"就是！"

"就选沈介良了！"

"我当然选我们的老领导沈介良了，他来了企业就会有希望。"

"好了，大家静一下，好好考虑一下，不要急着填选票。我再强调一下啊，大家看清楚了，选票上面有三名候选人，在同意的人后面画圆圈，不同意的后面打叉，大家考虑好了就可以填选票了。"浦玉明见下面员工议论纷纷，就拿着话筒反复跟大家强调填票规则，最后补充说，"等会儿再来几名读票的、监票的、计票的！"

不久，选票就有了结果。浦玉明与一名职工在统计结果上签上了字，并宣读结果：

"我们共发出选票241张，参加投票的有240张，废票2张，238张选票有效。其中沈介良161票，徐国南47票，张茂兴30票。沈介良高票当选我们武进县第八毛纺织厂厂长。祝贺！"

下面再次响起了热烈的掌声和欢呼声，有的职工还激动得落下了眼泪。

武进县前黄区杨槐青书记因公务后来赶到会场，十分关切地问："什么结果？"

"沈介良161票，徐国南47票，张茂兴30票。"金一帆说。

"祝贺！"杨槐青向沈介良说，"今后八毛厂就看你的啦！"

"谢谢！"

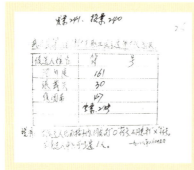

1988年3月25日的选票　沈介良和其他两位候选人的发言录音

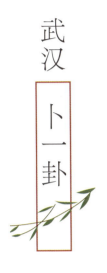

武汉卜一卦

　　沈介良虽然有一颗事业心，做什么事情都信心百倍，可是有 161 名职工选他当厂长，他还是有些意外的。毕竟自己离开已经一段时间了，没想到大家还是如此相信他。望着一张张信任的选票，他的眼睛也湿润了，嗓子也哽咽了。这哪里是选票？这是一颗颗职工火热的心，是一份份职工的信任！

　　"我一定要用实际行动来证明大家没有选错，我一定要让企业扭亏为盈。可是，八毛厂这盘棋到底该如何下呢？"

　　还没等沈介良过多思考，就有一个到厂里要钱的，算是给他泼了盆冷水。让他迅速清醒过来，也让他看清了现实，必须赶紧做好"战斗"的准备。

　　"沈厂长，你们厂欠我们的饭钱什么时候结啊？"

　　"我们厂什么时候欠你们的饭钱了？"

　　"你自己看吧，现在你是厂长，我只能找你解决！"

　　沈介良接过小饭馆歪歪斜斜的记账本，看到上面有很多原来厂领导的签单，不禁有些惊讶地说："这都大半年没有结啦，有相当一部分还是 1986 年的，欠这么长时间，你们为什么不早点找经办人结账啊？"

"我们也想找啊，可是找不到啊！"

"这个你放心，我们厂的人签的单，我们厂负责。"沈介良说，"不过，今后任何人打着我们厂的旗号赊账的，我们可不再认了，你们要注意。你想想，要是都打着厂的旗号在外面吃饭，厂子非垮掉不可。再说了，要是有人打着你们饭馆的旗号到外面赊账，你们会认吗？"

"沈厂长，别说了，这个理儿我知道，我也懂。不都是以前厂领导的签字吗？要是普通职工我们才不会让他们欠账呢。"

"你先回去，我办好了通知你。"

"那我先回去了，谢谢啦！"

"不用谢，都是应该的。"

饭馆老板走后，沈介良查了一下账，发现以前有很多应付款未付，真是一个烂摊子。要想扭转局面还真不是那么容易。他将几个重要的工作记在笔记本上：定班子，理顺工厂内部事务；拓展市场，提升销售额；上新项目，调整产品结构；想办法清还原来的一切债务。

沈介良通过一两个月的努力，总算理顺了厂里的内务工作，于1988年5月22日开始带着供销科长丁岳生、供销员许建国、王学新一起调研、走访市场。

他们第一站到了成都，刚到成都，沈介良就开心地笑了："我们有老天相助啊，你们看，我们第一站都这么幸运。"

大家车马劳累，还没缓过神来，听沈介良这样一说，没有明白是怎么回事，一脸茫然。

"什么情况，看什么？"许建国说。

"你读一读那两个大字。"

"成都！"

"为什么从右边读，从左向右读嘛！"

"都成！"

"对呀，我们来到这里，什么事情都能办成，叫都成！"

"哦……"

大家这才反应过来，大笑起来。

沈介良带着大家走访了成都纺站、纺织市场、服装批发城等，受到一定的启发。自己还顺带买了一双皮鞋。

第二站他们来到武汉的汉正街。这条街紧邻长江，是一条悠久的老街，也是武汉的繁华地带，一直都是武汉早期商业的命脉。进入20世纪80年代后，这里号称全国小商品市场第一街。在到达武汉前，他们就听说了这条全国有名的街市，来到后确实被这条人声鼎沸、川流不息的街市震惊了。

"不愧是全国第一街啊！"

"什么商品都有，鞋帽、服装款式还真多。生活百货，真是想得到的有，想不到的也有，真齐全！"

"就是，看那里还有唱歌的、算卦的，真是热闹。"

大家七嘴八舌地说着。

"大家都饿坏了吧。"沈介良说，"我们就在这大排档吃点东西吧。"

"好！好！"

繁华的街区，红火的生意，三五成群的行人，这里显然是个大社会。这大排档也是存在很久了，虽然是露天的，也跟着第一街的名号号称天下第一大排档。有说书的、逗笑的、拉曲儿的、唱歌的，客商吃饭的同时，还能领略当地浓厚的民间文化。

这些都给沈介良留下了深刻的印象，特别是一些特殊学校的学生在这里的演奏。他们虽然是聋哑人，但长得都非常帅、非常漂亮，小曲儿也都演奏得不错。

"别走啊，给钱啊！"一个声音打破了这里祥和的气氛。

沈介良转头看到大排档旁边有个坐在可以滑动的一块板上摆地摊算卦的人，他正对着一个19岁的小伙子喊："钱还没给呢，怎么就跑了？"

"算一卦要多少钱啊？我给你吧！"沈介良见有个年轻小伙算了卦不付钱就跑了，觉得残疾人十分可怜，心里过意不去，就为他垫付了卦钱。

"5块钱！"

沈介良付了钱，转身欲走。

"贵人请留步。我不能白白要你的钱，你要是信我，我就给你算上一卦如何？"那人拉高了嗓门说，"你是一位当官的料，可惜30岁前受过坎坷，丢过官，对吧？"

沈介良一听来了兴趣，听自己说了一句话，竟然能猜出自己经受过坎坷、丢过"官"，还真是有趣，索性就听听他接下来怎么说吧。其实，在这之前他也遇到过一个开东风牌卡车的毛姓司机，在回太仓经过鸣凰镇一桥头时停车买甘蔗，一共两个人。那次沈介良去武进县税务局办事，返回时错过了农公车的时间点，就希望能顺道搭他的车回家。那司机一听情况，满口答应。

沈介良就替他们付了甘蔗钱，以示感谢。

"我看你31岁前官运是没有了吧？不过，你今后经商就会好啦！"沈介良当时虽然没有作声，但心想，这毛姓司机见了自己一面就说了个八九不离十，且听这位残疾人怎么说吧。于是沈介良也不做推辞，说：

"那好，算得好，我再付你钱。"

"你呀，这辈子官运行不通。要是在军队发展定是一位大将军。但是，做官做到30岁后再努力也跟你无缘，你还蒙受冤屈的；不过你从现在开始经商后，财运会一年比一年好。因为你很有财运，而且人品好，朋友多，有贵人帮助。你个性强，要当心上当受骗，要学会善用下级；你的家庭也很好，但在外你大，在家你老婆大。原因是你老婆家姐妹五六人，她居中。如果她是老大或小女儿就会对你照顾多一点！"

"哈哈哈……"沈介良大笑，且当是出差途中的小插曲吧。于是就对他说，"干脆我再付你二十元，给我同行的人也算一算，我叫他们过来！"

"许建国，对工厂比较忠心，中间会离开厂一段时间，不过还会回到工厂里的！"

"丁岳生，现在的工作不适合你，你有点官运，但这个官不大，你也不一定能做得好，政治上也没有什么大的前途！"

"王学新，你年龄是大，但你长不大，100岁也长不大，你工作就是不用心。你有两个孩子，一个有出息，一个一般！"

大家开心一乐，算完卦，就又开始了工作，出发前往下一站。至于下一站是什么情况，会遇见什么人，会发生什么事情，谁也无法预料。

转型 促发展

"对了，我再次声明要戒烟，这也是我竞选厂长时给大家的承诺。经过几个月的戒烟，我每天从三包降到了两包，从两包降到了一包。从今天开始，大家记好了，今天是1988年6月18日，请监督，我一支香烟都不会抽了，不管是大前门、牡丹、飞马香烟，还是红塔山、南京、阿诗玛香烟，也不管贵还是便宜，一律不抽。大家也不要给我发烟了，你们要帮助我彻底戒掉香烟。这火车上也不让抽香烟是不是？大家也是知道的，对吧？"

几个人嘿嘿笑了，不过从那天起，沈介良一支烟都没有抽过。

原来，他们这次考察沈阳纺织品集散中心后，在去北京的列车上，因为抽烟的事情被一位女列车长狠狠地批评了一顿。女列车长第一次发现他们抽烟并没批评他们，只是让他们熄灭而已。可是，女列车长刚离开不久，又来了个回马枪，发现他们还在抽，就像批评小孩子一样批评了他们一通。

"好了，现在我们谈正事，这次我们已经出差28天了，大家有什么看法。"沈介良说，"我觉得毛纺肯定要被淘汰，全国到处都是，毛纺已经进入了白热化的竞争阶段。"

"要上新项目，否则企业是没有前途的。"

"轮胎帘子布这个项目如何？"

"可以尝试，不过我们没有技术，还是有一定风险的。"

出差返回途中，大家在火车上就开始了讨论和总结。

"上轮胎帘子布技术应该不是问题，我们工厂做毛纺，有一定的纺织基础，基本上没有脱离老本行。再说了，还同样是纺织行业，也不至于什么都是空白，原材料也不是问题，只要上设备就能开工。大家看看，这次出来你们就知道了，全国这么大，可不是一个小小的潘家乡。单你们看到的各种轮胎数量就十分惊人了。现在这个帘子布还是个冷门产品，有很大的潜力。"

"可以考虑上帘子布。"许建国说，"这次看下来，毛纺确实竞争太激烈了，成品价格一直降，原料价格又一直涨，国家又在管控，羊毛稀缺还在不断上升，没有一点办法。"

"是的。"

"对了，我们接下来还要把库存赶紧消化掉，把残次品、废品低价出售，能卖一分是一分，放在库里烂掉就一分钱不值了，卖掉还能减少工厂的亏损，增加流动资金。"

"生产上还是有问题的，需要加强管理。"许建国说，"我知道库存量最大的一批货是前几年生产上将配料弄错了，颜色不对，客户不要了，才损失了不少钱。不过我想，颜色的问题虽然不能满足原来的客户，但不一定满足不了其他客户，说不定还是其他客户想要的颜色呢！"

"是的，要想办法，赶紧消化库存，回笼应收款。"

沈介良回到常州就开始对轮胎帘子布进行进一步的调研，经过几个月的信息收集、市场调研，沈介良决定卖掉一半的毛纺设备，用来购进帘子布设备。他有了成熟的想法后，准备去向刚调到潘家乡当书记的周兴国汇报。周兴国书记和钮兴荣乡长一个月前一起去过八毛厂，当时沈介良已经做过简单的汇报。

"沈厂长，钮乡长向我介绍了你的情况，非常能干，高票当选厂长。"周兴国书记说，"我刚调来不久，对我们乡的情况还没有全面了解，就陪钮乡长来这里了，可以说第一次出来就到你们厂了。"

"真是谢谢啦！我也有很多想法想向领导汇报，只是我也是今年三月底才竞选正式当厂长的，压力比较大。厂内事务、各种外部债务着实让我梳理了一段时间。说白了，其实就是个烂摊子，资不抵债，亏损近200万元呢。经过近半年的努力，厂内的各种事务算是理清了，我还带着几名外勤人员到全国调研了一圈，今天先向两位领导简短地汇报一下，到下个月我有了成熟方案，再去向你们详细汇报。"

时间过得真快，一转眼一个多月过去了，沈介良来到乡政府向周兴国书记汇报工作。

"毛纺市场一直萎靡不振，再这样下去企业是要倒闭的。我决定卖掉一半的毛纺设备，用来购买轮胎帘子布生产设备。我调查过了，湖北宜昌生产的584型设备比较先进，也比较实惠，到时候可以考虑购买。"

"我完全支持你的工作和前景布局规划，你是个敢闯敢干有责任心的实干家。我不只听到一个人说，你可是我们乡的大能人啊，我们乡的经济要靠像你们厂这样的乡镇企业支撑才行啊。"

"我一定尽全力将企业救活，几百号职工不能没有饭吃，他们没饭吃，我也有责任。"

从此，在乡政府的大力支持下，沈介良开始了转型升级的第一步，调整了武进县第八毛纺织厂的产品结构，开始进军全新的领域。

沈介良太了解第八毛纺厂了，他知道工厂的病根在哪里。从1984

年秋天开始，他就是其中的一员了。厂里的一草一木、一砖一瓦他都非常熟悉。工厂在开办初期，赶上了毛纺的鼎盛阶段，可是因为企业管理不善，雪花呢产品出现了严重的质量问题，几乎导致企业崩溃。1986年，车间承包责任制在受到不公平待遇的情况下，二车间还完成367万元销售。但最终工厂并没有什么改变，反而把企业拖入更深的泥淖，结果工厂因后续引起的"并发症"而无法自拔。员工情绪低落，怨天尤人，抱怨领导决策失误、严重失职，而领导又抱怨市场疲软，没有赶上好时候。厂里形成了一个"怪圈"，没有一个人愿意出来承担责任，老百姓也传言八毛厂要倒闭了。到1988年初，八毛厂已经债台高筑，亏损168万元。沈介良就是在这种情况下竞选厂长的，竞选厂长已经不再是为了他个人了，161票的信任，让他责无旁贷。

一九九〇年

"目前，全世界有5.2亿辆汽车，每年还以3000万辆的生产规模扩展着，汽车要耗用大量的纺织品来装饰内部……我国汽车工业已有30年历史，现有100多个厂家，6大类汽车，52种基本车型，300多个品种，年产40多万辆的总生产能力。预计到1995年为110万辆，2000年为170万辆，配套类纺织品分别需要4000多万米和7000多万米……"

1990年初夏，沈介良激动地整理着有用的信息。昨天他看完中央电视台大型重点系列专题片《走出低谷》后深受启发和鼓舞，当时就把要点和总结全记在了笔记本上。巧就巧在，那年他在翻看由全国化纤信息中心站和山西化纤工业集团联合主办的《化纤信息》刊物时，看到了《汽车装饰织物开发大有潜力》这篇文章，让他对汽车装饰织物这种新产品产生了浓厚的兴趣。特别是在纺织业这么多年，他对7000多万米涤纶仿毛空变丝汽车装饰面料特别敏感，像是发现了新大陆一样。

人世间很多事情像是冥冥之中安排好的，其实这不是沈介良第一次知道汽车装饰面料。这之前，沈介良到八毛厂对面的工业公司开会时，刚出大门就看到一辆货车一溜烟地消失在马路上，还掉下来一小块布一样的东西。为查看究竟，沈介良走了过去，"嗨，还真是一块布角料啊，这是一块三层复合而成的边角料，看上去比较精美。这是一块什么布呢？看似羊毛，又像化纤，以前还从来没见过这么漂亮的布啊！"

出于职业的敏感，沈介良将这块边角料带到了工业公司纺织品检测中心，检测结果是涤纶布，他想起在电视里看到国家领导人接见美国杜邦董事长的新闻，这块面料与新闻中车子座椅的面料有点像。另外，他还将布料与以前在汽车展览会上收集到的汽车面料画册进行对比，发现与上海篷垫厂为上海大众桑塔纳轿车生产的座椅面料居然一致，不过，最后判定是一块进口面料的边角料，并非上海生产。

"难道这是老天在帮助我，给我送的小样吗？"境由心生，沈介良是一个细心而又乐观人。

这篇《汽车装饰织物开发大有潜力》的文章，让沈介良两眼放光、热血沸腾。虽然《走出低谷》与《化纤信息》隔了些日子，但他却发现了我国汽车工业发展的方向，兴奋地拨通了编辑部的电话。

"喂，您好，是《化纤信息》编辑部吗？

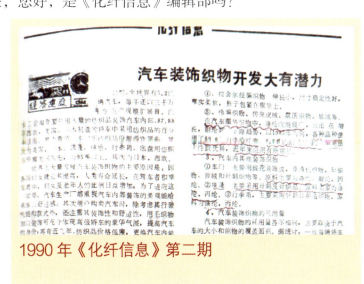

1990 年《化纤信息》第二期

"是的，你找哪位？"

"我找李纯钢，王毅也行。"

"不好意思，我们编辑部没有叫李纯钢的，也没有叫王毅的。"

"啊，我在你们杂志上看到一篇《汽车装饰织物开发大有潜力》的文章，是他们的名字。"

"哦，是作者啊，我想起来了，那篇文章是天津纺织研究所的工程师写的，他们不在我们编辑部。"

"我想找到他们，你能告诉我他们的联系方式吗？"

"我们只知道他是天津纺织研究所的，没有他们的电话。"

无奈，沈介良只能亲自连夜坐火车赶到天津。当他来到天津纺织研究所的时候，研究所的人还没有上班，沈介良就坐在研究所门口的台阶上静静地等着。

"你找谁？"一个挎着背包的小伙子第一个去上班，见到沈介良就问。

"我找李纯钢！"

"我就是李纯钢。"

"太好啦！"真是无巧不成书啊，沈介良喜出望外，像是见到了救星，先是简单地自我介绍了一下，说出了找他的缘由，希望能够合作。

"涤纶仿毛阻燃空变丝汽车内饰织物系列产品是天津纺织研究所、天津化纤研究所、天津汽车研究所联合为夏利轿车面料国产化设立的科技攻关项目，已经研发成功，基本接近尾声，今后夏利轿车面料会国产化，这是大势所趋。"

"希望我们能合作，我们厂有生产能力！"

"这个产品由我和我的搭档李玉、王毅共同研究而成，以前我们商量过，希望有12000元的研发转让费用，若没有问题就可以合作。"

沈介良终于发现了期盼已久的能够改变八毛厂命运的项目，一口就答应下来，并初步约定下次见面时间，希望能够早日签约。

从天津纺织研究所回到常州后，沈介良私人向朋友借了大部分，工厂筹了一点，很快筹够了12000元钱。这在当时厂里买技术算是不小的数字了。钱虽是借的，但企业性质是集体企业，政府只审批核准企业经营名称，不出资，乡镇企业的厂长和经营指标都是由工业公司拟定批准的，并收取销售额1%的任务管理费。

因此，沈介良就约了副乡长施开兴、工业联合公司经理孙如玉，也让他们作为政府的代表做个见证，准备一起赴天津纺织研究所签订技术转让协议。

"施乡长，钱我筹齐了，天津纺织研究所的李纯钢我也约好了，我们今天出发，明天早上到。"沈介良跟潘家乡领导施开兴副乡长拨通了电话。

"好的，你再约一下我们乡工业联合公司孙如玉经理！"

"没问题。"

第二天一早，他们就来到了天津纺织研究所，协议很快就签订好了。

沈介良还从天津纺织研究所得到了北京正在举办中国首届汽车部件贸易展览会的消息，于是他们在天津火车站合影留念后，副乡长施开兴、工业联合公司经理孙如玉回常州，沈介良只身一人赶赴北京参加汽车展览会。

在展览会上，沈介良收集到了西安华泰汽车座椅厂的宣传资料，并获得其单位下半年在西安举办产品鉴定会的信息。

待到下半年，沈介良马不停蹄地赶到了西安鉴定会现场。可是，当到现场时，会议已经接近尾声，只剩下参观的环节了。

那天正好是12月12日，大家都去景点"劝蒋台"参观了，而沈介良由于工作压力大，自当厂长以来就没有游玩的心思，于是留在了鉴定组委会安排的宾馆房间里，想着如何发展企业的事情。

"你也没去参观'劝蒋台'啊？"一个50来岁知识分子模样的人问沈介良。

"没有！"

"你是哪个单位的？"

"江苏常州武进八毛厂的，我叫沈介良！"

"我叫王成国！"

"我在鉴定会的材料上看到你的大名啦，你是从重汽厂技术中心来的鉴定专家吧！"

"是的。"当时，王成国是中国重型汽车研究中心汽车车身设计技术部主任。

"我认为我们国家的汽车工业肯定是大有可为的，还会成为世界上的汽车王国……"沈介良谈了一下自己的看法。

"真佩服你的闯劲儿，也没有想到你会有如此不凡的观点。"

他们的交谈内容引来了另一位在重汽工作的原俊明的关注，原是重汽厂的内部刊物《中国重型汽车报》的记者，与王成国同在重汽厂工作。

"我来介绍一下，这是我们单位的大记者原俊明。"

"您好！您好！"

"我觉得我们国家不久的将来汽车工业肯定会突飞猛进地发展……"沈介良继续表达自己的观点，"现在美国平均两个人拥有一辆轿车，我们中国要是平均10个人就有一辆车的话，就是1.2亿辆的保有量，每年1000万辆轿车，每辆5平方米算就是5000万平方米，这还只是面料啊，想想今后这汽车市场得有多大啊！"

沈介良还强调他六月份已经与天津纺织研究所签订完技术转让协议，讲了人造革与面料的优劣。

他们三人畅谈大半宿，沈介良新颖的观点让王成国、原俊明刮目相看，两人都为之动容。那时，我国乡村哪有什么汽车，更别提轿车了。沈介良那时就提出了汽车王国的说法，王成国被沈介良敏锐的市场嗅觉及远见卓识，还有他那种认真工作的劲头所感染，就诚恳地问沈介良："你都去过哪些单位跑业务，长春中国一汽去了吗？哈尔滨哈飞汽车厂去了吗？长春汽车厂去了吗？沈阳金杯汽车厂去过了吗？成都四川川旅公司去了吗？"

沈介良即便有着干一番事业的雄心壮志，还是被王成国问得哑口无言，连连摇头。

"你这样跑业务的效果是不会大的，跑的全都是小厂，你应该去大厂，我给你提供几个我同学的联系方式，他们很多在大型汽车厂工作，你找他们或许能帮上你的忙！"

王成国写写停停，想想写写，在沈介良的便笺本子上写了几个在大型国营汽车厂工作的同学的联系地址和电话。

"太感谢了！谢谢！谢谢！"

沈介良立即改变行程，从西安飞沈阳，拜访了金杯汽车厂，又到丹东拜访了黄海客车厂，大连一汽远征客车厂，长春第一汽车厂，还拜访了南昌江铃汽车厂、四川成都旅行车制造厂等。

虽然这次远行没有谈成一项销售业务，可是他却结识了一个能够助力他打开汽车工业大门的朋友，拜访了国内很多大型汽车厂，那就足够了。

沈介良回想起他六月初向乡主管部门送去成立武进县汽车装饰织

物厂报告时的场景，经办领导不理解，就问他："为什么一定要挂武进县汽车装饰织物厂的牌子，应该把'汽车'二字去掉。"

"我们已经跟天津汽车纺织研究所签订了技术转让协议，今后我们要做汽车面料的专业厂家，汽车工业发展有三句话叫'高起点、大批量、专业化'，工厂定位汽车工业零部件，符合国家产业发展方针和政策！"

当时从乡政府回到厂里，沈介良立即组织员工召开了相关会议。

"我们从1984年建厂以来不是没有机遇，而是没有抓住机遇，即便抓住了机遇也没有把握好机遇。我们当时也抓住了机遇，呢绒销售如同皇帝的女儿根本不愁嫁，结果因为工厂单纯追求规模、忽视质量管理，导致雪花呢的惨败，退货造成产品大量积压，三项资金居高不下，本来每米可以卖32元却只能以每米8~12元出售，这一项就亏损100多万元。血淋淋的教训让我们懂得了质量才是企业的生命。我们厂如今债台高筑，要想获得突破，管理上就要以人为中心，市场上以'质量'为中心。我们是纺织行业，这是我们的大方向。通过这次调研，确定调整产品结构，朝着三个方面进军。首先毛纺方面，我们要压缩50%的产能，维持现状生产；另外，我们要上轮胎帘子布项目，计划投资120万元，预计下个月试产，产供销准备工作已经就绪。我们调研了江西、天津、南京等几家轮胎工厂，他们的缺口都在1500吨以上；最后，我们对现有的部分纺织设备进行改造，准备生产汽车内装饰阻燃复合面料，我们已经跟天津纺织研究所、盐城化纤厂等单位达成协议，这个产品是今年的新品，符合国家政策，各种汽车都要国产化，我们通过对近20家汽车主机厂和内饰装具厂进行调研，发现这个市场是巨大的，单单天津一家的汽车面料缺口就是250万米……"

沈介良接着深情地对大家说：

"这就是机遇，就看我们能否把握得住。任务是艰巨的，道路是曲折的，前途是光明的。这是毛主席的教导，我们一定要满怀希望，也一定要吸取以前的教训，把好产品质量关，并打造出一支战无不胜的队伍。"

开完会，沈介良就已经打定了主意，并且让人加急做一块白底黑字的武进县汽车装饰织物厂厂牌，等批文一到，就赶紧挂上去。

很快，沈介良收到了武进县计划委员会同意八毛厂申请成立武进县汽车装饰织物厂的批复。还真巧，厂牌也做好了，他亲自将新做好的厂牌与武进县第八毛纺织厂的厂牌并排挂在了一起。

一块新厂牌，一个新希望！

沈介良望着新旧两块厂牌，激动不已。他又想到了唐代刘禹锡"沉舟侧畔千帆过，病树前头万木春"的著名诗句，不过心境已经大不相同了。现在他心中升腾起一幅汽车织物厂的宏伟蓝图：毛纺300万元以上，加帘子布300万元以上，再加汽车面料300万元以上，三管齐下，一定要实现潘家乡名副其实的乡镇千万级骨干企业的目标。

1990年6月28日
武进县汽车装饰织物厂挂牌

春风

吹大地

自从与天津纺织研究所签订技术转让协议后，很快就生产出了一小批汽车内饰面料。这在全国都是开创性的，标志着汽车内饰织物面料国产化已经取得成功。

沈介良拿着一块小样到武进纺织工业公司总工办准备检测，毕竟工厂付了1.2万元的转让费。可是那位总工向沈介良当头泼了一盆冷水：

"这算是什么高科技新产品啊？很普通嘛，我们湖塘镇、湟里镇要多少有多少……"

也难怪总工冷讽热嘲，毕竟当时常州是我国纺织制造工业明星城，是全国学习的对象，而沈介良却花巨资跑到天津去取纺织方面的经，不是搞错了嘛。

木秀于林，风必摧之。沈介良从一开始上涤纶仿毛阻燃空变丝汽车内饰织物项目就使一部分人的不理解，甚至嘲讽，当然，一路走来也有很多帮助沈介良的贤人志士。

沈介良听得一头雾水，没想到总工竟然说出这样的话，就气呼呼地走出了他的办公室。没想到正巧遇上了工业公司质量科的童小梅："沈厂长，你怎么来啦？"

"我来找你们总工，他说我上当受骗了，哎，我还花了一万多块钱呢，怎么又上当受骗呢……"

"你别当真，前段时间我去过你们厂，那时你就说八毛厂只走老路子是没前途的……我认为当时你说的那个阻燃丝项目是非常好的，还可以报省科技新产品项目呢，今后汽车工业肯定会迎来大发展的！"

"还可以报省科技新产品项目？"

"可以的，我可以协助你们单位申报，成功了还可以免税呢！"

"免不免税不重要，我要做大销售的！"

"那你就报省科技新产品项目吧，我觉得可以成功！"

"好的，我回去就安排！"

沈介良回去的路上，步伐显得无比轻盈，他没有想到一个年纪轻轻的一个小丫头童小梅竟然会和自己的观点一致。后来证明，童小梅独到的眼光没有看错，科技新产品项目不但在省里顺利通过，还在全国一炮打响，企业也取得了长足的发展。

沈介良在短短的一会儿工夫就遇上了对同一件事情两个观点截然不同的人，不过，凡事他都是往好处想，总是以乐观的态度看待自己境遇的不断变化。不论是对自己有利的还是不利的，他总能以独特的视角看待问题，把握时机。他始终都认为涤纶仿毛阻燃空变丝汽车内饰织物项目是大有前途的。

时间过得很快，到了1991年的春天，这是一个与往年不一样的一个春天，这是武进县汽车装饰织物厂从诞生以来迎来的第一个真正的春天。也正是从这个春天开始，沈介良在开会时开始提到"科学"这个词。从一个没有多少技术含量的传统毛纺厂，到引进轮胎帘子布项目，再到联合开发涤纶仿毛阻燃空变丝汽车内饰织物系列产品，沈介良从中深刻意识到，企业的产品需要科技创新，企业的管理需要科学管理，这才是企业发展的两翼，也是企业的发动机，更是企业源源不断的动力源泉。

"沈厂长，我们的新产品试机成功了，马上就可以进入中产试验的阶段了！"负责汽车面料开发的陈丽艳来到沈介良的办公室，开心地告诉他说，"你看，我们改造后的设备也能派上大用场了。"

"太好了！这个月下旬就要举办产品鉴定会了，整个鉴定会你多操心，产品你最熟悉，到时候全仰仗你了。"

"这个你放心，场地都定好了，在武进大厦，大家来去也方便。"陈丽艳又说，"对了，我们去年10月报省里的科研项目，省纺织工业厅没有什么意见吧？"

"没意见，他们最终还是要看现场专家鉴定的结果，所以这次鉴定会非常重要。"

"嗯，我们要充分准备，把我们的新品展示出来。"

"这次鉴定会我国汽车学会车身专业委员会的郭竹亭、重型汽车发展中心王成国、长春汽车研究所朱崇武、天津纺织研究所李纯钢和王毅、第一汽车制造厂无锡汽车厂王守斌、长春软装材料厂郑乃英等全国座椅厂、汽车厂的同人、业内专家，还有我们常州纺织界的领导许柏松、王铭浩、武霞雯、潘文伟、童小梅等都会到场，除了展示我们的新产品，还要把大家招待好！"

"这个你放心，我跟厂办都商量好了，我们两个部门配合，绝对没有问题。"

鉴定会前一周，武进县县长赵耀骥到厂考察。沈介良带他们参观改造过的车间后，又带他们来到工厂二楼的会议室开了一个简单的汇报会。

"沈厂长，你们厂的春天要来了啊！"赵县长说，"去年底就听说你们的阻燃丝项目在江苏省纺织厅都排上号啦，这可是我们省的新产

1991年3月21日
时任武进县县长赵耀骥（右一）来厂考察

品新项目啊，真是不简单！"

"赵县长，毫不谦虚地说，我还是非常有信心的。这个项目要是成功了，不但为我们潘家乡，还有武进县，甚至为常州市都能增光添彩！"

"好啊，我们县就需要像你这样具有大局意识、上进心强的实干家。我去年底刚从市委组织部调到武进县任县长，第一件事情就是成立经济调研组，摸一摸我们县的乡镇企业。来之前也耳闻你们八毛厂的故事，你这种敢拼敢作敢为的精神在我们县不多啊。当然啦，我们步子不能迈得太大，也不能缩手缩脚。什么事情都不怕我们步子小，就怕我们走弯路啊。只要我们不停步，一定会有成功的那一天！"赵县长接着说，"我们这次调研的目的，是调研我们乡镇企业发展的前景如何，有哪些优势，有哪些劣势，找到企业的发展瓶颈，我们也可以为大家提供快捷高效的服务。"

沈介良接过话说：

"今天你们能来，就给了我们很大的鼓舞。我简单地向各位领导汇报一下工作。我是1988年初经过竞选，接手这个资不抵债亏损了168万元的单位。差不多也是这个季节，也是在春天。说实在的，当这个厂长已经不是为我个人了。到现在，我刚好当了三年的厂长。三年来主要进行了节流和开源两个方面的工作。节流方面，主要是对厂内部管控的工作。我们厂是乡里集资办的，只要有钱就可以进厂，从根子上来说这是企业难管的病灶所在，重人情关系轻科学管理，内耗太严重。我通过努力，认人不认钱，通过退投资款劝退一部分，然后再教育一部分，才算有了好转。开源方面，我们通过调研发现，毛纺是一片红海，竞争激烈，几乎没有利润，只做毛纺可能没有什么希望。于是我不断带队到外面找新项目，调整产品结构。很快发现轮胎帘子布项目，去年我在《化纤信息》上又看到汽车面料项目，现在来看都是比较好的项目。不过，最后毛纺一块和轮胎帘子布都要舍弃，毛纺没利润，帘子布要求高，我们只有织造环节，而原材料和浸胶两头都在外，很被动，风险也很大。现在我们计划三个产品三管齐下超千万，今后可能汽车织物前景最好，要建一家专业性比较强的企业，只有做专，才能做强。"

"沈厂长思路比较清晰，对市场前景也比较有信心，这我就放心了。无工不活，无商不富，我们县就需要像你这样的能人。不过，厂里有什么困难也可以提，我们是来帮助企业解决发展中的困难的！"

"我们只有一个困难，缺钱！"

"钱不是问题，我来协调。还有，你要是能安排些残疾职工到厂里来工作，我可以协调民政局、税务局，办成一家福利厂，就可以免去一些税收，也可以减轻工厂的负担。"

"那好啊！太好啦！"沈介良当场答应下来。

这个春天真是好事连连。3月28日，常州武进大厦热闹非凡。几十名汽车界的专家、领导从全国各地赶来，参加武进县汽车装饰织物厂的科技新品投产鉴定会。本次鉴定会得到了大家的高度认可，顺利通过了专家的评审。1994年还被国家纺织工业部列入"八五"重大科技推广项目。

从此，武进县汽车装饰织物厂具备了生产汽车面料的资格和能力，随着我国汽车工业春天的到来，沈介良的春天也要来了！

1994 年 10 月 28 日
国家科委成果办公室在常州召开汽车座椅、内饰面料科技成果推广会右一为国家科委成果办公室主任王新新

品牌与名号

"张乡长，我有事情找你商量！"沈介良给乡长张明其打电话汇报说，"我想把厂里的轮胎帘子布项目整体打包卖掉！"

"沈厂长，你是厂长你做主，我全力支持！"

"你在乡里吗，我向你具体汇报一下！"

"不用当面汇报了，我知道了，你大胆去做吧！"

沈介良挂掉电话，又给周兴国书记打电话。

"啊？你卖掉百分之五十的毛纺设备上帘子布我支持，现在帘子布刚有起色，你怎么就想又卖掉帘子布设备啊？你要好好考虑一下。"周书记听说沈介良要卖掉帘子布设备，十分关切地说，"你三管齐下的方案，1000万元产值怎么实现？"

"周书记，这个项目刚有起色不假，还略有盈利，可是市场瞬息万变，现在是不会亏，但要是不及时处理的话，其后果可能比毛纺的后果还要严重。"

"你要是打定了主意，那就卖吧，我不是反对，只是觉得刚开始有起色就卖掉，是不是可惜了。"

"好的，知道了，你放心，我一定会想办法将工厂办好的。"

沈介良汇报完工作，就开始着手卖帘子布所有相关设备的事情。这帘子布项目怎么刚走上正轨就要卖了呢？事情还要从头说起。

一周前，沈介良带货去江西英雄牌轮胎厂送货，负责供应的贾科长对他说：

"沈厂长啊，不是我说你，你觉得这批货质量如何？"

"贾科长你放心，肯定保质保量。"

"拉倒吧，我劝你赶紧收手，砍掉帘子布项目，否则有你们亏的。"

沈介良听着不说话。

"你们用的什么设备生产的？"

"湖北宜昌产的，584机器。"

"设备还是可以的，只是你们没有专业人员，也没有专业的检测仪器，你要知道，轮胎帘子布看着简单，其实国家的要求是非常严格的，直接牵涉到一辆汽车的安全性能，你们只做中间的制造，原材料和后整理两头都在外，产品质量无法控制。"

"你说的是，我们这方面确实欠缺！"

"这批货我收下了，可是以后还是算了吧。说实在的，与国家要求的标准还是有很大差距的。当然啦，我只是建议，你也可以继续跟其他轮胎厂合作。"贾科长又补充说，"不过，你也不用过于担心，你们那么多台生产设备还是不错的，你要是什么时候想卖了，我可以帮你想办法！"

"好的，好的，你的建议我回去考虑一下，考虑好了就跟你联系！"

沈介良回到厂里，进行了一番思考，认为贾科长说的都是实在话，工厂确实如同他所说。特别是要上尼龙纺织、帘子布浸胶设备，包括检测仪器等，都太昂贵了，要投资齐全需要一两亿元的资金，企业本来就不景气，哪有那么多钱买检测仪器呢？所以，他才决定砍掉轮胎帘子布项目，将相关设备全部卖掉。

"贾科长，我决定将帘子布生产设备卖掉，你帮忙看哪家企业愿意买。"

"我无锡有个朋友，他们厂愿意要。"

"好的，他们可以随时看设备，谈价格。"

最后，沈介良以120万元的价格将帘子布的全部设备、半成品、成品、辅助用品等一次性卖给了无锡一家专业生产帘子布的纺织厂。这件事情处理完后，沈介良总算是松了一口气。整个轮胎帘子布项目核算下来，略有盈余，还算不错。

"哎哟，杨科长你怎么有空来了，来来，快坐快坐！"沈介良突然看到武进计委企管科的杨科长到访，赶紧站起来打招呼，"来之前也不打个电话，也好招待你呀。"

"我是学习的，来服务的，要什么招待！"

"哈哈，就你会开玩笑，说吧，有什么事情？"

"真是来服务的，就是看你们厂有什么需要！"杨科长转而又说，"沈厂长，我看你们厂缺个字号，你看人家大企业都有字号，东风牌、解放牌什么的，你们也要有，说不定以后也是全国响当当的牌子。再说，企业也需要品牌建设嘛！"

"嗨，你别说，还真提醒我了，要想做大，就要有个响当当的字号对不对？"

"就是嘛，我说得对吧！"

"取什么名呢？"

两人陷入了沉思。

"随便取一个呗，如我们常州火车站旁边有个宏达大酒店还是挺有名气的，那我们就叫'旷达'好不好？"沈介良看到办公室椅子后面挂的上海书法家协会桑仲元为他写的"旷达""达观"两幅书法作品，说，"那就叫'旷达'吧！"

"目光宽广，性格开朗，胸襟豁达，叫起来还朗朗上口，好，太好啦！"杨科长一听就觉得不错，"这字写得也不错，谁写的？"

"这是上次上海书法协会的桑仲元老师和几个书法家到我们乡写生，来我们厂时为我写的。是我们乡党委书记根据我的经历让他写的，同时还写了'家鸡有食刀俎近，野鹤无粮天地宽''山重水复疑无路，柳暗花明又一村'等作品！"

"是这样啊，就这样定了，今后就叫'旷达'了！"

"定了，肯定定了，我很喜欢，寓意深刻。"沈介良目光深邃地看着那两个字说，"我还要亲手将这两个字设计成一个商标，蕴含旷达人的眼睛看得广，脚步跑得快，要服务全国，走向世界。"

"那好，商标申请过程中有什么困难，可以找我啊，我来帮忙！"

"好的！"

很快，"旷达"的名号就传遍了整个工厂。

随着企业的发展，1992年6月，《中国汽车报》记者胡式谦、原俊明联名以《为国产汽车增光添彩——记江苏武进汽车装饰织物厂》为题，记者王天剑以《武进汽车装饰织物厂看得准抓得狠：靠小产品闯出大市场，凭高质量配套大企业》为题，先后采访沈介良，并在头条、专版进行了大篇幅报道。同时，《中国汽车报》也是旷达汽车面料开发成功后第一家关注的专业报刊，将"旷达"开启了中国汽车内饰革命之先河，产品以阻燃、柔软、高强、透气和豪华气派的优势替代了冬天硬、夏天热、不透气的人造革的特色都进行了宣传报道。随后，其他国家媒体、地方媒体也陆续进行了转载和报道。

由此，"旷达"又迅速传遍了祖国的大江南北！

《中国汽车报》记者王天剑以《武进汽车装饰织物厂看得准抓得狠：靠小产品闯出大市场，凭高质量配套大企业》为题的报道

旷达商标

"各位领导，同志们，大家好，今天我首先宣读一份常州市中级人民法院的刑事判决书，然后再进行各项议程。常州市中级人民法院刑事判决书：申诉人沈介良，男40岁，汉族，江苏省武进县人，不服武进县人民法院（81）武法刑字第62号刑事判决，以'定性不当，事有出入'为由向本院提出申诉。现本院依照审判监督程序决定再审，本院依法组成合议庭进行了审理。现查明：沈介良无诈骗故意，并且不具有非法占有公私财物的目的，故不构成诈骗罪。经本院审判委员会讨论决定，依照相关法律，判决如下：撤销武进县人民法院对沈介良定罪量刑部分，沈介良无罪……我想这对沈介良来说意义是十分重大的。他已经申诉了11年，也期盼了11年，现在终于有了结果，常州市中级人民法院改判其无罪，撤销武进县人民法院对沈介良的所有判决……"

这是1992年12月潘家乡撤乡建镇后第一次举办的三级党员干部冬训大会，村、镇党员及乡镇企业、学校领导负责人、领导等数百人参加会议。每年的三级干部冬训会议一般都按着程序举行，基本是总结过去一年的成绩、表彰典型与先进，同时明确提出第二年的工作部署和任务目标，为大家加油鼓劲，让大家以更加奋发努力、积极向上的姿态，以更加勤勉务实、雷厉风行的作风，以更加强力有序接地气的举措，打开潘家镇新一年发展的美好局面。但是今年，潘家镇党委书记周兴国打破了往年的程序，首先宣布了关于常州市中级人民法院的刑事判决书，他知道这对倍加珍惜自己名誉的沈介良来说比什么都重要。

江苏省常州市中级人民法院刑事判决书

沈介良在大会上只听到撤销武进县人民法院对沈介良定罪量刑部分，沈介良无罪……其他的再也听不下去了！他从1981年5月29日被羁押，到同年12月25日"判刑二年缓刑三年"以后，就走上了申诉之路，到今年潘家镇"三级党员干部冬训"会议上宣告无罪，申诉之路才算真正结束。长达11年的申诉之路、11年的屈辱、11年的包袱是何等的艰辛，难以用言语表达。县里申诉不行，就到市里申诉，市里申诉不行，就到省里，省里不行再到全国人大，最后全国人大转发并责成常州市中级人民法院立即处理。时任常州市中级人民法院郭兴忠院长、常州市人大法制工作委员会主任、常州市委落实政策办公室主任李汉清、常州市人大内务部主任吴建平收到沈介良的申诉材料时讨论说："这哪里是犯罪嘛，连犯错误都算不上啊！"

可是，命运早给他充满希望的政治生涯画上了句号，时光不可能逆转，人生也不可能再重来。

"谢谢！我一直以来就认为，法院一定会代表人民还我清白的……"沈介良除了申诉之外，还殚精竭虑、夜以继日地经营八毛厂，由此他还成为1992年为全镇经济做出突出贡献的代表进行发言，刚说到这里他就哽咽着说不出话来。台下安静了一会儿，响起了热烈的掌声。良久，沈介良深深地吸了口气，继续发言，"前年我们厂与天津纺织研究所、盐城化纤厂等单位联合开发了汽车面料产品，去年该产品通过了省纺织厅及现场专家的审核，今年我们厂已经跟济南重汽公司、中国一汽公司、东风汽车公司、天津夏利、斯太尔公司、江西五十铃、黄海汽车、长安汽车等全国上百家汽车厂、汽车配件厂合作，目前为止，产值已经超千万元，实现了扭亏为盈，并实现了产值超千万元的梦想。"

台下再次响起热烈的掌声。

"前年开始，我们厂就瞄准了汽车工业的大市场，提出了新产品科研工作与市场调研相结合、著名重点汽车配套与适合各种车型特点研发相结合、拳头产品与物美价廉批量供货经济效益相结合的发展道路，制定了开发新产品为振兴民族汽车工业做贡献的目标。今年我们厂将淘汰全部的毛纺产品，并投资3000万元，征用50亩新的土地，进行产品技改工作，还计划从德国、意大利引进国际先进的生产各种汽车面料的设备及项目，我们厂力争打造成纺纱、织布、后整理、复合、座套为一体的产业链。明年将建成三个分厂和一家汽车面料研究所。通过几年的努力达到上亿元，利税超千万元的目标……"

会场响起了经久不息的掌声。

沈介良神态自若地走到自己的座位上。其实，上个月沈介良刚组织参加了自己厂里筹办的一场订货会，场面的火爆程度，让他在发言席上更加信心百倍。

1992 年 11 月 18 日
订货会期间，武进县委书记赵耀骥（右四）、前黄区区长陈泽民（右一）、潘家镇镇长张明其（右二）到厂考察，沈介良（右三）陪同

订货会上，县委书记赵耀骥、县长宋诚宇等领导莅临现场祝贺，还邀请了全国汽车行业科研、技术部门的领导、国营大中型汽车企业的特邀嘉宾、外宾等近300人参加。虽然是武进县汽车装饰织物厂首次举办，也足见这次举办的1992产品质量恳谈会暨1993年订货会规格之高、规模之大了。当然，这是工厂的一次具有划时代意义的会议，通过联合研发、省纺织厅鉴定、厂家试用、产品试销等，产品已经从无到有，从有到优，从优到精了。沈介良在订货会上激情澎湃地说：

"我厂依靠科技进步与科研部门紧密合作，开发的'旷达'牌汽车座椅内饰阻燃织物系列产品，获得了国家重大科技成果奖，自从去年在北戴河中汽造型研讨会试销以来，销售单位从天津汽车装厂、西安华泰汽车座椅厂两家单位发展到今天的108家，应用车型从夏利、斯太尔两种到现在的85种，从月产3000米到目前的8万米，产品的种类从2601、1516两种发展到目前的68种，年产值从1990年的206万元到今年有望完成1500万元，明年计划突破5000万元。我们"八五"规划首战告捷，为实现明年至"八五"规划末年利税超2000万元打下了扎实的基础。为了感谢大家，特举办这次恳谈答谢会，为了明年我厂生产、经营计划准备得更加充分，满足大家需要，为大家提供更好、更优质的产品和服务，我们同时举办了明年的订货会……我厂以科技为先导，不断开发与众不同的、适合各类档次汽车内饰要求的面料产品。'甘当汽车工业配角，为汽车内饰增光添彩'是我们厂的夙愿，我们热忱地欢迎中外客商来厂洽谈业务、经济技术合作、合资等，这次恳谈会是我厂首次举办，在安排、招待、服务等方面不足的地方恳请批评和谅解。最后祝愿大家身体健康、心情舒畅，谢谢大家！"

沈介良在订货会上跟各地汽车厂家的中外嘉宾、专家、领导颔首致意，感谢他们的到来。这次订货会，现场达成了21份订货合同，合同金额达780多万元。

这就是沈介良1992参加的两个意义非凡的会。沈介良被宣告无罪后，县、区、镇一直没有什么说法，只有曹家村打算给沈介良一些经济补偿，但被他婉拒了。沈介良分文未取，他腰杆挺得笔直，郑重其事地说："我不是为了钱才申诉，我的名誉、我的清白可比钱贵重一万倍。真要补偿，就给我补交党费吧！"

虽然沈介良当初被开除党籍，身心蒙受了巨大的打击，政治上经受了巨大的折磨，但他自始至终都没有忘记自己是一名共产党员，严格要求自己，默默地为党、为人民工作，将自己的全部精力奉献给了潘家的人民事业。

第二年，沈介良恢复党籍。

从此，个头一米八二、脸庞棱角分明、双眼如炬似火、眉宇气度不凡的沈介良，举手投足间颇具风采，更加充满自信。

1993 年，沈介良恢复党籍

喜开第一单

"王厂长，欢迎您大驾光临！"沈介良给王厂长沏了杯茶，"真没想到王厂长也能到我们厂，这下我们厂可是蓬荜生辉啊！"

"沈厂长，我看了一下你们厂，觉得吧……"王康英是江西五十铃汽车附件厂的厂长，他这次出差主要是对各个供应商的情况进行摸底。他对沈介良欲言又止。

"王厂长，有话尽管说，有什么话也不妨直说。"

"说实在的，来之前对你不了解，现在对你了解了，对你们厂也了解了。总的来说给我两个很大的意外。首先，我非常敬佩你是个实实在在做事业的男子汉，也算是历尽艰辛、尝尽百苦了，更是一个一心为公、负责任的厂长，这是第一个意外！"王厂长笑了笑说，"我就直说了，你不要见怪。我不知道我们厂的供销、技术等来你们厂是如何调查的，还调研合格。你们厂只有10台织布机，我们五十铃厂合作配套的面料生产厂中，你们的规模是最小的，实力也是最弱的。你看看，你们厂的办公房、厂房的墙都还是20世纪70年代用大黄泥刷的。我们厂的考察组竟然给你们评定为合格供应商了，这是第二个让我感到意外的地方。"

"就是啊，不瞒您说，我们厂原来是一家毛纺厂，一穷二白，我当厂长接手时还亏损近200万元呢，平时出差的钱都是我个人筹借的，温饱问题都解决不了。这个厂的每一分钱我都恨不得掰成两半花，现在好不容易才基本持平了。当然，这还是托了你们厂的福，没有你们的大力支持，我们哪里有今天啊，您今天看到的情况已经有很大转变了。"

"当然啦，你是立志为汽车专门生产配套织物的，武进其他厂都没有你们专业。所以你也不要过分担心，既然我们厂的调研人员评定你们为供应商，说明目前你们厂相对来说应该是专业的、好的，所以我也没有太多意见，我们暂且可以继续合作。不过我如实告诉你，三年内你们厂如果不发展，没有3000万元以上的投入，肯定是要被上海汽车、长春一汽淘汰的，就是我们五十铃厂也会淘汰你们的配套资格。不过，我们可以继续做朋友，我对你个人还是非常看好的。你也花点资金把厂容厂貌整理一下，那墙也贴贴瓷砖，我大力支持你。这样的话，职工在这里上班也是有幸福感的嘛，等你们厂有钱了，再给他们多发点工资！"

"谢谢王厂长能够推心置腹地提出宝贵建议，我会努力的，我保证三年后一定再给您一个意外，那肯定是一个惊喜，到时候欢迎您再到我们厂指导！"

沈介良送走王厂长后，陷入了深思。当晚，酷暑之夜虽短，他却夜不能寐，顿觉夜的漫长。

王厂长的话犹如五雷轰顶，让他意识到光靠这十台织布机，工厂肯定是没有前途的。这也让他下定决心，再放手博一回！

回想起八毛厂起初上轮胎帘子布项目时，忙了一年多，虽然轮胎帘子布项目因耗用资金大、设备占用面积大、风险大等因素被迫转卖，但这都不是理由，毕竟帘子布没有一个好的结果，这导致他在1990年计划上汽车内饰面料项目时受到了很大的阻力。

"轮胎帘子布项目都快忙了一年了，到现在还没有什么眉目，现在又急着要上汽车内饰面料项目，为了缓解资金困难，我认为可以缓一缓再上新项目。"一个生产副厂长在会议上说。

"就是啊，你看那街上，十天半月还碰不上一辆车呢，急着扩大上汽车内饰面料项目能行吗？"

"能不能等轮胎帘子布项目赚到钱了再说？"

很多与会人员也不停地议论、附和。但是，沈介良却认准了我国汽车工业即将崛起，他坚定地说："目前汽车是少，可是等多的时候再上，汽车供应系统早就成熟了，再想进入就没有那么容易啦！我在电视上、报刊上看到了相关报道，不用多久，轿车就会满大街跑了！"

"一篇报道能说明什么问题，要想赚到钱，还不知道要等到猴年马月呢！"那位副厂长仍然坚决反对，很多与会人员也没有足够的信心。

"我不是光看报道，我们跑遍了大半个中国，考察了十几家科研单位、项目才最终确定的，情况我是清楚的。是，现在全国年产也不过100万辆的汽车，可是这正是我们的机会啊，况且我国的汽车工业非常薄弱，今后要面临国产化，市场是巨大的。话又反过来讲，毛纺倒是成熟了，到处都是，可是能给我们厂带来效益吗？毛纺原料成本高，产品价格低，即便找到合作也是没有利润，白忙活。可是，汽车内饰面料就不一样了！"

这句话一出，大家无言了。

"为了减少投资，我建议将现有的十台1515型织机进行改造升级，赶紧上汽车内饰面料项目，进行试生产。"沈介良力推汽车内饰面料项目。

这是一次没有达成一致意见的会议，也是给沈介良造成巨大压力的会议。又有谁能保证每个项目都能成功呢？开疆拓土者必然冒风险，斩荆开路者必然会受到荆棘的伤害。

"沈厂长，你尽管放开胆子去做，你和副厂长在生活中都是我的朋友，可是副厂长就要服从厂长，不能对着干，不然不是乱套了嘛。我建议在生产上带新人、带徒弟出来，由新人负责新项目，这对工厂的长远发展是非常有益的。"周兴国书记给沈介良打气说，"你是大家选出来的，我相信你自己是能够带领工厂走出一条崭新的光明之路的！"

沈介良没有想到厂里上汽车内饰面料项目的问题很快就反映到了乡里，周兴国书记和他通完电话，他感觉压力更大了。

可是，不上汽车内饰面料项目，守着毛纺肯定是没有出路的，上了新项目还有扭转局面的希望。于是，沈介良指定机电一体化"土工程师"龚旭东，还有许建国，负责1515型织布机的改造升级工作，负责生产汽车内饰面料。

龚旭东、许建国合力负责汽车内饰面料生产后，不到两个月，小批量产品就试生产了出来。

1990年底，武进县汽车装饰织物厂终于迈出了值得庆祝的第一步，完成了第一单，总计12600元。工厂生产的1516型汽车织物成功供应给了西安华泰汽车座椅厂。

接着，江西五十铃0823-1-2，重庆五十铃0826-1-2，夏利2601……全国各地的订单开始多了起来，局面也有了很大的转变。就在这时，江西五十铃的王厂长给沈介良泼了一盆冷水，让他清醒地认识到了工厂的严重不足。

"王厂长说的对啊，今后要生产品质更好的产品，就需要高端的设备。靠那十台改造的设备，就算后来增加56台747布型机，还是不行啊！"沈介良辗转反侧，无法入睡，很多往事不断浮现在脑海中，"怎样才能有新的突破呢？大厂有的我们厂要有，大厂没有的，我们厂也要有……"

沈介良一夜未眠，打定主意：大厂没有的，我们厂也要有。第二天，他回到办公室，首先将思考已久的旷达商标设计了出来。这是大厂都有的：品牌！

这不是一枚随大流的商标，大多厂家设计商标都会英文字母变形加中文，可是沈介良对传统文化和文字都有较深的领悟。因此，他不用英文字母，而是采用把汉字文化发挥得淋漓尽致的纯中文商标。

首先，"旷达"二字就有心胸宽广、豁达、达观、超然的意蕴和情操，商标的图案由旷分拆为日和广，达分拆为大和辶，将三个文字与辶变形组合而成。"日"，设计成人眼形状，象征目光、视野和慧眼；"广"，宽广，与"日"配合，表达目光远大、心胸宽广的意蕴，也有站得高、看得远、视野宽广的意思。

其次，"广"又被设计成一个张开臂膀的人物造型，大有"大庇天下贤士"的韵味。"大"，设计成一个跑步的人，加上辶底，表达了永不止步的恒心。

最后，整个图形设计为圆形，形似地球，代表着"旷达"面料"服务全国，走向世界"的期望和远大梦想。这是一枚体现我国古人造字智慧和汉字文化精髓的商标，匠心独特、与众不同。

沈介良觉得完成了一件大事，赶紧叫来了厂办主任陈云大说："商标图案就按这个来，要抓紧申报，我要去沈阳飞机制造厂客车部出差，厂里的事情你多照看！"

"好的！"

沈介良没去过沈阳飞机制造厂客车部，去了才知道，那厂是真的大。

"你干什么的？"门卫不让沈介良进。

"我找张科长，约好的！"沈介良汗流浃背地背着样品，提着行李。

"他在三号门等你，你接电话吧！"门卫说。

"张科长，我到厂大门了！"

"你在哪个门，没有看到你啊，我在三号大门！"

"我问一下啊，门卫保安说是一号门！"

"哦，那还远着呢，你问他怎么走，我在三号门等你！"

"好的！"

门卫让沈介良顺着一号门前的大路一直走就能到，他一走就是一个小时。沈介良算是领教了北方的酷暑了，将近36度的高温，地面冒着热气，鞋底都被烫透了。当他到了三号门时，衣服全湿透了！

"沈厂长你一个人啊，真是辛苦你啦，这么大热的天！"

"别提了，出租车司机把我送到一号门后，我就让他走了，谁知道你们厂这么大啊。还有，没想到这北方比我们南方还要热，头都发晕，这双眼直冒金星啊！"沈介良口干舌燥，嗓子一直冒烟。

"哈哈，都被你赶上了，昨天还凉快着呢。快点到我办公室喝点凉茶，别中暑了！"这样一折腾，张科长硬是在办公室等了两个多小时还没吃中午饭。

沈介良到了办公室，喝了一肚子的凉开水，精神才算好起来。听张科长说为了等他饭都还没吃，更是万分感激。

"谢谢！谢谢！"沈介良连说感谢。

"沈厂长，见到你人觉得还不错，以前我们很少和南方人打交道，思想上总认为南方人太精明了，你给人的感觉很踏实厚道，今后我们可以考虑合作。"

"张科长，那可太好啦！"

沈介良知道北方人不愿意和南方人合作。张科长能够热情招待他，让沈介良深感激动，说："我们南方人勤劳和努力不假，但也不是骗子……哈哈，我们厂会保质保量地供货，这一点请张科长尽管放心！"

"那当然，我看中的是你这个人，全国能有几个乡办厂的厂长背着样品到处跑的，你们乡办厂跟我们国营厂不一样，如果不帮你们厂，就是老天无眼。"

"张科长过誉了，我只是想让我们厂好起来，我们厂的职工能够过上好的生活，没有其他！"

"我就是佩服你这样的厂长！"

沈介良与张科长聊得非常开心愉快。沈介良便是这样闯荡大江南北的，为了厂的发展四处奔波。有时走出车站时，才突然意识到人生地不熟、举目无亲，只能找本黄页，买张地图，按图索骥，一个一个找上门去。多少次吃闭门羹，多少次遭人冷眼拒绝，那是常有的事情。

老天真是有眼，1992年底，厂里的产值总算超千万元了，还征用了50亩土地，兴建新厂。

同时，淘汰了陪伴他多年的黑珍珠牌大哥大，这个大哥大其实就是对讲机，超过1000米就相互收不到信号了。沈介良因为每次出差联系不方便，早梦想着有朝一日能买一部手机了，这一年终于实现了，他花了25000元买了一部摩托罗拉牌翻盖手机，手机号为9606261，这让他爱不释手，像得了宝物一样，着实高兴了一阵子。

他还花了25000元，为工厂装了两部电话，号码分别为6543081、6543128，为日后工厂的业务联系提供了极大的方便。

座驾 捷达车

　　1992年10月18日，紧邻342省道，也就是锡宜公路武进潘家路段的北侧，树起了一个很大的牌子，上面写的是：武进县汽车装饰织物厂新的技改项目用地。大牌子上介绍说：该项目占地50亩，一期投资3000万元。牌子所在公路段南侧右转不到一公里的地方就是武进县汽车装饰织物厂所在地。

　　这个汽车内饰产品技改项目也是沈介良1992年的重要工作，为了能够在省里立项，他与驾驶员殷雪松先后跑了南京50多趟，常州市及区县跑了不计其数。

　　"殷雪松，殷雪松……"沈介良见殷雪松站在马路牙子上，方便后靠在树上不动了，就喊他，"殷雪松干吗呢？快走啊，来不及啦！"

　　原来，殷雪松这位驾驶员累得靠着树睡着了。这是沈介良他们去省纺织工业厅、省发改委、中国银行江苏分行、江苏省纺织工业设计院等主管部门日夜兼程跑项目时的一个小插曲。

　　沈介良更是没有睡过一天好觉。

　　那辆立下汗马功劳的苏DC6860捷达轿车是托熟人从一汽大众花17万元买的，是沈介良的第一辆座驾。这辆全进口的捷达车跑了100多万公里后以6万元的价格卖掉了，不久沈介良又花6万元返购，并停放在如今的旷达科技集团公司厂史陈列馆内，这辆车被誉为创业车、功勋车。之所以称为创业车、功勋车，那是因为从筹建武进县旷达汽车装饰织物总厂，到项目立项、拿地、建设、出口信贷等事项，包括长春、上海、天津子公司的建立，这辆捷达轿车就一直跟随沈介良南征北战，并且战无不胜，捷报频传。沈介良非常喜欢这辆捷达牌轿车，每当精疲力竭地坐上它时，就会乐观地笑侃：捷达，捷达，捷报频达！

功夫不负有心人。1993年3月，厂里申报的技改项目《引进关键设备，生产高档汽车内饰面料》得到江苏省计划经济委员的正式批复，并列入常州市武进县第一批重点技改项目目录，成为常州市武进县委书记赵耀骥挂钩督办的重大科技项目。另外，中国银行武进支行、中国农业银行武进支行均承诺该项目所需的前期资金问题由他们协调解决。

这让沈介良松了一大口气，不过还有诸多工作等待他去解决。特别是引进关键设备的出口信贷500万美元贷款还没有落地，他根本停不下来。即便是贷款下来了，设备买回来了，技术人才也是一个大问题。这都需要他逐一落实解决。

"沈厂长，我有个朋友，可以介绍世界银行的领导，说不定能解决出口信贷事宜，并且利息非常低，只有百分之四左右。"潘家镇党委周书记给沈介良介绍银行贷款事宜。

"那好啊，赶紧介绍一下，我们去北京！"

当沈介良他们到了北京后，世界银行的业务经理说："'出口信贷'要找中国银行，不应该找我们，你们找错了。"到了中国银行总行，又被告知要到中国银行地方分行立项后逐级上报审批才行。

沈介良不敢有丝毫耽搁，连夜赶回常州。第二天，他坐着那辆捷达轿车找到了中国银行常州市分行国际信贷部的领导。

"你们厂都没有听说过，资产不过200万元人民币吧？真会开玩笑，还想借500万美元的出口信贷，我看还是算了，你们根本不符合信贷条件！"贷款资料直接就被退回给了沈介良。

"我是北京中国银行张处长介绍来找你的，张处长说到常州分行找你帮忙解决就行。再说，你们只要解决出口信贷就行，其他资金由中国银行武进支行、农业银行武进支行解决。你看，这是武进支行的证明材料。"

沈介良将带有中国银行武进支行信笺的证明材料递给中国银行常州市分行国际信贷部的主任。上面写得很清楚：武进县旷达汽车装饰织物总厂，经我行初步验证，你厂引进多功能复合关键设备项目可行，该项目经省相关部门批准，所需配套资金将由我行协调解决。

沈介良赶紧又递上工行、农行、商行的证明材料，他们可以解决流动资金问题。

那位主任听说是张处长介绍来的，又看了几家银行的证明，这才将其他所有材料接收下来。

"那好，你先回去吧，我们会按流程进行审核的。"

"德国方面我们已经谈好了，这个项目属于镇政府项目，并且政策只到今年底，明年乡镇企业就没有这样的出口信贷业务了，希望能够帮忙加快审批！"

"这个我知道，你先回去，等行领导审核结果吧！"

"有什么问题可以随时打手机联系我！"

沈介良离开中国银行常州市分行，还没有回到工厂，就接到了银行的电话：

"沈厂长，你们材料我初步看了一下，一定要有第三方有资质的公司担保才行，你赶紧拿回去找单位担保盖章吧！"

"好的，我马上来！"

沈介良在返回银行的路上就联系了几家单位，询问能否担保。还算顺利，担保单位找到了！沈介良取回贷款申请资料以及担保材料，火速赶到了协调好的中江国际贸易有限公司。

"沈厂长，你们要贷款500万美元啊？风险太大了，你这是要拼命啊！"

"是的，要做就做最好的。谢谢你能帮忙！"

"你厉害，我们担保没有问题，我马上盖章，可是我就担心我们这个小单位能担保这么大的项目吗？"

"先盖章再说，不行再想别的办法。我走了啊，以后找机会再表示感谢！"

"能帮上忙就好，不用谈谢！"

折腾了一天，总算把材料补齐全，送到了中国银行常州市支行。

"今天跑了多少公里？"沈介良问。

"516公里！"驾驶员殷雪松说。

"好家伙，在常州这个巴掌大的地方也能跑这么远！"

"兜了好几个大圈！"

"太辛苦你了，早点回去休息吧！"

沈介良回到办公室，总结一天的得失后，往椅子上一靠，他太累了，竟然睡了过去。等醒来时，已是凌晨两点多钟了。这时，沈介良眉宇间透出庄重的神色，静静地望着窗外月光下的那条路、那条河、那个村，一切都在沉睡当中，显得十分静谧祥和。沈介良转过身，望着办公室里毛主席的挂像，再也无法入眠，他准备与心中的偶像进行深夜长谈……

"沈厂长，你找的那家担保公司不行，要千万元以上的实体单位担保才行，所有的贸易公司都不能担保额度这么大的银行贷款！"

"啊？"沈介良第二天接到银行的电话，"我知道了，我再去找！"

沈介良挂掉电话，犯起愁来。银行告知中江国际贸易有限公司没有担保资格，必须要有相当规模的实业有限公司才有资格担保，市纺织工业公司协调的武进有关纺织企业均不愿给他们厂担保，沈介良在万般无奈之际，在晚上八点多找到了武进县化肥厂张祖平副书记，张祖平副书记看见他就问：

"吃晚饭了吗？"

"吃过了！"沈介良哪里吃了，中午饭和晚饭都没有吃，贷款没有着落，他根本没有心思吃饭。

张祖平副书记了解情况后，又引荐他到武进县化肥厂厂长周奎那里，张祖平介绍是八毛厂沈介良后，周厂长笑着说：

"沈厂长啊，我早已久闻大名啦，今天算是见到真人了。你可是赵书记的红人啊，听说你们厂引进了一个大项目？"

"别提了，我腿都快跑断了，车轱辘都换了好几个。今天来是找你帮忙的！"

"哈哈哈，你那么拼命干啥？"

"为自己争口气，为员工挣口饭！"

沈介良说明来意后，获得武进县化肥厂周厂长的首肯，同意担保，但需要财政局同意。

"好，我去找财政局，到时候还要麻烦你帮忙！"

"只需领导同意，我们肯定没问题！"

沈介良又犯愁了，财政局没有认识的人。不过，有了周奎厂长的首肯，沈介良就向赵书记和宋市长提出让化肥厂担保，并讲明周奎厂长已同意担保……

于是他又火急火燎地赶到武进县县委赵书记的办公室。

"赵书记，又要请你帮忙了，现在中国银行常州市分行在电话中说要有一家超过5000万元资产的实体工厂担保才能放贷，我们已经联系好了武进县化肥厂，他们同意担保，但前提是需要财政局同意盖章才可以。"

"我和宋诚宇县长商量一下！"

"谢谢！谢谢！"

赵书记与宋县长商量后，具体由宋县长去协调财政局、武进县化肥厂办理担保事宜。

可是沈介良又要急着到外地出差，苦于分身乏术。最后，宋诚宇县长对沈介良说：

"你放心出差吧，我来协调就可以！"

沈介良这才放心地出差去了。周奎厂长、赵书记、特别是宋市长后来对项目的鼎力支持，都让沈介良动容，更让他终生难忘、感激不尽……

真是好事多磨！

沈介良就这样前前后后，南京、常州不断往返。终于在1993年12月26日，中国银行总行批准常州市分行上报的武进县旷达汽车装饰织物总厂扩大生产、引进关键设备买方信贷500万美元的贷款。真是太及时了，若再晚一个星期，该项目前期所有的努力就都白费了。

进口德国关键设备项目信贷的成功，意味着沈介良今后可以生产全国一流的汽车内装饰面料，更意味着武进县旷达汽车装饰织物总厂的硬件设施配备处于世界一流水平，这将超过国内所有汽车内装饰面料生产厂家，为此，吃再多的苦，沈介良也心甘情愿，哪怕是付出再高昂的精神代价，沈介良也在所不惜。但沈介良心里明镜似的，他非常清楚，先进的设备可以用钱买到，可是人才、团队可不是一下子就能培养出来的，软件的提升并非一日之功，剩下的路犹如万里长征，自己才刚刚起步。未来，会有更多的艰难险阻等着他去解决和跨越。

群英
聚旷达

1993年6月7日，由沈介良亲手设计的旷达商标正式注册成功。同月，武进县旷达汽车装饰织物总厂正式对外挂牌。工厂迎来了全新的转折点。虽然武进县第八毛纺织厂的内部已经发生了巨大变革，在去年就完成产值1200多万元的目标，成为潘家镇名副其实的千万元级的乡镇企业，并且还在不远处设立了一个醒目的投资牌子。但附近的老百姓根本不知道工厂内部的悄然变化，在他们心目中，这个工厂仍然处于半死不活的状态，仍然传言八毛厂快不行了。

家在曹家桥桥南村的顾新茹再有一个月就要高中毕业了，老百姓的传言她也有耳闻，但是那块介绍新项目投资的牌子却引起了她的注意，这是工厂美好未来的象征。

顾新茹高中一毕业就结伴五六个同学来到武进县旷达汽车装饰织物总厂，毛遂自荐。恰逢工厂扩张阶段，沈介良求才苦渴，需要大批有高中文化的人才进厂。

"欢迎你到我们厂工作，我要派你去学习，要么到天津中德培训中心学半年到一年的技术，要么到常州轻工业学校学一年的文秘、档案管理，费用都由工厂承担。学习结束后再到工厂正式上班。具体派到哪里最终根据工厂的安排再定。"负责工厂招聘的同志对顾新茹说。

"好的！"顾新茹听说要先派出去学习，少则半年，多则一年，费用、工资由工厂承担，觉得旷达厂非常注重学习，注重人才，认定该企业大有希望。

"你先在办公室做文员，等有机会了就派出去学习。"

"好的！"

顾新茹到了旷达厂以后，感受到了工厂忙碌的景象和工厂积极向上的文化氛围，就写信给运村的高中同学徐文新，旷达在招收高中生，希望她能来工厂上班，坦言武进县旷达汽车装饰织物总厂是一家不错的企业。

徐文新收到顾新茹的信，又叫了两个同学来到武进县旷达汽车装饰织物总厂，还看了新征用的土地，那里正在施工。当时没有碰到沈介良厂长，而是遇到施开兴镇长。

"这是一家乡办企业，你们回去写封自荐信后再来吧。"

"好的！"

几个同学回家写了自荐信，再次赶来。

"你们先在会议室等我啊！"

沈介良将徐文新几个同学安排到会议室，就先去忙手头的急活了。可是，沈介良这一忙，忙到中午才想起会议室还有学生等着他呢，顾不上吃饭，赶紧来到会议室：

"不错，字写得不错！你们和顾新茹是同学是吧？"沈介良看完他们的自荐信后开心地问道。

"是的！"

沈介良问了徐文新他们诸如个人家庭情况、爱好什么的，然后就讲起了公司的发展前景，最后说："你们要来，算是我们工厂文化比较高的年轻人了，到时候要派出去学习。今天不早了，我给你们50块钱在旁边的饭馆吃中午饭吧，什么时候上班等我们通知！"

"这家工厂还真不错！"徐文新他们几个同学高兴地说，"考虑也比较周到，知道我们路远，时间也晚了，还给我们饭钱。"

"就是啊，没想到一个大厂长，心这么细！"

"没想到他忙这么长时间，一直忙到中午才有时间见我们，还真够拼的，现在都一点多了吧！"

"还真是饿坏了，不过这50元钱可以让我们三个好好吃一顿了！"

"沈厂长还真是大方，50元钱哪里用得完啊。"

几个同学边走边说，希望能到厂里上班跟随沈介良左右，并畅想着自己美好的未来！

也就是从1993年开始，一个个高中生、中专生、大专生、大学本科生开始向武进县旷达汽车装饰织物总厂集聚，并以沈介良厂长为核心得到不断成长，成为公司发展的得力干将，也见证了公司发展的历程。最具代表性的早期进厂的高中生有祝全妹、龚旭明、顾新茹、徐文新、杭新华、王峰等，大中专生有杨大明、杨春霞、王守波、陈泽新等，还有旷达招收的第一个本科生承永刚，他们一个个都成为企业实现跨越发展的台柱子。

他们这批旷达人在企业发展史上也成功书写了十个"第一"：

1990年，第一个在国内注册成立汽车内饰面料专业生产企业；

国内首家开发生产涤纶空变丝阻燃复合汽车座椅内饰面料，替代人造革，改变了中国汽车一贯沿用人造革的历史；

国内第一个承接夏利、斯太尔两个车型座椅面料的国产化，从而结束了中国汽车座椅内饰面料依靠进口的历史；

国内唯一集机织平布、机织大提花、针织纬编、针织经编、双剑杆等多机种、多品种的企业，具备全方位为汽车配套座椅内饰面料的能力，规模、产量、技术、市场占有率全国第一；

国内唯一一家从原材料涤纶切片到织造、染整、复合、座套缝制的完整产业链集群企业，成为国内最具竞争优势的企业；

国内唯一在主要汽车生产基地(长春、上海、天津、武汉、广州)设立子公司的集团型企业，是全国与汽车工业配套的紧密性最深的企业；

行业内首家设立省级工程技术研究中心——江苏省交通车辆内饰织物工程技术研究中心，并被中国产业用纺织品行业协会指定为中国车用纺织品标准的制订单位；

行业内第一个在德国注册子公司，代表着中国汽车内饰第一家有搏击和拓展海外市场实力的企业；

行业内第一家采用有色纱线取代染色丝，这标志着旷达产品设计、开发、生产技术的国内领先地位，同时也促进了汽车内饰面料环保化生产的发展。

只为 争朝夕

1995 年 5 月 27 日，农历四月二十八，整个潘家镇都沸腾了。

八位年轻漂亮的礼仪小姐身穿红色的长裙礼服，戴着红色绶带，面带笑容，一字排开，站在旷达汽车装饰织物总厂的大门前，绶带上五个金黄色大字"旷达欢迎您"在她们胸前非常醒目。

两年前，这里还是一片无人问津的土地，如今已是一家公园式的工厂了。厂内环境优美、树木葱郁、道路平整，办公楼、厂房、宿舍楼排列整齐，窗明几净。今天工厂张灯结彩，五星红旗、厂旗、彩旗随风飘扬，喷泉喷出朵朵晶莹剔透的水花儿在风中舞动。车间顶部竖立着"高起点、大批量、专业化，为现代汽车提供优质座椅、内装饰面料"的巨大标语。

简易的铁栅栏厂大门朝南，正临着 342 省道锡宜公路。厂内是斗志昂扬、热血澎湃的 300 多名员工，厂外是二村五里的村民，他们也赶来见证这一刻，还有路过的人们也都驻足在公路边观看。

这里将举行一场隆重的武进县汽车装饰织物总厂"技改项目"竣工剪彩仪式，届时将有国家、省、市相关部委、政府及汽车主机厂、汽车附件厂的 300 多位领导、专家出席。

"嘭、嘭、嘭……"八声冲天炮响过后，接着便是万响鞭炮声响起，随后剪彩典礼在工厂大门前举行。沈介良一身正装，显得十分庄重。他在剪彩仪式上的讲话还言犹在耳：

"我厂《引进国际先进设备、生产高档汽车座椅、内装饰面料》技改项目在社会各界和用户的大力支持下，今天已经顺利竣工，并逐步进入批量生产阶段。在此，我代表全厂干部职工，向各位表示衷心的感谢。我们从1990年起在原小毛纺企业，年产值不到300万元，资不抵债的低谷中，开发汽车座椅内装饰涤纶仿毛空变丝阻燃复合织物，填补国内空白，以透气性好、耐摩擦、挺括、阻燃、永不变形、永不褪色等优点，替代人造革，成为国家科委唯一为汽车行业推广的产品……随着国外先进车型的引进，对汽车内饰面料提出了更高的要求，为此，我们根据国家高起点、大批量、专业化、高质量发展汽车工业零部件的方针，决定投资5000万元，甘当汽车工业内饰面料的配角，为汽车内饰增光添彩。自强、求实、创新是我们企业的精神，认真承担责任光荣是我们企业经营管理的理念……"

随后，礼仪小姐手托红丝带和花球，站在大门前等待领导和嘉宾剪彩。

参加剪彩仪式的领导有一汽技术研究中心专家朱文龙、江铃汽车内饰厂厂长王康英、上海泰晔汽车座椅厂厂长钱志成、武进县委书记赵耀骥、天津汽车装具厂厂长杨永成、中国银行常州分行行长俞洪生、江苏省经信委副主任付馨等，他们发表简短的致辞和祝福后进行剪彩。

剪彩完毕，工厂举行了答谢会。

"沈厂长，我真是没看错，做梦也没有想到，你这是大手笔啊，今后我们要好好合作！"江铃汽车内饰厂厂长王康英向沈介良竖起了大拇指，说，"我第一次来，你们厂可还是泥巴工厂呀，你们很努力啊！"

"这还真要多谢您当年毫无保留的建议啊，您的建议如醍醐灌顶，一直鞭策着我前进呢！"

"真的假的，我也只是说了些心里话！"

"正是您那些心里话才让我一下子清醒过来，像以前那样小打小闹，企业肯定没有大发展！"

"你又给了我一个意外，你这真是高起点，全套引进意大利新比隆公司剑杆织机、德国卡尔迈耶公司双针床经编机、德国门富士公司高效喷嘴定型涂层机、德国斯密特公司火焰复合机和祖克米勒公司烫整剪联合机，这上百台的设备可都是国际一流啊！"

"我说会尽量做到的，怎么样？现在我们的年生产能力已达1000万米了，这还只是第一批设备，我们生产厂房还有余量，计划再引进日本、德国等3000万米的生产设备，年产能力要超过5000万米！"

王康英厂长连连点头说真是不容易。

"我又想起了毛主席一句令人奋进的话，'一万年太久，只争朝夕'！"

他们爽朗地笑了起来。

沈介良不停地跟各位领导和嘉宾打招呼，致以感谢。

其实，真正的剪彩时间前后也不过一分钟。就是这不到一分钟的时间，风光无限，代表着"八毛厂"实现了脱胎换骨，从此厂里生产的产品也由毛纺民用产品走上了汽车用工业产品。可是，俗语说台上一分钟，台下十年功，说的一点都不假。这光鲜的背后其实都是泪水和汗水，专家和嘉宾们是看不到的。

为了这一分钟的剪彩，沈介良呕心沥血。往事涌上他的心头：

沈介良曾15次北上北京，10多次赶去上海，50多次奔赴南京，从

1995 年 5 月 27 日
武进县委书记赵耀骥（右五）等参加旷达技改项目竣工典礼
剪彩仪式

信贷落实、项目立项审批，土地、资金、引进设备，日夜兼程、马不停蹄，往返穿梭于政府、银行、海关等各部门之间。

　　1993 年底，就差一个星期的时间完成出口信贷项目的批准，这是一件值得庆幸的事情。可是，很多事情就像过山车一样，很快就坠到了低谷。1994 年，汽车工业惨淡，拿不到汽车厂货款，汽车厂用汽车抵货款，导致厂里无法支付厂房建设工程款，只能用抵押的汽车再抵工程款。同年，我国银根收紧，起初武进县各银行答应解决 2000 万元流动资金，除农行武进支行解决了 200 万元外，其他银行的承诺全部没有兑现。并且，200 万元还要帮助银行还一笔太湖鱼塘的不良贷款 47.7 万元，实际拿到 152.3 万元。这下可急坏了沈介良，也急坏了中国银行常州市分行，500 万美元，加上利息接近 5000 万元人民币。

"赵书记，赵书记……"沈介良欲哭无泪，三番五次地打电话，又放下。

他实在是不好意思再打扰县委书记赵耀骥了。这个项目是武进县一把手工程，属于赵书记挂钩督办的重大项目，在项目立项、出口信贷等工作中沈介良遇到困难就找赵书记帮忙、协调各种难题，他没有少操心，也知道这一分钟背后的艰辛。

"沈厂长，说话啊，沈厂长？"话筒里传出赵书记熟悉的声音。可是沈介良这个五尺男儿却哽咽着说不出话来，半天才蹦出几个字：

"赵书记，还得找你帮忙！"

"嗨，吓死我了，半天不说话，有啥困难尽管说！"

"再没资金，技改项目要停工了。去年中国银行常州市分行的出口信贷批准后，工厂建设还算顺利，原本县里几家银行答应解决建设和流动资金问题，差不多2000万元，可是现在只解决了152.3万元，这哪够啊？年底工人的工资都没有着落，还要请你帮忙！"

赵耀骥书记一听，赶紧安慰沈介良说："你放心，办法总比困难多，我再联系联系，问问情况！"

当年金融政策突变，银根收紧，不过在赵书记的支持下，各级政府部门积极推动，中国银行常州市分行俞行长同意解决问题。

俞行长还对沈介良说："我们行给你们厂贷款700万元用于流动资金，其中，有200万元是武进中行的，你也转到市分行来贷吧！"

这才算解决了部分问题，本计划1994年夏天竣工的工程到年底才建设完成，1995年春天，设备才陆续进厂安装调试。还有潘家镇的周兴国书记，在背后也默默为沈介良解决了20万元、50万元的困难。年年都是腊月二十九、三十了，沈介良还在外面催货款，为员工发工资。最困难的一年，沈介良年底催债回来，到周书记那儿吃碗馄饨解决饥寒。大家都为沈介良捏了一把汗，企业已经投入4000多万元了，要是垮了，后果将不堪设想。当然，要是业绩上去了，整个潘家镇都会跟着受惠！

沈介良更是粗茶淡饭，挤公交睡地铺，勒紧裤腰带以渡难关。

这里还不得不提，那年夏天，不但因为资金问题武进县旷达汽车装饰织物总厂新厂房建设没能竣工，"老天爷"也闭着眼赶来凑热闹。

整整一个星期，瓢泼大雨，一直没有停。河塘、公路、老厂区全部汪洋一片，职工在厂里就能捕鱼。沈介良看在眼里，急在心里。亲自组织员工防洪抗涝，阻止雨水进入车间、仓库，但是，无情的雨水无孔不入，还是有少量产品被雨水淹了。等雨天一过，职工们就赶紧将被水淹的产品拿出来晾晒。

沈介良不知道的是，这场大雨还冲走了一个人才。

一名大学生看到《中国纺织报》的招聘启事后就来到了厂里，恰遇厂里正在晾晒产品。这种家庭作坊式的场景在那位大学生的心里落差太大，在没有见到沈介良的情况下，他匆匆离开了常州。

他就是湖北纺织工业学校的王守波。

工厂给王守波留下的印象比给五十铃汽车内饰厂王康英留下的印象还要差。真的可以用破败不堪来形容，破旧的厂房、道路，还有那晾晒的面料。的确，从外部看，对于走遍了全国、看过了无数家企业的王守波、王康英来说真是不值一提。但是，大学生王守波与王康英厂长不同的是，王守波没有见到沈介良，不知道就是这样一家工厂的背后有着无尽的故事。而王厂长见到了沈介良，了解了他的故事。不然的话，王守波肯定会被求贤若渴的沈介良挽留下来的，他也不会匆匆离去，肯定会留在多年以后进入全国闻名的专业生产汽车内饰面料的旷达公司。

沈介良是一个积极乐观的人，即便是最糟糕的事情发生，他也能从中发现好的一面、发现机会，让自己渡过难关！沈介良在心中安慰自己，工厂要发财了，俗话讲水生财嘛。

这都是过去的事了。

这次剪彩仪式，来自国内汽车行业的领导、专家、客户纷纷题词，祝贺旷达厂的项目上马成功，为工厂带来了满满的祝福。沈介良送走所有的嘉宾后，站在办公室，透过玻璃窗，望着一面面迎风招展的代表着工厂文化自强、求实、创新的旗帜，思绪万千。

1990年，工厂提出"以科学、科技为先导"的口号引入汽车内饰面料项目开始发展，出现一丝生机和希望。到1991年，工厂提出"以产顶进，为发展民族汽车做贡献"的口号，迈出了坚实的步伐。到1992年，工厂提出"当汽车工业配角，创国内销量第一，争国际出口市场"的口号，实现了阶段性目标，产值超千万元，扭亏为盈，并向亿元目标进发。到1993年，提出"高起点、大批量、专业化"更加具体的口号和超亿元的目标。如今，只争朝夕的沈介良，技改项目历尽万难得以竣工投产，又喊出了"甘当汽车工业的配角，为汽车内饰增光添彩"的口号。

不同的口号，顺应了工厂不同时期的发展需要，也是工厂日新月异发展的另一种体现！

欧洲考察行

　　1999年8月初，旷达厂食堂的员工们心花怒放，个个都洋溢着快乐的笑容。

　　"这把多功能刀真不错，瑞士的。"

　　"沈厂长真好，出国还给我们带礼物回来了！"

　　"多功能的呀，有削水果的、还有启啤酒盖的、罐头盖的、红酒盖的。"一名员工将那把瑞士刀具全部打开，平放在手心里，啧啧称赞，"真漂亮，像不像飞镖？"

　　"哦……真像，还有点儿像小船。"几个同事凑过脑袋说。

　　"这是什么牌子的？"

　　"应该是瑞士生产的，有瑞士国旗的标志！"

　　"的确是瑞士生产的，维氏牌军刀，由卡尔·埃尔森纳先生创建，他们厂有100多年的历史了。"一名大学生向大家解释。

　　"嗨，大学生就是不一样，懂得就是多。"

　　这是沈介良随武进市政府到欧洲考察学习后回来时给大家带的小礼品，这也是他第一次出国考察学习。他不但给厂里的职工带回了看得见的瑞士军刀，还为工厂带回了全新的发展理念。

　　这次考察学习团除常州市、武进市（现常州市武进区）及外经委领导外，还有章建镇、童小梅、

1999 年 8 月 8 日
沈介良（右一）随时任武进市市长毛伟明（左五）首次出国考察

龚旭明、常恒集团的金华友等。1997 年 7 月 27 日，他们从上海出发，先是飞到北京，再乘 CA931 飞机到德国法兰克福。

接下的几天，他们参观了工厂，31 号从科隆抵达汉堡。

"真是名不虚传啊，不愧是德国的第二大城市，第一大城市不知道会是什么样子！"毛市长兴奋地说。

"当然啦，汉堡别说在德国，在整个欧洲都是首屈一指，有着最大的外贸中心，还有那个港口叫什么来着，哦，对了，汉堡港，1189 年就开始建设了，是德国最大的港口，也是欧洲第二大集装箱港。"外经委章主任感叹道。

"给我印象最深的还是汉堡的工业制造业中心，太厉害了。"沈介良砸了砸嘴唇说。

"有着'世界桥城'美称的汉堡，还有这里的啤酒，拜拜啦！"金华友说。

　　"哈哈，金厂长，那啤酒不错吧。我们马上要到柏林啦，那里也有正宗的啤酒！"

　　在去往柏林的路上，沈介良他们几个人就开始议论了。

　　"柏林是德国的首都，也是最大的城市，我们可以好好地看一看了！"

　　"这座城市也是一座多灾多难的城市，1990年两德实现统一。第二次世界大战后，首都柏林被分割为东柏林和西柏林两个区域，由柏林墙隔开，我们也要去柏林墙那里看看的，然后再去他们的工业重地去参观学习。"

　　"我们就是要看看他们的工业到底如何，看比我们想象的好还是差！"沈介良开心地说，"最好能够学习他们的管理经验，那就更好啦！"

　　整个旅程都在大家的惊叹中度过，很快，欧洲之行在不知不觉中结束了。

　　德国的工业、汽车展览馆，特别是德国人的敬业精神都给大家留下了深刻的印象。意大利具有两千五百多年历史的"永恒之城"，也是世界著名的历史文化名城、古罗马帝国的发祥地罗马，还有达·芬奇的故乡都让大家流连忘返。发源于瑞士阿尔卑斯山全长一千多公里流经奥地利、法国的清澈的莱茵河，更是让大家念念不忘。

　　这次考察，沈介良受到很大的震撼和冲击，视野开阔了很多，直感慨出国太晚了。欧洲壮观的建筑和美丽的风景并没有给他太多的记忆，他满脑子想的都是德国现代化的工厂以及都市里自动化的售票机、停车场等，这些都太令他震惊。当然，意大利、法国对历史文化的保护也使他深受触动。

回国后，他立即拜访了常恒集团等工厂，更是深受鼓舞。

"金厂长，欧洲之行收获大吗？"

"很大，德国的工厂，还有研发中心，软硬件都值得我们学习！"

"真是大开眼界，受益匪浅啊！对了，你们厂都4亿元了吧？厉害啊！我们旷达虽然在镇上还算得上规模企业，可是1亿元的目标，六年了还没有实现，和你们一比，真是小巫见大巫。要是放眼全国，更不值一提了。今天来向你学习，毛市长说你点子更多！"

"哪有什么点子啊！"

"明年有什么大的动作啊？"

"我们明年要把居民住宅商住房建好，让农户住上配套齐全、服务良好的商住楼房！"

"这可是大手笔啊，毛主席带领农民追逐'楼上楼下、电灯电话、灯头朝下'的梦想你给实现啦。当时用惯了煤油灯的老百姓还不理解毛主席的话，说灯头朝下，煤油不都漏了嘛，谁知道是电灯泡啊，根本不用什么'洋油'！"

"哈哈，就是啊！"

沈介良在欧洲之行、走访国内规模企业后，一张新的宏伟蓝图在他脑海中浮现。

漫长亿元梦

从1988年3月25日沈介良任八毛厂厂长开始，他就有一个目标，或者说梦想，就是第一步先将八毛厂的产值达到600万元，并实现扭亏为盈。通过产品结构调整，引进轮胎帘子布、汽车内饰面料，以"居危思痛定良策、积极因素全调动、分工协作尽全力、经营管理求效益、攻料抓销争市场、降本节支保质量、一个毛纺两新项"为方针，想象着与毛纺产品齐头并进，形成三股力量，实现第一阶段的梦想。

结果，经过四年的努力，汽车内饰面料一枝独秀，在1992年实现1200多万元的产值，成功扭亏为盈。毛纺产品、轮胎帘子布产品全部被淘汰。在老百姓眼里，八毛厂早就无可救药了，别说实现千万元扭亏为盈了。

在这种情况下，梦想只是梦想，有些遥不可及。可是，沈介良将两个梦想全实现了。接着，他又为自己定下了实现亿元产值的目标，这又是一个梦一样的目标。

要说实现亿元目标也不完全是一个梦，并非完全不切合实际。因为从1992年开始，沈介良就摸准了国家"高起点、大批量、专业化"发展汽车工业的政策和趋势，并审时度势，趁机投资3000万元，征地50亩，引进国际高精尖先进装备，比以前的产能扩大数十倍，这些都是实现亿元产值梦必备的基础和条件。因此，亿元产值梦不是夸夸其谈，也不是没有科学依据。并且，1993年12月26日信贷争取成功，工厂还大刀阔斧地进行技改工作，可谓是前景一片大好！

可是，人生不如意十有八九。

1994年，赶上了银根收紧，流动资金、工人工资都成了问题，好不容易解决了流动资金的问题，到1995年，又遇上汽车工业滑坡。

1996年，汽车工业更是进入了全面大萧条。订单锐减，产值在3000万元与4000万元之间徘徊，投入产出比落差太大。这还不说，价格还大幅度下降，更要命的是，货款回笼也成了问题，汽车厂纷纷用汽车抵应收货款。工厂经营一度进入了进入至暗时刻。

为了解决问题，沈介良专门成立了旷达汽车销售公司。旷达汽车销售公司销售的汽车数量比一个地方专业汽车销售公司的数量还要多。即便如此，工厂仍是艰难度日，职工的收入也在不断下降，销售队伍萎靡不振，情绪跌落到低谷。

真是谋事在人，成事在天，别说亿元产值目标了，5000万元都还遥不可及呢。

1997年2月，春节刚过，为扭转局面，发挥群策群力，沈介良在全体职工中发起了以"我为旷达做贡献，共圆亿元产值梦"为主题的大讨论，并对提出有价值意见的职工进行奖励，希望通过大家的智慧，实现多年未能实现的亿元产值梦。在会上，沈介良豪情万丈，激情澎湃地说：

"我们每一名职工都要有自信，亿元的产值还不到我们工厂产能的百分之五十，这只是时间问题。我认为汽车工业去年大萧条到了低谷，今明两年肯定会迎来复苏，我们再苦上一年，未来肯定是美好的。就像毛主席说的那样，'任务是艰巨的，道路是曲折的，前途是光明的。'大家一定要全力以赴，大干特干，若全厂实现亿元，我承诺职工工资也要超过万元，并且全年发13个月的工资，我还要给大家发红包。另外，为了解决工厂资金困难，我们要把工厂的应收款控制在800万元以内，同时工厂接受职工和社会法人单位对厂投资，另外再向银行贷一部分款，我们就可以度过汽车工业不景气的黑暗阶段，光明在前面。到那时候别说超亿元，可能超10亿元才是我们的下一个目标。所以我深信，在全厂干部职工的共同努力下，今年亿元产值的目标很有可能会实现……"

为了能够实现工厂产值超亿元的目标，沈介良废寝忘食，以厂为家，带领全体员工苦练内功，不断反思，找出工厂短板，夯实工厂薄弱方面。

良好的企业形象和产品品牌的影响力是企业在经济竞争大潮中有效区别其他厂家、取胜的重要战略，也是企业无形的宝贵财富。所以，要坚定不移地实施企业品牌战略：

旷达品牌，要能体现企业"自强、求实、创新"的精神。自强，就是每个职工都要自强不息，立志为先、敬业爱厂，为厂做贡献。求实，就是做任何事情都要实事求是，发挥一丝不苟的精神，不说空话、大话、假话，脚踏实地。创新，要求每位员工要有创造性的思维、做开创性的工作，不随大流，不跟别人跑，创造出别人没有的产品，走出一条新路，创新是企业力量的源泉，发展的永恒主题。

旷达品牌，还要能够体现工厂高起点、大批量、专业化的实力，更要体现工厂为职工、用户服务的精神。具体体现在大手笔引进高精尖国际一流设备，全国规模首屈一指，专业为汽车配套，还体现为坚持不合格的原料不能进库，不合格的产品不能出厂，托运短少破损全部赔偿。这就是旷达的强大实力和对客户的优质服务。

还有，企业的管理最终还要落在以人为中心上，一切成败都与人有关。企业的形象、口碑、品牌、产品质量以及相关工作和目标的完成都离不开职工，需要职工辛勤的付出和劳动。因此，工厂需要团结一致的职工队伍和完善的员工激励机制，创建一家具有适合种子发芽、人才落地的良好工作环境和工作关系的企业，决不能只见他人眉毛短不见自己头发长、因瑕弃玉、损坏企业利益和形象。同时，在人才方面，工厂要着重采用引进一批、外培一批、内培一批相结合的办法，为工厂打造一支拉出能战、战之必胜的队伍。当好伯乐，引进一批，必须面向全国、择优录取，招聘一批德才兼备、独当一面，具有实战经验的专业人才，才能发挥工厂高精尖设备和仪器的功用，也是企业新鲜的血液和发展的希望，是企业兴衰存亡的关键因素。每年选出优秀的职工送入大中专院校深造，工厂办好自己的职工技术培训中心，提高干部职工的技术与管理水平。

另外，一方面成立旷达汽车研究所，不断研发新产品，符合客户和市场的需求。同时，还要调动工厂销售人员的积极性，计划在全国设立直销处。长春、沈阳、天津、南京、上海、无锡、武汉、重庆、广州等地都要设立产品直销处，分别由王峰、杭新华、徐文健等负责筹建和运转。

沈介良针对来自五湖四海，语言、生活习惯大不相同的职工出现的各种问题，决定建设商住楼，配备水电气等，开设功能餐饮部，提供多样化的食品，建设多功能文化中心、体育中心等，为外地职工提供舒心的工作、生活环境。总之围绕着以人为中心，做到培养人才、留住人才。

品牌、市场、研发、人才、管理、服务等多管齐下，物质和精神相结合，上下一条心，为实现亿元产值梦而奋力拼搏。

然而，1997年仍未能实现亿元梦。

1998年，也未能实现亿元梦。

这像极了一个跳高运动员在跳高，从半米到一米只要一跨就能过去，非常容易，从一米到一米五也不是问题，轻轻一跃也能跳过，可是要想达到两米或更高，就越来越难了。

市场形势异常严峻，沈介良也做了深刻的反思。他认为纺织行业产品盈利与亏损都在于五个一点。效益高或盈利取决于质量稳一点、新品多一点、浪费少一点、货款回笼快一点、客户服务贴近一点；效益低或亏损也有五个一点，分别为次品多一点、库存多一点、产成品少一点、货款回笼慢一点或少一点、对客户服务脚头迟一点。归根结底一切问题还在人身上。

首先，表现在开发和生产不出市场与用户所需的产品。眼下企业出现了重点轿车用户与一般汽车用户所需产品不同、用户来样与自行开发信息脱节、销售发货与回笼货款出入不及时等矛盾，遇到其他纺织厂跟风进入汽车内饰面料低价竞争、应收款难收的问题，还出现了日本来样产品生产不达标，导致无法打开国际市场等困难。

其次，销售渠道不畅，出现销售人员工作不认真，方法和措施不得力的问题，导致应收款、销售费用等逐年攀升。

再者，工厂机构设置不合理，中层干部人浮于事，办事效率低，难以带领部门职工落实领导的决策。工厂从一家毛纺厂引进高精尖设备转型成高大上的汽车配套工厂，硬件上去了，但工厂的组织架构并没有大的改变，职工思想上还仍然停留在以前的老观念上。如今已经不像以前那样靠拉关系、靠侃大山就能取得市场，也不是单凭"四千四万"吃苦耐劳的企业家精神就能救活一个企业，而是要提升产品的附加值、立足品牌效益，才能让企业之树长青。如果企业职工干部仍然认识不到自身的不足，不思进取，即便是迎来汽车工业的全面复苏，也会出现像之前八毛厂的情况一样，因为管理混乱、质量不稳、效率低下的问题与机会失之交臂。

虽然工厂到1998年底都没能实现亿元产值梦，但汽车工业的市场如沈介良预测的一样，1996年是低谷，1997开始回升，1998年蹿红。

沈介良再次看到了希望，也不断反问自己：

"难道还要再次错失良机吗？职工怎样才能脱胎换骨以适应新的发展需要、迎接即将全面复苏的汽车工业所带来的利好，从而实现亿元产值梦呢？"

工厂必须解决目前面临的问题，必须进行科学管理。沈介良在工厂重新规划组织机构，精简管理部门，推行"一室五科"更加扁平化的管理架构，并明确了各部门的职责。

厂办公室，围绕厂部的目标和部署，推动各部门、协调各部门工作，起到上传下达，为厂部提供能够起到决策参考性的厂内外信息。财务科、供销科、生产技术科、计质科、开发科，也都有所分工、协作的规定和要求。并且，在企业精神自强、求实、创新的基础上又加了一个团结，敬告所有员工要不断学习、提升技能和素养，懂得团结就是力量！

一切准备就绪，1999年，能不能实现亿元梦呢？1998年底，在潘家镇三级党员干部冬训会上，沈介良是这样讲的：

"今年我们产值达到了7000万，比1997年增加了百分之七十，明年只要在今年的基础上增加百分之五十就能实现我们厂多年的亿元产值、利税超千万元的梦想。放眼全市、全国来讲，亿元产值根本不是什么稀罕事，但对一个没有高中文化、只有认真精神的我来讲，这个目标也并非易事啊。1988年至今，我已经当了十年的厂长啦，前五年算是第一次创业，通过产品结构调整，迈上了小产品、大市场与全国汽车部件厂配套的艰辛之路，产值超千万元。刚过去的五年，算是第二次创业，投资5000万元引进高精尖设备实施技改项目。没想到赶上汽车工业下滑，职工情绪低落，有些人离职，工厂可谓是困难重重、内外交困。我为了工厂，真是茶不思、饭不想、夜不能寐，结果还遭到一些人无端的非议。好在有赵耀骥书记、宋诚宇市长的大力支持，我精神上一直备受鼓舞。我们始终以用户和工人为上帝，职工队伍相对来说还算是稳定的，特别是去年和今年，虽然没有实现亿元产值的梦想，却迎来了汽车工业的复苏，干部职工情绪高涨，24小时连轴转，没有任何怨言。我想，在干部职工如此高昂的工作状态下，随着汽车工业的复苏，明年实现亿元产值梦根本不是问题……作为一个跻身于国际、国内两大市场企业的领导，应该将'搭班子、定战略、带队伍'作为自己的主题曲和首要任务。在全国设立产品销售处，全力做到销售和服务相结合。与国外研发中心合作研发面料新品，与一汽大众、上海大众、上海通用等国际品牌配套，努力拓展十大汽车品牌市场。"

1999年底，旷达工厂全体职工听到一条消息后激动无比，高兴得欢呼雀跃。他们在这个跨世纪的美好时刻，可以到北京旅游了。这是沈介良厂长答应他们的，只要能够产值超亿元，就奖励全体职工到北京旅游，费用全部由工厂承担，除此之外，每人另发1000元的奖励。还对做出重要贡献的前十名员工进行重奖。

这时的沈介良心情显得越发沉重，经过不懈努力，工厂终于实现了亿元产值梦。然而，回顾这个漫长的过程，整整用了十年的时间才实现了产值超亿元的梦想。还有，不同阶段的梦还都是在负债经营中实现的。因此，沈介良根本高兴不起来。

过往没市场、没销路的种种困难，遇到缺钱、缺人的种种问题，都历历在目、刻骨铭心。现在来看，企业才刚刚度过两个阶段，实现两个梦想。

第一个阶段为1988年至1992年，实现产值超千万元。

这个阶段也算得上是一个奇迹。当时工厂只有粗纺呢绒，两头在外，产品质量无法控制，资不抵债168万元，濒临倒闭。在这样的情况下，让企业起死回生、实现产值超亿元谈何容易。沈介良顶着各方压力，淘汰毛纺，引进汽车内饰面料项目，才得以度过危机。

第二个阶段为1993年至1999年，实现产值超亿元。

这个阶段更是一波三折，可以称得上惊心动魄。男儿有泪不轻弹，只是未到伤心处。沈介良从未在外人面前落过泪，可是为了企业，他含辛茹苦，几度落泪。本来使工厂实现产值超千万而一枝独秀的汽车内饰面料，遇上汽车工业全面大萧条，订单锐减、负债率高、货款抵为汽车，加上1993年开始大量资金用于厂房建设、银根收紧等，1996年工厂进入了最黑暗、最艰苦的一年。沈介良多方求助才得以渡过难关，化危为机，迎来汽车工业的复苏，实现产值超亿元。

两个阶段，加起来正好十年，可谓是十年磨一剑。沈介良总结了一下，他认为成功度过每个阶段都离不开天时、地利、人和。天时就是国家政策和市场，地利就是我们依靠的能人，人和就是上上下下要团结。

2000年，将是旷达迈入第三个阶段的首年，工厂产值要超10亿元，这个梦能不能实现？什么时候实现？接下来该怎样走下去？沈介良又陷入了深深的思考。

第五章

CHAPTER FIVE

冬寒梅香

完善产业链

在旷达产值超亿元后，进入第三个创业阶段的时候，沈介良有了发展房地产的想法。因为在2001年，旷达厂的账上已经有亿元存款，而当时收购常州市区的武进大厦也不过650万元，东方大厦也只要8000万元。并且湖塘有15万亩土地可以用作房地产开发，楼面价每平方米只要650～850元。如果投资商业房地产，肯定可以赚大钱，沈介良跃跃欲试。那么，到底是继续投资纺织行业，用于完善上下游产业链和建设子公司呢？还是投资在房地产上？沈介良进行了反复思考。他知道汽车面料产业市场保有量有限，即便市场100亿元，旷达集团作为国内龙头企业年销售15亿～20亿元已经很难了，估计若干年后还是这么多，而且价格还会随竞争对手增多、汽车降价一路下滑，要想再有大的突破就要考虑转型升级。

生活总是充满各种诱惑，一个人能否不忘初心，一路前行，就看抵抗各种诱惑的决心有多大了。一个企业家总是在选择、坚持、珍惜三个方面取舍、选择。最终，沈介良选择了继续做实业这条路，他要完善从化纤材料公司到汽车座套的完整产业链。

这注定是一条艰难而又寂寞的路。常言道"花无百日红，人无千日好"，这是大自然的规律，其实也能很好地诠释市场的规律。那么，这条路到底能否成功，到底能走多远呢？

不过，还有一点沈介良也非常清楚，汽车面料企业也是可以做百年企业的，只要产品符合汽车、火车、飞机的需求。当然，需要他在这个领域坚持不懈、深耕厚植才行。

"嘟嘟……"在新世纪交汇的2000年下半年，几个交警在旷达厂大门前的锡宜公路上吹着口哨指挥交通，"快……快……靠边！靠边！"

这种场景在当时的潘家镇是一道亮丽的风景线。因旷达厂新世纪生产大楼的建设，每隔15天就会有数十辆加长建筑工程拖车、混凝土车等进出，若没有交警指挥通行都成了问题。

这样的风景线从汽车工业复苏的1998年就开始了，配套客户在旷达厂内外排队等待拉货。每月都有几十名驾驶员在潘家镇的饭馆吃饭，饭馆的老板非常开心。旷达厂的发展也是一天一个样，职工们更是忙得不亦乐乎。不论酷暑还是寒冬，无论白天还是黑夜，他们分工不分家，生产完了当搬运工，搬运完了当装卸工。在各科室工作的职工，往往都是身兼多职。他们不计较得失、任劳任怨，通宵达旦是经常有的事情。

这首美妙的旷达交响乐，当然是在旷达厂"十年发展纲要"下奏响的。在20世纪末，旷达实现了亿元产值梦。接着，沈介良又提出了10亿元的产值梦与十年发展纲要，要将这块汽车面料走向世界。

旷达集团抽调精兵强将，组成精干的销售队伍，攻坚克难，实现一个梦想，又实现一个梦想。他这名"事业重于山，名利淡如水"的拓荒者，与旷达商标蕴含的永不止步的精神十分吻合。

真是生命不息，奋斗不止。对于沈介良来说，每一秒都是进行时。

我国加入世界贸易组织，标志着我国对外开放事业进入一个新的阶段，我国的发展将面临更多的机遇和挑战。沈介良想不满足于100万元、1000万元产值，而是要创建一家为社会、为人民、为员工谋利益的企业。于是他拿出"再次创业"的狠劲儿，制定了新的目标和梦想。

当然，再好的发展纲要，再宏伟的目标，最终还是要落在"搭班子、定战略、带队伍"上。

在这方面，沈介良有着切身的体会，一个企业如果年产值100万元，那一个厂长就能实现，要是1000万元，再加两个助手也能干，5000万元，五个助手可以干。可是一旦超过亿元，就不能只靠几个人了，而是需要科学化、现代化、高效化的管理模式，由集体决策，各部门、个人协调合作才行。

由此，武进县旷达汽车装饰织物总厂开始由单个企业向现代化集团公司转型，在进行全产业链打造的同时，企业管理也由"人的管理"转向"文化的建设"。单位测算过，如果工厂实现10亿元产值，从纺纱到织布，再从织布到染整，从染整到复合，从复合到裁剪，供应链上至少可以产生5亿元的新市场。重要的是进行纵深发展，健全自己的产业链，将命运牢牢地把握在自己手里。时不我待，把握不住，时机就会转瞬即逝。为此，沈介良胸怀大志、雷厉风行，率先成立江苏旷达汽车织物集团有限公司，随后成立长春旷达汽车织物有限公司，上海、天津、武汉、广州等地的子公司筹建也是箭在弦上，并逐渐形成江浙、东北、西南、华南等片区。

一条研发、纤维、机织、针织、染色、后处理、复合及销售、售后服务为一体的产业链逐步完成，一张全国的销售网络逐渐铺开，一种拓展国际市场的思路逐步明朗！

沈介良深谙市场的竞争就是产品的竞争，企业的竞争就是人才的竞争，成败与人有关。正如古语所言，"天下藏于心，万物出于手。"

为了实现工厂目标，沈介良将人才队伍的建设工作作为"1号工程"来抓，他认为一个人才层出不穷的公司才能在市场上立足，他还认识到，自己就算有超凡脱俗的智慧，也不可能包打天下，即便是铁打的，又能打多少钉呢。自古得人才者得天下的例子不胜枚举：周武王得吕尚而称王、齐桓公得管仲而称霸、秦得人才而一统天下、刘备得诸葛亮而三分天下。因此，领导本领再高强，要想眼观四海成就一番事业，也只有学会识人、用人，组织起一支强大的干部职工队伍才能完成目标，实现梦想。

因此，旷达厂从1999年就开始了人才的大力培养与储备工作。他这样要求自己的同时，也要求各部门的一把手应该把培养人才作为重要的工作来抓。工厂成功与常州纺织工业学校（现常州纺织服装职业技术学院）合作开办旷达班，第一批培养的优秀干部职工有徐文健、龚旭明、殷雪松、顾新茹、王新、杨庆华、王峰、杭新华、王守波、徐文新、承永刚等60人。旷达厂还与无锡轻院（现江南大学）、中国纺织大学（现东华大学）等高校合作，开设旷达学习班，由各高校为旷达培养各种专业人才。并根据发展需要派企业骨干参加清华大学品牌学习班，研学德国、澳洲等国际企业管理经验，构建人才高地。

一家学习型的企业成功创建。

在用人的过程中，沈介良提出"三要原则"，要知道金无足赤，人无完人，要懂得用强者强、用愚者愚、用逆者顺，要学会用人之长，克己之短。做到"静坐常思己过，闲谈莫论人非"。沈介良与各片区、各工厂、各部门的负责人进行谈话，对于表现不错的职工敬告他们不能骄傲自满，要懂得不断学习。对于缺乏自信没有经验的年轻干部，经常给予鼓励，告诉他们只要有目标，坚持走下去就能成功，就能取得更大的成就。

沈介良告诫大家，商机稍纵即逝，做什么工作都要快。每个旷达人都要在工作中发挥自动、自发、自燃性。在保证品质的情况下，决策要快、建设要快、引进设备要快、安装调试要快、生产要快、发货要快、回笼资金要快、服务要快。他还说，品质部人员的工作好做也不好做，好做是因为只要用专业知识发现问题就可以了；不好做，就看能不能秉公执法；销售人员的工作好不好做，就看能不能成为专家，能不能把握客户真正的内在需求，能不能吃苦，能不能抓大放小；研发人员，不要只埋头在实验室，也要注重市场与生产，等等，各部门的工作侧重点都有明确。

2012 年 5 月 28 日
旷达集团首届劳模、五一标兵颁奖

　　同时，旷达不断树立工厂的先进典型，奖励突出贡献者，发挥模范带头作用。因为榜样的力量是无穷的，对在岗位上默默无闻、无私奉献、业绩突出的干部职工进行隆重表彰。发扬这种精神，用榜样的力量进行教育，可以对员工起到激励作用，还可以把空洞的口号转变为看得见、摸得着的人和物上，从而进一步转化为具体的工作，达到凝聚人心、加油鼓劲、激励鞭策的目的。沈介良在会上强调，一个典型就是一面鲜明的旗帜，生产、销售、研发等各条战线上，包括各个子公司，都要树立典型，产生一面面旗帜，让一个典型带动一大片，并能够起到催人奋进的作用。

旷达"劳模"文化很快形成。当然，还会有大学生座谈文化、干部职工家访文化、退休职工关怀文化、社会公益事业文化、旷达传媒文化，等等，都在"十年发展纲要"中有所体现。

在"十年发展纲要"具体实施方面，旷达集团也有成熟的方案。沈介良常给干部职工讲，在市场经济条件下，没有疲软的市场，也没有疲软的产品，只有疲软的精神、疲软的开发能力、疲软的管理能力。什么都不会轻而易举、唾手可得。我们不能犹豫不决、错失良机，要实施这些，就要坚持以汽车面料开发和生产为中心，还要抓住我国加入WTO的机遇打开国际市场的大门，围绕中心做好海绵、非织造布、化纤原料等的配套工作，夯实自己的产业链。

当年具体分工为，江苏旷达上海总部由徐文健、汪伟明、白仕英等负责，长春旷达由殷雪松、王守波、王峰等负责，江苏旷达汽车织物集团有限公司由沈介良、承永刚、杭新华等负责，武进旷达印染有限公司由朱志伟等负责，武进旷达座套服装有限公司由翁全良、庄琴芬等负责，武进旷达工程塑料有限公司由尹明良等负责，武进旷达化纤有限公司由徐鸣锋、徐晓锋等负责；同时，旷达集团主要投入剑杆平织机、剑杆大提花织机、经编针织机、纬编圆机、双剑杆大提花织机以及满足印染、海绵、化纤、底布、非织造布、座套服装等生产、技改、研发的设备、设施、研究院所设施等，预计总投资数亿元。

为此，旷达集团不断引进高端人才，组建集团高层智囊决策班子、资本运作班子、生产经营班子等50人左右。同时在东华大学、南京大学、常州工业学校等大中专院校接收200名的大中专生、研究生，作为集团公司的新生后备力量。

管理方面，在各公司认真推行ISO 14000、ISO 9002、QS 9000管理体系，确保产品质量。

最后，在旷达商标荣获江苏省著名商标的基础上，争创中国驰名商标，力争旷达产品跻身于中国名牌产品的行列，增加产品附加值，提升品牌效益。

旷达集团依据"十年发展纲要"的顶层设计，不断完善产业链，围绕"实现10亿元产值"的目标梦想，沈介良部署着一项又一项工作，确保纲要的顺利实施，目标的顺利实现。

旷达 压舱石

2005年12月28日，旷达集团公司热闹了起来。

那天正逢寒冬一九天，再过3天就要进入二九了，还有，再过2天也就进入了腊月天。所以，寒风一吹，冻得刀割一般生疼。然而，这些根本阻挡不了旷达集团公司职工的那份热情。工作在全国各地的主要负责人、集团公司的主要干部职工，他们正在兴高采烈地参加旷达集团"旷达长兴"兴业石落成的揭幕仪式。

"旷达长兴"四个字是由中国人民解放军少将尹义良也就是沈介良的胞兄书写。他1948年1月生，1965年入伍，当兵时还不满18周岁，现为少将军衔。在40多年军旅生涯中，曾两进南京、两进北京、两进上海，为部队建设做出了贡献。同时，在书法、诗歌等方面也有浓厚的兴趣，为无锡尹城、尹氏宗祠、北京德易公司、北京石鹰文化园、同福花园小区等题字，著有《造句选百条》《天岸拾贝》《旷达无远》等诗集。

沈介良怀着激动的心情在揭牌仪式上发表讲话。他说："今天我们举行'旷达长兴'兴业石落成揭幕仪式，并召开2005年度员工大会，我的内心情感和对旷达事业的信念意志坚定不移，我相信旷达的全体员工都是能够理解的，也是能够感受到的，并且也一定能够支持我。蓦然回首，我们的企业已经有20年的历史了。俗语说穷不搭富，我记得1988时，企业用800元的支票到潘家乡供销社买一块山水画牌匾。供销社的工作人员一看是八毛厂的支票，认定是空头支票，账上肯定没有钱，于是拒收了。办事员回来告诉我，我一言未发，到供销社付了800元现金。还有一次，我准备向银行借35万元的承兑汇票到山西化纤厂买化纤丝，银行的工作人员连正眼都不瞧我一下，斜着眼说，'八毛八毛，办到现在也没有办好，我看换成皇帝也办不好了'。我央求行长，把我全部的财产抵押给银行，让他相信我一次，若三个月不还就再也不用借钱给我了。一桩桩往事犹如发生在眼前，想起这些心里真不是滋味。从那时起，我决定创建我们自己的品牌。世上就怕认真二字，我们众志成城，从一个资不抵债的小毛纺厂，发展到今天销售产值6亿元，企业经营数据实现逐年递增，靠的是旷达人的聪明才智和团结协作、辛勤劳动，靠的是信任和支持旷达的用户，靠的是我们抓住了中国汽车工业的发展机遇，靠的是上级党委政府的关怀和支持，靠的是国家改革开放。在此，我向你们深深地鞠躬啦，谢谢大家。让我们为旷达的事业蒸蒸日上、日新月异、人才辈出、基业长青而努力奋斗……"

沈介良讲完话，伴随着职工的热烈掌声，揭幕仪式正式开始。当覆盖在兴业石上面的红布揭开时，四个鲜红的大字呈现在大家的面前。

"旷达长兴"四个字写得不但行云流水、灵活舒展、酣畅淋漓，还银钩铁画、劲骨丰肌、蜿蜒雄壮。同时，意蕴旷达企业基业长青、兴旺发达，将抽象的、空泛的企业文化具体化、可视化。另外，这块兴业石还有一层更深刻的象征意义。企业犹如大海航行，要小心再小心，需要一块"压舱石"，保障企业在发展航行中更快、更稳！

沈介良在2000年为旷达集团制订了"十年发展纲要"，实现年产值

10亿元。其中有一条，要是提前完成的话，将重新制定新的中长期发展目标。如今，沈介良在2005年底就重新提出了新的发展战略规划和中长期目标。他这种生命不息、奋斗不止的精神，只能用他工作以来几十本记事本中的一句话进行很好的诠释：

拓荒者何乐？乐在有目标、有知己、有朋友、有一群合作的伙伴！

2005年12月28日
"旷达长兴"兴业石揭幕仪式上公司主要领导合影

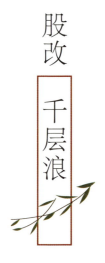

股改千层浪

"现在我们集团各子公司的销售都几千万元了，还与很多大型汽车厂合作配套，业务也比较稳定，我认为没必要再冒那么大风险了。"

"办企业如逆水行舟，不进则退。大家思考一下，每年人工、原材料、各种费用都在增加，再加上物价上涨、汽车降价，如果企业不发展，没有百分之三十的增长，企业的利润哪里来，还能保住原来的利润吗？即便能保住，又能保多久呢？"

"我们一个汽车内饰面料厂，没什么技术含量，能上市吗，凭什么上市呢？"

"大家要充满自信，15年前，大家敢想现在的规模吗？敢想私家车能成为千家万户的代步工具吗？我们要有发展目标，缺什么，补什么，谁说我们纺织配件厂就不能上市了？"

"可是，如果最终上不了市，福利企业资格没有了，享受的税收政策也没有了，再加上付给会计师事务所、法律事务所、证券公司的各种费用，这可是一笔巨款，至少500万元以上，最后1000万元都不一定打得住。"

"舍得，舍得，我们旷达的创业史足够证明，我们旷达人具有市场经济风险意识和敢于投入的精神。1990年，我国汽车工业还处在萌芽的时候，在汽车内饰人造革一统天下的情况下，我们就敢冒险扔掉小毛纺，上轮胎帘子布项目和汽车内饰面料项目，让我们的产值超千万元，实现扭亏为盈。在此基础上，我们认定中国的汽车工业大有可为，一举总投入7000万元，进行第一次技改项目。那时候，锡宜公路上整天都看不到几辆轿车，我们就敢冒风险。这几年我们又投资2亿元，进行第二次技改，打造300亩级别的旷达工业园，解决了色牢度问题、气味问题，才保障了旷达集团业绩的年年增长，才有了今天的旷达集团，我们才敢自豪地对外宣称旷达集团即将是世界汽车内饰面料的采购基地、纺织设备的展览馆。我想问一下，旷达的产品在国内国际市场上都是一流的，怎么就没有技术含量了呢？我不知道大家怎么会有这样的想法。我们一穷二白的时候就敢投资，现在怎么忽然怕失去了？怕投资了？1000万元，2000万元又能怎么样？比得过我们以前的哪次投资呢？大不了重起炉灶嘛，有什么可怕的呢！况且旷达要是成功上市了呢，那是多少倍的增值，大家想过没有，况且旷达上市后能引进职业经理人团队，能收购兼并，把企业做大做强，转型升级。"

"好不容易赚到的钱，再撒出去，真是说得轻巧！"

"如果没有以前的巨额投资，进行多次技改，旷达的产品质量就和现在大家看到的其他没有投入的小纺织厂的情况一样，生存都是问题。大家说一说，哪里来的稳定，企业经营和企业发展都是动态的，市场也是瞬息万变的，要想守是守不住的。若不变革、不创新、不奋进，赚的钱照样会亏进去，企业照样面临着倒闭的风险。"

沈介良早在2002年就有上市的想法，直到2005年8月6日，他提出准备上市的时候，没有一个人相信旷达集团能成功上市。

"我决定上市，希望大家理解我，支持我！大家都是各公司的老总、部门负责人，我想和大家说，一个真正的企业家不能小富即安，赚点钱了事，而是要以事业为重。我认为每个老总都要不断地修炼十种修养，才能做一番大的事业，企业才会有希望、才能基业长青。"沈介良力排众议，苦口婆心地对大家说，"我们领导者要是一位大胆的改革家……还要是一位细心的观察家……"

各位总经理、负责人直摇头，没有人再愿意听沈介良的长篇大论。其实道理每个人都懂。说到底，一部分人认为旷达上市是痴人说梦，结果肯定是竹篮打水一场空，所以没人愿意把辛辛苦苦赚来的钱就这样白白地花掉，情愿做些其他投资，也不支持集团上市。

当然，旷达集团毕竟是一个乡镇企业，也脱离不了苏南模式，也叫红帽子集体办厂。苏南模式一开始其实也是由家属亲戚等一起创业办起来的，但乡镇集体企业要股改上市，可不是件容易的事情：一是不想一起干了，宁愿自己另立门户办企业；二是不相信企业会上市，连上市的概念都没有；三是一部分公司培养出来的职工，也各有自己的心思，你自己的人股改后有股份，我们跟着你也认认真真干了一二十年了，为什么没有股份。还有，公司上市其实也是一把双刃剑：募集资金可以让企业收购兼并重组、转型升级，但控股大股东、董事、监事、高级管理人员等都受证监会，证券交易所监督管理。对企业税收、环保的要求更高。上市公司更要对中小股东不断创造价值……

至于说股份制改革，要自己拿钱买企业的股份，不管亲戚朋友、企业骨干、员工，没有人愿意拿真金白银来买。但不拿钱买企业股份的股改是没有实际意义的。股份制就是合伙制，持有企业股份的人是合作做好做大做强企业，而不仅仅是为了上市后择机早日套现。

这才是大家真正的想法。

旷达集团这个由一个资不抵债的小型企业发展成具有一定规模的中型乡镇企业，要想成为一家上市公司，再次取得质的飞跃，就必须要股改，要规范化。这是所有苏南模式下乡镇企业想上市时必须面临的问题，是任何人都无法改变的，也是绕不过去的，沈介良不例外。

可是，很多人根本不理解。

结果，上市工作受到前所未有的"双重阻力"。没有人接受重新洗牌，股份被收掉，进行股改工作。由此，股改工作遇到有形的、无形的阻力，有来自亲朋的、高管的，掀起层层巨浪。

因此，直到2007年7月18日才正式签上市辅导协议。原计划25%团队的股份也泡汤了，最终以每股2.85元的价格引进战略投资者。

亲戚选择卖掉自己在分公司的股份，另起炉灶。有些企业高管悄悄离职，说不从事同类企业，最后还是做同类产品，成为旷达集团公司的竞争对手。

俗语说亲兄弟明算账，可是这哪里算得清楚呢？现在是男女平等了，可是在那个时候，在偏僻的农村，家里若没有男孩，就会受到轻视。

沈介良没想到的是因为公司上市的事情大家分道扬镳，成为孤家寡人，心情一落千丈，犹如掉进了黑暗的深渊。他本想打造一艘航空母舰，大家都可以在上面无忧无虑地生活，也曾想自己变成一棵大树，为所有的亲朋好友、所有的职工遮风避雨。

"大家一起赚钱，当然可以。若谈事业，每个人的想法就不一样啦！"沈介良镇定地想，"大家可以拿走我的钱，也可以挖走我的人，但是任何人都击不垮我的精神！"

冬天要来了

2007年3月，天气乍暖还寒，旷达集团在武进区湖塘投资的汽车内饰面料研发生产工业园施工现场井然有序地忙碌着。园区内的部分车间已经竣工，剩下的车间、园区道路、绿化等工程同期展开，各种施工车辆进进出出。

这个工业园在2004年10月23日已经立项，2005年开始动工，直到2007年国际妇女节那天才开始搬迁。那天，炮声过后，拉着披红挂彩的SHGA215型高速整经机的加长货运车来到这里。这是第一台设备，标志着旷达集团汽车内饰面料研发生产工业园建设阶段已经接近尾声，工厂的搬迁工作也正式开始了。

"慢点！慢点！"

"注意安全！"

"好好！好好！"

"往左一点！再往左一点！"

"我们抢时间的同时，也一定要注意安全！"

整个搬迁、安装工作由沈介良挂帅，龚旭东全权负责，主抓项目全面工作。他在第一台设备拆卸、运输、装卸、安装、调试等整个过程中全程参与指导。他除心系搬迁工作的安全外，也给大家鼓劲加油。他在第一台设备安装调试完成后说："我们今后的搬迁工作会遇到很多问题，因为我们搬迁的设备都是从德国、意大利等引进的高精尖纺织设备，拆卸和安装都要格外小心，特别是运送途中，驾驶员、工程师、机电维修工等人员更是马虎不得，这设备不能有大的震动、大的颠簸，越是精密的设备，越需要大家精心保护，大家都要使出用绣花针的工夫，不然将会影响今后的生产……"

"沈董放心，保证完成任务！"

沈介良刚走出施工工地，就看到一个熟悉的背影，再看竟然是常州市委书记范燕青。

"范书记，范书记……"沈介良喜出望外，大步追向范书记说，"范书记，你怎么在这里啊？"

"这么大的工程，我不放心啊！"

"真没想到，今天能遇到你，我们有的车间已经竣工，今天第一台整经机已经进驻车间了！"

"祝贺啊！"范书记说，"你还不知道吧，这里一个一个的车间，我是看着他们建起来的，我每月都会看，不过你也别激动，我对全市的实业都非常关心，有大项目的我都会去看。你们民营企业家在争议中、夹缝中求生存，风风雨雨、大浪淘沙，都不容易啊，有成功的喜悦，也有坎坷的痛苦啊！"

"不管怎样，也是非常激动的，领导关心就非常激动！"沈介良备受鼓舞地说，"要不是今天碰到你，谁会知道你还私下里关心我们民营企业的施工现场呢！"

"我当然要关心啦，你们企业办成功了，我们市领导脸上也有光啊。哦，今天是顺道看看，不跟你多说了啊，我马上要去上海开会了。"

年初的时候，范燕青书记还率队到厂里调研，希望企业能够不断创新，认为旷达公司小而强，希望引进现代企业管理制度，能够顺利上市。

沈介良送走范书记后，心潮澎湃。他发誓要让企业与世界接轨，成功上市，将企业建设成世界汽车工业的采购中心。也是打那个时候他才知道，范燕青书记不但率四套领导班子走访企业，还坚持利用宝贵的周末休息时间单独到全市的重要企业、工程进行"暗访"。沈介良对范书记的敬佩之情油然而生，这样真正关心民营企业发展的好领导实属罕见。

2007年10月，在各个单位和部门人员的共同努力下，新购设备以及老厂的化纤设备、整经设备、织造设备、达蒙厂的印染设备等都全部顺利地在旷达集团新的工业园落地，并陆续顺利投产。

时任常州市委书记范燕青、副书记于超、市长王伟成、副市长王正平、武进区委书记沈瑞卿等领导先后到旷达集团总部及新工业园视察指导。还有德国大众汽车总部专家、我国数学家曹怀东先生也欣然到厂参观交流。旷达集团与国内著名律师事务所、会计师事务所、券商等签订合同，各辅导单位也正式进驻旷达集团总部，开始上市前的辅导工作。公司还抽调企业骨干成立上市小组，与上市各专业机构对接各项工作。

谁也不知道这些繁荣景象的背后，却乌云压城、暗流涌动。

2003年，汽车内饰面料产品价格被腰斩，只有2000年的一半，汽车工业市场萎靡不振。公司在这种情况下还进行巨额投资建设旷达"百亩工业园"，大举搬迁和技术升级工作，直到2007年销售业绩仍然徘徊不前。巨大的投入与所得的产出严重失调，公司的一些高层开始怀疑投资的正确性，认为不该在市场价格急剧下降的情况下还扩产扩能升级。再加上2007年上市工作未能如期完成，股改风浪再起，巨额开支、福利企业政策的取消、企业运营成本的不断攀升，等等，引起大家的不满。

一路走来，坎坷不断。这其中有企业内部决策的原因，也有外部政策、环境的原因，导致企业培养的专业人才离开。特别是2005年和2006年，是沈介良人生中又一最黑暗的时刻，因为股改上市他身心俱疲。如此算来，沈介良已经经历了两个最黑暗的时刻。另一个是在1995年和1996年，那两年汽车工业大萧条，企业经营举步维艰。

虽然都是沈介良经历的最黑暗时刻，但2005年和2006年经历的黑暗是对沈介良打击最大、伤害最深的，1995年和1996年那次只是企业经营上的困难，只是流汗、流泪过苦日子而已。

从2005年8月决心上市，在集团内部掀起了千层巨浪，如今很多事情又朝着不利的一面发展，他开始整宿无法入睡，只能靠药物度过漫长而又孤独的夜晚。

2008年，我国遇上百年不遇的大雪，国内很多企业遭受巨额损失。当年我国还遇上了席卷全球的金融危机，很多企业好花刚开，就遇上严霜凋零了，上市工作也一度搁浅。旷达集团的销售大军也开始动摇，失去信心，致使销售不稳定。2007年还抱有上市和销售念想的，被年初的雪灾、年终的金融危机一扫而光。

冬天真的来了！

可是，沈介良相信毛主席说过的话：我们的同志在困难的时候，要看到成绩，要看到光明，要提高我们的勇气。他相信：坚持下去，就能成功；他更坚信自己强大的内心：办企业如同上战场，不相信软弱的眼泪，冬天来了，春天还会远吗？

终圆 上市梦

"旷达集团是一家汽车配件厂，不是一家简单而又传统的纺织企业。我们拥有全产业链的生产线，产业链集研发、纤维、机织、针织、染色、后处理、复合以及销售、售后服务于一体，通过自身产业链之间的高效协作，可以提供高性价比的产品，极大地满足国内外各种高低档车型的需要。产品主要有高性能织物面料和生态合成革两大类，可以应用在汽车、动车、高铁、飞机等交通工具的座椅、车顶、门板、头枕、仪表台、行李架等内饰部位，获得德国大众全球供应商认证，与美系、德系、日系、国内自主品牌等众多知名整车企业都有配套；旷达集团也是国内较早进入汽车内饰材料研发生产的高新技术企业，有国家级实验室、省级工程技术中心、博士后工作站等。1991年被中国纺织工业部列入'八五'重大科技推广项目，1994年荣获农业部科技奖、农业部乡镇企业局科技进步三等奖，成为国家科委成果办推广产品，拥有完整的自主知识产权，自主研制开发的'高弹环保型汽车内饰面料'等，多项产品列入国家火炬计划项目。截至目前，公司拥有各项专利119项，其中发明专利8项，制定国家标准、行业标准5项。今年获得'中国驰名商标'；旷达集团在常州武进纺织工业园和长春、上海、天津、武汉、广州等地构建了生产、销售、服务网络布局，辐射国内90%以上省（市）和地区，可以不断为客户提供高效便捷的优质服务。"

2010年12月，在上市路演时，旷达集团股雪松这样自豪地向券商、投资商、金融媒体等单位描述着自己所在的企业。

从2005年8月开始，沈介良就推动了旷达集团上市工作。到现在路演，公司上市前期的公司股改、专业机构辅导、上市材料制作及申报、核准发行四个阶段的工作早已经完成。中国证监会也对旷达科技的发行申请做出了核准的批复，他们正如火如荼地进行着公司上市工作最后的路演。

进行到最后的路演阶段，公司成功上市已经没有任何悬念了。

在年初，旷达集团公司向中国证券监督管理委员会提交《首次公开发行A股股票》申请，3月底中国证监会出具了第100468号申请受理通知书。10月进入企业现场答辩，11月得到中国证监会关于核准旷达集团公司首次公开发行股票的批复，并进行了首次路演。

当然，沈介良仍不敢有丝毫松懈。他在正式路演前，再次和公司上市小组的成员反复探讨：公司的概况分几部分介绍、介绍哪些内容、招股说明书的拟定、路演嘉宾名单的确定、专业问题答辩的模拟，等等，这些涉及最后阶段的、烦琐的各项工作，又都进行了推敲和商定。

在上市手续报批过程中，省政府批示同意上市，但经办人员却问了一个令沈介良非常难回答的问题：

"沈董，我感到非常奇怪，其他公司都是亲戚抱团上市，都想尽办法避免上市后产生关联交易，你们公司怎么还存在关联交易的问题呢，上市企业有关联交易会有很多受限的。"

"哎，别提啦，因为上市的事情我早就成孤家寡人了，没人相信旷达集团能够成功上市！"

"那你觉得最终能成功上市吗？"

"我不敢保证，但现在的我根本没有退路，只能往前冲……"

2010年12月，旷达集团股票发行方案终于确定下来，并刊登了上市公告书。

12月7日9点，深圳证券交易所，迎来了常州市市长王伟成等领导，还有旷达集团的高层领导和其他主要人员。这里马上要举行旷达集团上市敲钟的仪式了。

9点25分，旷达集团迎来了激动人心的时刻。这一刻，是旷达集团产生巨大向心力的时刻。这一刻，也是令旷达集团2000多名职工欢呼雀跃的时刻。这一刻，更是催人泪下的时刻。

2010年12月7日旷达集团上市

沈介良充满自信，与常州市领导、战略合作伙伴一起敲响了上市的钟声。钟声深沉而又悠扬。

上市钟声的敲响标志着旷达集团成功迈入了资本的大门，顺利进入了资本市场。有了雄厚的资本作为强大的支撑，旷达集团也将迈入全新的阶段，并将站在新的起点擘画公司增加产能、提升技术、满足需求、多元化发展的新蓝图。

上市钟声响起的那一刻，意味着旷达集团的股票在金融市场正式开盘，可以进行交易了。股票名称"江苏旷达"，股票代码002516，共发行5000万股，发行价20.10元，募集资金100500万元。上市首日，股价报收于23.25元，涨幅超过15%。

旷达集团在深圳中小企业板成功上市的消息很快传到了全国各地的子公司，常州总部、各子公司充满喜庆，条幅拉起来，鞭炮响起来，喜糖吃起来……

天若有情天亦老，人间正道是沧桑。沈介良回想公司上市的工作，真是感慨万千。

股改时，大家缺乏信心，不理解也不认可，在公司内部激起了股改巨浪，部分子公司的负责人、领导、骨干等悄然离去，还接连遇到汽车内饰产品价格下滑、市场萎靡不振、金融危机等，上市计划一再延迟，连当初公司抽调的上市筹备小组的财务、行政、证代等人员也开始动摇了。好在种种磨难、辛酸困苦、金融危机过后，市场再次复苏，迎来了转机。不过，他从内心深处还是非常感谢上市过程中为公司日夜奔波忙碌的小组成员，也非常感谢合作的证券公司、会计师事务所、资产评估机构、土地评估机构、律师事务所等单位，还要感谢各级政府有关部门、行业主管部门、中国证监会的大力支持。

他在庆功会上哽咽着说："回顾公司的发展历程，我思绪万千、感慨无限。领导的关怀，员工的忠诚，让我热泪盈眶……旷达集团的事业是我生命的全部，更是支撑我坚持下去的精神依托。既然选择了做实业，就应该以事业为先，苦中求乐、磊落做人。人是要有点精神的，因为世界上唯有精神可以永存。人也是要做些事情的，每个人都为社会尽力了，人类就进步了。人也是要有些追求的，没有目标就谈不上达成目标。我们要不断树立新的、更具有挑战性的目标。雄关漫道真如铁，而今迈步从头越。望远镜可以看清远方的目标，但实质上是不能缩短或减少我们要走的路程。显微镜可以洞察企业的细微，但无法代替我们一丝不苟地完成许多细致的工作。随着旷达集团市钟的敲响，我们旷达的员工、旷达的年轻人就有了更加广阔的天地、更大的发展平台，让我们怀着高昂的激情、饱满的精神为旷达的未来奋斗。让我们在以人为本、保护生态、节约资源、热心公益、共享共赢的原则下，依靠科技进步，赶超世界先进，领跑中国，服务全球……"

"一块普普通通的汽车面料竟然上市成功了！"

"就是，谁会相信这是真的呢，和做梦一样！"

"你还别说，人还是要有梦想的，说不定就实现了呢！"

"哈哈哈……"

"这普通的布像阿拉丁的神毯一样，发挥出了神奇的作用，这才是世界上最了不起的事情。"

"将大家认为再简单不过的、不可能做到的事情做成了，就是化腐朽为神奇，就是了不起！"

旷达集团上市成功后，在企业内外传为美谈。

不过，大家只看到了旷达集团几十年蓬勃的发展，只看到了沈介良光鲜的一面。这背后的艰辛与努力、泪水与孤独、曲折与坎坷、拼搏与冲锋，是他们永远都无法看到的，也是无法想象到的。

这一路，旷达人，边挣扎，边过活，太难了！

家鸡与野鹤

旷达集团上市后，沈介良在2011年新春会议上说：

"旷达集团上市后，企业又站在了一个全新的起点上，全新的起点意味着全新的高度，全新的高度就必须有新的要求、新的目标和新的希望。因此，我们必须凭借旷达人坚韧不拔的奋斗精神，永不止步地迎接新的挑战，创造新的业绩和辉煌……"

"百亿市值、百年企业……"沈介良提出了崭新的目标和梦想，实施纵深专业发展与多元化发展两条路线。这就是沈介良最可贵的品质，伴着彩虹和风雨，一路走来，在每个阶段都能把握时机，实现一次次的飞跃发展。在每个阶段，遇到问题总是千方百计地找方法去解决，而不是怨天不公，怨地不灵！

我们一起回忆一下沈介良成长过程中的一些重要阶段，看看他是怎样解决每个时期遇到的困难的：

沈介良的青少年时代，与小朋友们一起外出割草，当村子附近的草被大家割得所剩无几时，他却走得更远，还瞄上了河中冲积滩上的草。他赤条条地一手游泳、一手举着大裤衩游到河中央的冲积滩上，想怎么割就怎么割。那时他就尝到了拓荒者的快乐。

沈介良小时候家庭条件比较拮据，他也没有怨过谁，而是到处捡破烂、捕鱼、抓黄鼠狼换钱，改善生活，买学习用品。他脑海里的那张拓荒"寻宝图"让他的青少年生活过得更好、更体面。

读高中无望，告别学习生涯的沈介良想去当兵。可是，因为中耳炎，两次被征兵的干事看中，两次被人武部"无情"地拒绝。他没有想着去托人，也没有埋怨谁，而是立志要在潘家乡曹家村扎根，为自己争口气。可是，在那个计划经济时代的农村，想要干出一番事业是何等困难。沈介良为了磨砺自己，挑担都选择比别人多挑一些。谁都不愿在生产队拼死拼活干一天农活再在晚上义务性地干生产队记工员、出纳员的苦差事，他却不推辞，全部承包。最后，从生产队记工员、出纳员、会计、生产队长干到曹家大队书记。

一心想为一穷二白的曹家大队谋取发展的沈介良，到处寻求发展机会。最后，得知有人可以帮大队发展经济、造福百姓后，他非常开心。谁料，却一头扎进了骗子编织的大网，一切美好全化为了泡影。在看守所里，一根要命的竹竿让沈介良彻底顿悟，什么事情在生命面前都是次要的。沈介良"释放"后，化悲痛为力量，为了改变家里的生活条件，静心在家种田养猪。虽志存高远，却脚踏实地，一切都从头再来。沈介良也没想到，养猪还养出了名堂，大家都争相买他的小猪，还请他这个"兽医"出面解决养猪的各种难题。

第八毛纺厂169名员工，推选以"事业重于山、名利淡如水"为座右铭的沈介良为厂长，希望他能够扭转乾坤，将濒临倒闭的企业救活。沈介良上任后，面对困难，经过市场调研，他认为小毛纺肯定是做不下去了，面对这样的局面，沈介良四处寻找新项目，带领团队到全国各地进行调研。最后，引进汽车轮胎帘子布项目，但效果不如愿。不过沈介良并没有停止寻找项目的脚步，中央电视台播出的《走出低谷》系列片和《化纤信息》杂志刊登的一篇文章起到了拨云见日的作用，让沈介良深受启发，像是发现了一片绿洲，抓到了救命稻草。在大家都不看好的情况下，选定汽车内饰面料项目，还因此惊动了乡政府。他顶着巨大压力，决定卖掉汽车轮胎帘子布项目转投汽车内饰面料项目，将原有的10台毛纺设备进行改造升级，满足生产汽车内饰面料的需要。一举在1992年使八毛厂扭亏为盈，实现了产值超千万元的梦想。

沈介良知道，靠10台改造的毛纺设备生产的产品毫无科技含量，在市场上根本没有竞争力。几年后，大家肯定跟风而上，到时候竞争必然激烈。果不其然，同行看到汽车内饰面料赚钱，很多毛纺厂纷纷转产，加上汽车行业不景气，很多同类企业摇摇摆摆。在这样的情况下，若不寻求改变，一切希望都将被扼杀在摇篮里。于是，沈介良总投资5000万元征地，并引进德国、意大利的高精尖设备，在县委和镇政府的大力支持和鼓舞下，以规模生产和产品质量，艰难地寻求生存。

旷达汽车内饰总厂在1995年、1996年的发展进入至暗时刻。经济浪潮下，千帆竞发、泥沙俱下，很多企业墙倾楹折、在风雨中飘摇，逐渐退出历史舞台。潘家镇更不用提了，镇政府为了打破"吃大锅饭"的局面，早日摆脱多年处于高负债经营、三四百人吃喝拉撒的沉重担子，分管潘家镇工业的领导找到沈介良商议，希望他接受改制工作。可是，改制哪那么容易啊，这么一个多年负债经营、没有任何盈利的工厂没人愿意接手，也没有人能够接手。沈介良想，几百名职工怎么办？要是不继续办下去，他们就要下岗。但是，要继续办下去，就要接受政府改制，就要接受政府打破铁饭碗的要求，就要独自承担所有的风险。可是，我答应职工们和他们一起退休啊！沈介良考虑再三，决定接受工厂改制，独自挑起重担。从那时起，他就再也没有任何可以依靠的了，默默地像个苦行僧一样，四处化缘。最终，迎来了汽车工业的复苏，才圆了亿元产值的梦想。

进入21世纪，汽车内饰面料价格开始下滑，到2003年时价格出现腰斩，市场再次呈现疲软状态。沈介良决议再次技改，并全力打造自己的产业链，将前头和后头受到外部的牵制力降到最低，将命运牢牢掌握在自己手里。并且，要让产品的科技含量、品质、价格、服务在全国领先，到那时就不怕市场的起伏和变化了。于是，他大刀阔斧地布局全国，直销、联营、建厂、出口等组合拳相继出击，将少年时期的曹家桥拓荒"寻宝图"变成了全国营销图，从而让企业立于不败之地。

沈介良为了让企业能够与国际接轨，他去欧洲考察后就有了上市的念头。到2002年，产品价格不断下滑，更加强了他上市的想法。直到2005年8月，他忍痛克服困难进行股改，却成了孤家寡人。2007年签约上市专业辅导机构，对上市的各项工作进行辅导。结果，多年未能实现上市计划的情况下，又遭遇经济危机，市场萎靡不振，在大家都失去信心或者说自始至终都不相信能成功上市的情况下，沈介良仍然没有放弃上市的计划。从股改开始，沈介良面对多年亲朋和战友的不断离去，他就像毛毛虫一样将自己关在茧子里，与孤独为伴，与梦想同行。他不活在别人嘴里，也不活在别人眼里，他苦练内功，不断修行，直到2010年12月7日，才破茧成蝶，成功实现了上市梦想，在金融市场开始翩翩起舞。

上市后，企业像舰船一样，从河江驶入了大海，完全是一片新的天地。大海航行靠舵手，火车跑得快，全靠车头带。由此，沈介良站在更高的起点上，为实现旷达集团的发展战略目标，他更加坚定地挥起了指挥棒。

沈介良每个阶段做出的每个选择，走过的每一步，吃过的每一份苦，都可以从他在旷达集团厂史馆的一句座右铭里找到答案：家鸡有食刀俎近，野鹤无粮天地宽。

　　此座右铭出自明朝罗念庵《醒世诗》，原句为"笼鸡有食汤锅近，野鹤无粮天地宽"，座右铭的铭牌上还有很好的注释：企业面对困难时，唯有自立自强。等是等不来的，要靠我们自己去开拓，一切现有的东西都是不牢靠的。

　　是甘当目光短浅的笼鸡，还是像野鹤一样天地宽？

　　在每次遇到困难的时候，在每次需要抉择的时候，沈介良都毫不犹豫地选择了后者。这或许才是沈介良不畏艰苦、外出寻求出路的真实写照吧！

旷达集团上市后，作为一家上市的公众公司，需要全新的理念和战略作为支撑。首先，公司对内部制度的贯彻上，国家有明确的管理要求，必须经营合法合规、资产安全、财务报表真实，坚持全面性、重要性、制衡性、适应性、成本效益性等原则。另外，还要向资本市场传递清晰、明确的公司价值和主张。不仅需要产品运营、产业经营，更需要资本经营，争取获得资本市场的认可与回应。简单地说，就是要兼顾好产品市场与资本市场这两个市场。产品市场是企业的根基和命脉，在这样的基础上，运用系统的战略思维与资本运作实现产业与资本的相互促进、良性循环，才能使企业顺风顺水。

2011年初，沈介良率领旷达集团的骨干来到上海，经过调研，他们瞄准了上海大众汽车的一家二级供应单位：上海篷垫厂。

"我们要完善从化纤到座套产业链。"

"我同意沈董的意见。"

"上海篷垫厂收购总价也不高，完全可以尝试。"

"投资的比例、收购形式大家要讨论一下。"

"是的，是联营还是全资，需要权衡一下利弊。"

很快，大家在收购上海篷垫厂的讨论会上达成了一致意见。

2011年4月7日，天气晴朗，柳翠鸟鸣，和暖的春风拂面而来，大家都神清气爽。就是这样美好的一天，旷达集团与上海卢湾区工业投资经营公司正在举行签约仪式，他们约定共同发起成立经营合资公司，收购其下属企业上海篷垫厂。

人逢喜事精神爽。签约仪式上，双方代表面带笑容，充满信心。

这是旷达集团上市后资本运作的第一个收购项目，具有重要的战略意义。收购上海篷垫厂后，很快便带动了总部座套生产的发展，并辐射到全国各地的子公司，旷达集团汽车面料的产业链得到有效延伸和拓展，做大了产业空间，提升了企业综合竞争实力，为企业健康持续发展提供了新的动力、注入了新的活力。

2011年4月7日
旷达集团与上海卢湾区工业投资经营公司成立经营合资公司，签署意向书

光伏与负债

旷达集团上市后，除了加快纵深发展外，还迈上了多元化发展的道路。

2013年初，旷达集团总部会议室：

"光伏产业的前景十分广阔，我国百分之七十以上的国土光照都很充足，并且与水电、风电、核电等相比，清洁没有污染，安全可靠还没有噪声，发达国家都在推广光伏产业。因此，光伏产业大有作为。还有，国家政策也有一定的补贴，非常利于企业投资光伏产业，并且投资过程中可以向银行贷到百分之六七十的款，对旷达集团的发展非常有利……"钱凯明，雪堰人，曾任顺风光电融资团队总经理，他继续向旷达集团的高层们介绍，"我有现成的十几个光伏产业项目，还有一个团队，技术、人才方面公司不用担心……"

大家听了钱凯明的介绍，都给予充分肯定，认为光伏产业是阳光产业。2013年5月，集团决定投资光伏产业，出资1000万元收购钱凯明原来的电站，并给予他很大程度上的股权激励。

随着国家出台鼓励支持光伏产业发展的利好政策，旷达集团经过商讨，一致同意设立专门的新能源公司，以便开展相关业务。很快，旷达集团成立了第一家从事新能源业务的全资子公司——江苏旷达电力投资有限公司，专门从事投资建设光伏电站业务。

　　江苏旷达电力投资有限公司的成立，标志着旷达集团正式大规模进军新能源行业，也让旷达集团成功涉足新能源领域，并突破了企业原有的产业格局，实现了横向从单一面料向新能源跨越的产业多元化发展。

　　2013年8月，江苏旷达电力投资有限公司与青海力诺太阳能电力工程有限公司签订转让协议，收购其位于青海省的新能源光伏电站。

2013年7月19日
旷达集团与青海力诺签订电站转让协议

　　由于光伏产业是业内都看好的新能源节能环保科技项目，由此2014年的时候，很大程度上为公司提升了业绩，公司的股票市值也创下了新高。

　　真是花无百日红，人无千日好。

　　很多事物，单从表面上看，万水千山总是情，都是诗和远方，但旷达集团进行多元化发展的背后却暗流涌动。本来投资光伏产业方向并没有错，只是都是重资产运营，几亿元的投资，在光伏产业里就像大海里的一朵小浪花，沙漠里的一滴水，根本无济于事，只能靠银行贷款维持，负债率也在不断攀升。

2015年，旷达集团负债率达到了百分之六十六。

现在看来，一个企业，在经济困难时做的决策容易失误，属于病急乱投医。而在资金充足时做的决策也容易失误，属于头脑发热爱冲动。未来该向什么方面发展，如何才能拨云见日？是沈介良迫在眉睫的问题！

考察 养老业

"我出生在四月，那是个乍暖还寒、忽冷忽热的季节。那时候大家条件本来就不是很好，特别是农村，哪像现在有什么坐月子保养的说法。妈妈生我不到一个星期，就开始下地劳动、洗衣做饭了。由此，她落下了关节炎，并且年龄越大，关节炎越严重，最后她手痛得都无法打弯，这可是我内心的痛……"沈介良说。

沈介良一直认为母亲的关节炎是因为生他造成的。这让他有个心结，怎样让母亲过得更好。于是他就想进入养老项目，一方面可以照顾母亲，另一方面也可以方便社会上其他的老人。

不调查还好，一调查才知道我国已进入了老龄化社会，还有流传我国是"未富先老"的说法，并且对今后经济的发展将有很大的影响。

得知这一情况后，沈介良就想，要做养老项目，就要学习日本的做法，每个国家都会根据国家老龄化程度的不同制定相关政策，而日本是老龄化程度最严重的国家，他们走过了每个阶段，很值得借鉴。

他通过调研发现，日本65~85岁的老人以居家养老为主，配套相应的养老服务。85岁以上的老人三个年轻的人员服务一个人，每个老人都有单独的房间，都有舒适的养老环境和配套服务，所有开支都由政府支付。

经过一段时间考察，沈介良博采众长，决定建一座花园式的养老公寓。

养老公寓的地址他有意向了，就在太湖湾旅游度假区。那里是太湖湾旅游度假区的门户，环山临湖，空气清新，十分适合养老。

沈介良还盘算着，养老公寓项目一定要以发达国家养老度假的地产标准进行设计，做到户户推窗见景，光照时间也要远远大于一般性的住宅，栋与栋之间楼间距要大，完全零遮挡。社区内全部采用无障碍设计、一键呼救系统的设计、防滑设计，以保障老人生活方便安全。

还要配套老年服务中心，包括医院、老年大学、文化艺术中心、健身运动中心、康疗护理中心以及生活服务中心，打造成一站式养老度假社区。

树欲静而风不止，子欲养而亲不待。

2010年4月18日，沈介良生母去世。

生母的离去让沈介良十分悲痛。因为，这意味着他养父母没有了，生母也没有了，自己彻底变成了一个没妈的孩子。想到自己都没有好好在母亲膝下尽孝，母亲也没机会住自己为老年人建的养老公寓了，他情不自禁地失声痛哭起来。

"爸爸，别哭了！"沈文桔看到自己伟岸的父亲竟然哭得像个泪人，不知道该如何劝慰，就顺口说了一句，"别哭了，下一个就轮到你们了……"

说者无意，听者有心，在沈介良生母的葬礼上，他女儿这句诚恳的话让他犹如晴天霹雳，觉得非常有道理。是啊，人生苦短，岁月不饶人。若是往回看，几十年、上百年似乎都是一眨眼间。再往后看，虽然岁月漫长，可是自己还能有多少日子啊！

沈介良自从生母去世后，就想着应该如何弥补对母亲的过错。因生自己母亲得了关节炎，受尽了病痛的折磨。难过的是她去世的时候，包括自己在内，她生育的几个儿子都没能在其身边尽过一天孝。每当想到这里，沈介良就会黯然神伤，暗自落泪。

他没能对母亲好好尽孝，更是让他有了要帮助社会上其他老人的想法，再想到自己人生的归宿不知到底在哪里，对老人们做一些力所能及的事情的想法就更加强烈了。

最终，沈介良心目中的养老公寓定名为"旷达太湖花园"，坐落在常州嬉戏谷旁、邀贤山脚下。该项目一期早已完成，内部建筑面积有8万平方米，绿化率高达百分之四十九，1.03的超低容积率。共有4幢养生公寓，15幢花园洋房，17幢优质别墅，公寓注重营造生态、自然、舒适、安全的社区开放空间。

今后，"旷达太湖花园"第二期、第三期整体建成后，将成为常州太湖湾旅游度假风景区内的公园式美丽社区、家庭式的居住环境、酒店式的精致服务和医院式的健康医疗于一体的唯一国家级山居养生社区。

如今，沈介良也早已过了花甲之年，成了一位老人。涉足养老产业、光伏产业等让他懂得，隔行如隔山。要真正实现养老梦、多元化的梦，还有一段很长的路等着他要走。说是老骥伏枥志在千里一点都不为过，他还要站在新的起点上扬帆前行，培养一批人才，以实现百年企业梦。

清醒的失误

"沈董啊，有家企业，你看能不能帮忙渡过难关？"

"你还是找其他单位想办法吧！"沈介良说。

"沈董啊，你是我们商会的会长，那家企业只有你出手才能相救！"

"我与这家企业的负责人无任何交往，根本不认识，我们的企业也没有一分钱的银行贷款，跟这个企业也无任何经济往来和担保关系，凭什么要我支持和帮助？"沈介良说。

"沈董，这家企业贷了银行很多钱，被起诉，马上要倒闭了，你看能不能帮帮忙，让企业起死回生，或者想想办法，也为地方经济、地方政府排忧解难。你只要承担与审计评估后实际资产相应的贷款，把企业经营下去就行了，其他由地方解决……"

各级相关领导轮番找沈介良，希望他拔刀相助，沈介良犹豫了。因为，他这个人就是自小听父母的话，在学校听老师的话，长大成人参加工作后听领导的话……

这家企业是常州武进的一家公司。2012年6月，企业因经营不善、债台高筑而又无力偿还银行贷款而濒临倒闭，最紧急的是欠银行2000万元无力偿还，还有数千万元民间小额借贷，若不能转贷，还会牵连十几家企业互担互贷，资金数额达数亿元，非常巨大，一旦出现问题，后果不堪设想，会对本地区金融环境安全造成严重威胁，并有可能引起民间纠纷、群众闹事的恶性事件。要是这起互担互贷真的暴雷，肯定是常州武进金融界的十级地震，区域经济也将受到严重影响。那时候，虽然没有明确规定互担互贷不符合法律法规，可是相互担保暴雷的事件不断发生，导致银行的大笔贷款无法收回，存在着巨大的金融风险和法律风险。

"我不同意！"

"我不同意！"

"我也不同意！"沈介良与单位的高管商量，"我当然可以不管，我也不想管。可是，我们总要听从领导的建议吧！"

"企业是要生存的，要赚钱的，我跟这家企业打过几次交道，觉得这家企业就是个大窟窿、无底洞！"

"他们说了，我们只是购买他们公司的核心资产，解决他们临时资金周转的困难，又不会带来其他麻烦！"

就这样，在一片反对声中，沈介良抵挡不住各级领导及该公司、关联公司的联名求助，也本着为地方政府排忧解难、帮助本地区企业免于受该公司牵连的考虑，就松口应承下来。

很快，沈介良个人独资的旷达控股集团与该公司及其法人和配偶、政府四方达成口头约定，还听从领导的建议，在没有形成正式政府会议纪要、没有审计的情况下，就先将2000万元汇了过去，以解决老百姓围堵该公司闹事要钱的迫切问题。

后来，经过资产评估、律师事务所把控等程序签署了转让协议。事后，让他万万没有想到的是，原本只是想购买那家企业的核心资产，解决企业的燃眉之急，帮他们渡过危机，可是核心资产的转让协议最后却变成了股份转让协议。要知道核心资产转让和股份转让在法律上有着巨大的差别。购买核心资产相当于公司之间产品的买卖业务，不需要承担卖方的债权债务，而股份转让就大不一样了，要是没有明确的转让范围和规避风险条款的话，是要承担卖方背后连带责任的。

严重的是，经过长达近一年的审计后，沈介良才知道该公司亏损1.329303亿元，加上需要承担的民间借贷、小额贷款公司的3.25亿元，还有2.1亿元互担互贷责任，旷达控股集团实际要承担收购该公司所带来的6亿多元的债务和担保风险。

2013年10月19日，沈介良赶紧找领导汇报情况：

"旷达控股集团已经承担了一个多亿，并且多个关联人、关联公司从该公司抽取上亿元的资金，给旷达控股集团造成了巨大损失。除去这些不说，其他的资金困难按大家开始的约定应由领导想办法解决，旷达控股集团再也无力承担了……"

然而，经办此事的领导却他让自己解决。

沈介良听到这样的回答，犹如五雷轰顶，差点昏倒在现场。由此，他摊上了一个令他焦头烂额的互担互贷的无底洞。

事情也一连串地出现：银行让沈介良还贷，民间私人高利贷的人向沈介良要本金要利息，税务部门要沈介良交税。原来的企业法人代表不但不领情，好像债不是他欠的而是沈介良欠的一样，于2012年12月31日带了几十个人砸工厂的大门、砸摄像头、砸碎报警器，抢走在审计的所有账本、发票、公章等有审计根据的材料。

"他们说话不算话，讲好的我只负责收购该公司的核心资产，其他小额借贷、民间借贷、互担互贷由他们负责，我不应该在政府没有形成文件、没有审计的情况下就蹚他们的浑水。"沈介良说，"后来我才知道，其实这家公司算是比较幸运的，十几家互担互贷的公司中只有一家是政府真正要保全的，不然没人会管他们公司。这可害苦了我，把我推上了风口浪尖。也怪我，明明知道有风险，还去逞英雄，我无论何时都不能原谅自己犯下的错⋯⋯"

旷达集团在股改中给沈介良精神上造成的巨大伤害，直到上市成功后才有所好转。可是，上市后集团又不断出现投资失误，四川旷达、佛山旷达等，在纵深发展和多元化发展两条战线上都节节败退，自己还像东郭先生一样去帮忙，没想到差点被狼吃掉。

发生这件事，其实沈介良是清醒的，起初肯定是不愿意插手的，就是帮最多3000万元。结果，从2012年到2021年前后损失6亿元以上，沈介良整整瘦了15斤，对很多人感到太失望，精神上大伤元气，萎靡不振，五年才慢慢恢复过来。

后来，他完全放下了：争千秋，而非争一时。看清一个人又何必去揭穿，讨厌一个人又何必去翻脸。活着，总有看不惯的人和事，就如别人看不惯自己一样。人是否成熟不是由年龄决定的，而是懂得了放手，学会了通融，知道了不争。

他痛定思痛、感慨万分，总结过往的种种失败与教训，防患于未然。人在低谷、困难时容易犯错，在成功、强大时也容易犯错。人不论处在顺境还是逆境，时时刻刻都应保持清醒的头脑，不能冲动行事。沈介良也责怪自己心太强、手太软。

最后，他重拾信心，相信骏马是跑出来的，强兵是打出来的。要想知道梨子的味道，就要先尝一口。先驱先行者哪有不受荆棘伤害的，真正的拓荒者哪有一帆风顺、不冒风险的。

第六章

大海远航

花甲 赌明天

年轻的时候，总喜欢唱由陈乐融作词、陈大力作曲，叶倩文唱的《潇洒走一回》，不是自己有多少音乐细胞，而是喜欢那首歌的歌词：

嘿哈，嘿哈，嘿哈……

天地悠悠过客匆匆，潮起又潮落，恩恩怨怨生死白头，几人能看透，红尘呀滚滚，痴痴呀情深，聚散终有时，留一半清醒留一半醉，至少梦里有你追随，我拿青春赌明天，你用真情换此生……

那时，嘴里还总是反复地哼哼：我拿青春赌明天，你用真情换此生，岁月不知人间多少的忧伤，何不潇洒走一回……

盛年不重来，一日难再晨。

2013年，沈介良60周岁。他说创业、办公司、做实业就像"围城"，还有几句顺口溜常挂在嘴边：

嗨哟，嗨哟，嗨哟……

创业哟……办公司哟……谁愿花甲赌明天哟……过年就是过难关哟……没有假日闲不得哟……从此踏上一条不归路哟……踏上一条不归路哟……

创业哟……做实业哟……谁愿花甲赌明天哟……外面的人想进却进不去哟……进去的人想出却出不来哟……从此踏上一条不归路哟……踏上一

条不归路哟……

　　小时候盼着长大，因为长大了就没父母管了，就可以自由地玩了。上学了，却说要好好学习，考上一所好大学就可以尽情地玩了。十年寒窗，挑灯夜战终于考上了大学，又说考上硕士、博士就可以找个好工作，找个媳妇了。最后，工作了，领导却说要努力打拼，退休了就可以游山玩水了。过着过着，终于明白成年人的世界里没有舒服二字，还不如回到童年，那时候才是真正的天不怕地不怕，什么都敢想、什么都敢做。

　　60周岁，国家公务员、企业事业职工都可以办理退休，去游山玩水了，可是沈介良却做不到。

　　年轻的时候可以唱"我拿青春赌明天"，一个花甲老人用什么赌明天，拿花甲赌明天吗？谁不愿意老年万事休，儿孙绕膝，过上几天清闲幸福的日子呢，还拿什么花甲赌明天？然而，沈介良他要是退休了，高负债的光伏项目怎么办？深陷互担互贷的旷达威德公司怎么办？公司市值升不上去怎么办？这些发生在他身上的事情不会因为他60岁了就戛然而止，自然消退。在这一系列问题没有得到有效解决的情况下，虽然到了花甲之年，沈介良也退休不了，他还得继续赌。

　　与其说是花甲赌明天，还不如说沈介良是在拿自己的身家性命去赌、去拼明天。那么，他为什么还要赌，还要拼呢？

　　名利淡如水、事业重于山、一心为事业的沈介良，从工作那天开始就没有想过自己。当曹家大队书记时，他一心想着改变大队贫穷落后的面貌，为百姓谋取幸福。谁曾想过，急于带百姓走上富裕道路的他掉进了骗子的陷阱。那时他才29岁，正是风华正茂的年龄，是在拿青春赌明天。

　　1981年底他回家务农，静心养猪，变成了养猪专家。1984年8月他被邀进第八毛纺厂，承包管理车间，竞选厂长，创办旷达厂，他把每个阶段的工作都当成自己的事业，只想为选择信任他的广大职工撑起一片天，留下一家百年企业。这就是沈介良赌的原因，责任也罢，感恩也罢，都是他生命的全部。

到现在，他有四个与众不同的人生经历。小时候在舅父舅妈家长大，被人们称为"野猫""野鸡"。长大工作了，蒙冤坐班房。创办的企业上市了，自己却成了孤家寡人。60岁花甲的年龄了，还珍惜忙碌而充实的每一天，还在赌明天。真是生命不息，奋斗不止！

沈介良觉得自己的整个人生经历与性格，可以用"扬州八怪"代表人物郑燮的《石竹》来写照：

咬定青山不放松，

立根原在破岩中。

千磨万击还坚劲，

任尔东西南北风。

市值一六八

2015年，旷达集团迎来了成立30周年、上市5周年的日子。

十年磨一剑，旷达集团磨的第一把剑是产值超亿元，第二把剑是完善产业链，第三把剑是企业成功上市。2010年，旷达集团上市后，就开始磨另一把多元化宝剑了。

这把多元化宝剑必定是升级转型之剑。科技含量就像黄金的含量，越高就越能成为奠定企业长青的尚方宝剑。

旷达集团在练就这把宝剑的过程中，像古代的铁匠一样，在火炉的烟熏火燎下，拼尽全力，流淌着一滴一滴的汗水，奋力一榔头一榔头地敲打。还要掌握好火候和敲打的节奏，温度高了、节奏快了、力道大了都不行。

旷达集团纵深发展由三级供应商向二级供应商、一级供应商挺进，多元化方面进军光伏产业。进军光伏产业后，虽然负债严重，因是高科技、节能环保能源项目，仍受到股民的热烈追捧，市值达到新高。

这让企业高层明白，企业只有迈上科技之路才能获得股民的支持和资本的角逐。接下来，旷达集团要磨的就是一把科技纯度达到百分之百的宝剑。

"名不正则言不顺，言不顺则事不成"，旷达集团既然要磨一把多元化的科技之剑，就要先从厂名开始。于是，在上市第五年之际，江苏旷达集团经工商行政管理部门核准，公司名称变更为"旷达科技集团股份有限公司"。

这样一来，旷达集团就将变更企业战略的意图成功地传达给了广大股民，告诉大家，企业更名的目的很明确，就是在实施升级转型方面将会紧紧围绕"科技"两个字开展各项工作，在科技创新上做文章，不断加大研发投入，培养科技人才，积极寻找高科技项目，往科技化、智能化、电子化、环保化、节能化方面拓展，开辟新的天地。

由此，旷达集团市值很快达到168亿元，更名后更是涨停。这也让旷达集团成功实现了超百亿元市值的目标，受到广大股民的好评。

市值超百亿、股票涨停，更加坚定了沈介良走科技发展之路的信心，并明确了企业未来的战略发展目标，把所有与汽车内饰配套的子公司整合到旷达汽车饰件公司，目的是推进汽车饰件业务的升级与产业链的延伸，寻求投资，同时计划并购相关汽车核心零部件的高科技项目，完成公司成为汽车零部件供应商的战略转型。

具体分为两个板块：

一个是旷达汽车饰件公司板块，需要在三个方面精耕细作。第一要优化客户结构，巩固现有市场，提高产品及服务质量；同时，加大生态合成革的投入，获取更大的市场份额；最后，开发新材料、新工艺、新产品，获得新市场。

另一个是科技多元板块，需要在两方面攻坚克难。首先将企业由汽车二级供应商向一级供应商转变，顺应汽车未来"电气化、轻量化、智能化、环保化、节能化"发展的行业背景；同时，旷达向新能源投资方向进行转型。

转型
再出发

2015年5月，旷达集团正在做光伏电站项目的增发筹备工作，当时有很多机构的投资者、基金经理找到旷达集团洽谈，认为光伏电站项目做好了能提高企业利润和市场占有率。

随着光伏电站受政策和其他因素的影响，企业意识到后面民营企业拓展光伏电站存在很大的局限性，旷达集团要发展就必须涉及真正的科技，因此就决定引进专业的资本运作团队。

随着专业资本团队的加入，代表着企业再次转型升级的开始，也代表着资本市场和产品市场同时兼顾的开始。同时，还让沈介良有了三个在企业战略上的深思：

首先，要夯实人才梯队建设工作。企业要做到相信年轻人，并启用"80后""90后"。经过努力，企业要把"70后"顺利推上高层一级，"80后"到中层、部门和子公司一级，"90后""00后"在基层培养。

其次，企业要大力培养重视高学历的人才，加大科技投入。科技创新是企业发展的动力源泉。

最后，企业还要具备国际视野，与欧美、日本等公司合作创新，走国际化道路，才能成为一家真正的百年企业。

从那时开始，又鉴于企业上市后整体经营的实际情况，为积极应对当时国际国内复杂的经济形势，有效化解经营过程中出现的各种困难和问题，旷达集团进行了企业结构调整。

首先改变新能源光伏电站项目的发展方向，至2017年底转卖65%的光伏电站，回笼资金16亿元多，大大降低了公司的负债率。

同时，旷达集团不停地寻找新项目，对飞机、医疗、新能源车等项目都有所调研和谈判。

最后，旷达集团与建投华科强强联合，与日本电波工业株式会社Nihon Dempa Kogyo Co.Ltd（NDK）达成协议，锁定NDK公司旗下事业部的surface acousticwave（SAW）声表面波滤波器项目。

这家日本高新技术企业成立于1948年4月，是一家专业从事晶体元器件业务的制造商，主要产品包括人工水晶、光学晶体器件、晶体振荡器和声表面波滤波器等。

按双方约定，NDK公司剥离其旗下SAW事业部的业务和资产，并注入协议双方在日本共同新设立的NDK SAW devices Co.，Ltd.（NSD）公司。旷达集团下属公司与建投华科成立境内合资公司芯投微电子科技（上海）有限公司（芯投微），以"芯投微"公司为主体实施对NSD公司合计75%股权的收购。

双方在2020年6月签订协议，计划在2020年8月底前完成第一批次的股权交割。

项目的第一批次交割却没有预想的顺利。因为项目的交易必须先通过日本经济产业省（METI）进行实质审查并作出预审批，然后再向财务省（MOF）提交最终审批申请，在获得MOF批准后，最终由日本银行（BOJ）为窗口对外发布审查通过的信息。这一系列审批、公告完成后才能进行实质性交割。

而2020年新冠肺炎疫情席卷全球，项目交易的审批进程也受影响而放缓。

8月未能如期完成日本政府的相关审批，未能进行第一批次的股权交割。

直到2020年10月，"芯投微"公司才收到经BOJ签发的三份《取得股份、股权、表决权或行使表决权的权限等或全权投资股份的书面通知》，日本方面通过了对该项目的审核，这是一个振奋人心的消息。双方可以根据协议约定的方式进行第一批次51%的股权交割了。

经过共同努力，双方于2020年10月30日完成对NSD公司第一批次51%股权的交割程序；并于2021年11月，由"芯投微"公司完成对NSD公司的增资事项。

"芯投微"公司对NSD公司控股权收购和增资事项的完成，标志着旷达科技集团正式介入滤波器和射频前端领域。至此，本项目在日本扩建产能及国内工厂落地等事项逐步推进。

这对旷达科技集团真正实现"科技兴业"的战略具有重要的意义，是旷达科技集团实现转型升级的重要转折点，也将成为旷达历史上的关键一笔。

巧手 陈丽艳

　　陈丽艳是旷达集团的元老，"土"工程师。1984年初，她就进入了第八毛纺厂，比沈介良还要早半年，说她是公司元老，一点都不为过。她只是初中毕业生，从八毛厂的一位清洁工做起，最后成为旷达集团新产品研发的精英，大家说她是"土"工程师，也非常贴切，更不乏对她的敬重。

　　这样一个从清洁工做起的"土"工程师，背后的努力和付出也不难想象。

　　起初，陈丽艳作为一名清洁工，和八毛厂其他员工一样，并没有什么突出的地方。其实，清洁工的工作最辛苦，这么大一个单位，要想干好、干漂亮，根本不会有闲着的时候。她总是早出晚归，要在员工上班前打扫一遍卫生，员工下班后，再打扫一遍卫生，中间更是忙上忙下，手脚不停。

　　"沈书记，你怎么来厂里啦？"进厂半年后，一天早上，她正在打扫卫生，突然遇到了沈介良。沈介良在工作组工作时，他们就认识了。

　　"我也来上班呀！"

　　"哦……那我们今后就是同事啦！"陈丽艳开心地说。

　　"嗯，是的！"

　　不久，因为陈丽艳勤劳、能干、聪慧，调到

车间做挡车工。这让她感到非常满足，自己成为八毛厂的一名生产员工啦！

1986年，八毛厂实行车间承包制，陈丽艳选择进了沈介良承包的二车间。1988年，沈介良通过竞选任八毛厂厂长。这让陈丽艳和其他投票支持沈介良的员工都非常高兴，起初他们选择二车间，其实就是选择信任沈介良，知道其为人正派，大公无私。

群众的眼睛是雪亮的，八毛厂的情况和问题，沈介良受到的排挤，员工们都看得清清楚楚，只是无力帮助罢了。其他车间的生产人员、销售人员、供应人员都配齐了，二车间什么都没有，沈介良独自一人支撑着，生产、供销、供应全都要一个人管，是真正的以厂为家。大家都看在眼里，疼在心里。现在沈介良当选厂长了，他们当然非常开心。

陈丽艳上夜班时，经常遇到沈介良。因为他当厂长后，在单位的时候常常与员工一起忙生产、出货，他扛着30公斤的卷布长筒装车，忙至深夜还不算结束，再回到办公室处理厂里的文件、进行总结等。沈介良出差时也比较辛苦，往往都是白天赶路，因是站票，又是长途，晚上就睡在火车的过道里。看到自己的厂长为企业这么拼命，陈丽艳自己也更加努力工作了。

1990年，八毛厂瞄准汽车面料，得到突飞猛进的发展。聪明、勤劳、手巧的陈丽艳也随着企业的发展，快速成长起来。

"你来一下，有事情找你！"八毛厂挂牌武进县汽车装饰织物厂后，成立了专门的纺织研究所，研发汽车面料。上汽车面料项目时，曾与天津纺织研究所、盐城化纤厂等单位合作，期间天津纺织研究所李纯钢、王毅先后到厂里进行技术指导。一天下午快下班的时候，李纯钢到车间找到了正在忙碌的陈丽艳。

陈丽艳不知道什么事情，忐忑不安地跟着李纯钢来到了工厂纺织研究所办公室。

"有什么事情吗？"

"沈厂长让你跟我学开发，你觉得如何？"

"不行，你们都是大学生，我只有初中文化，恐怕做不了产品开发。再说了，要是我做研发了，就没人负责我原来的产品检验工作了……"

"是这样的，你仍继续负责检验工作，跟我学产品开发放在下班后，每天业余花两个小时的时间，就是比较辛苦，你看怎么样？"

"辛苦我倒是不怕，就怕自己做不好！"

经过交流，陈丽艳答应每天下班后到工厂的纺织研究所上班，学习产品开发。她能到工厂的纺织研究所上班，一方面能很好地发挥她的聪明才智，另一方面也是她人生境遇中很好的一次转机。

不过，事情并不像大家想得那样顺利，李纯钢因天津纺织研究所的事，不到半个月就回天津了。陈丽艳一下子觉得非常无助，很多事情还没有搞明白呢，整个纺织研究所的重任就压在了她的肩上。

"沈厂长，定型机的针板被我不小心弄坏了，肯定值不少钱吧？"陈丽艳向沈介良汇报工作，她做好了挨批评的准备。因为，自己没有做好本职工作，心里不安。

"没事，这不能怪你，你也是第一次做，找出原因，今后避免就好了。你尽管大胆地做，不要担心，也不要有什么思想包袱！"

从那以后，陈丽艳就放开手脚为工厂研发新品了。

开始研发时，陈丽艳仅凭一台小样机和几张图片，在极其简陋的条件开展研发工作。那时最难解决的就是面料压花，要按照经编织物花纹组织的要求排列花纹链条，并安装在花板轮的一周，以控制梳栉按一定的规律进行横移，完成整个花型的循环垫纱。现在都已经自动化了，可当时她只能现场取材，凭借灵巧的手，用筷子进行辅助完成花纹放线。

就是这样，她凭借自己的智慧和双手攻克了一个又一个技术难关，硬是完成了对1501、1502、1516等产品的研发，给客户看时，客户以为是进口的小样。她研发的产品，为工厂创造了很大的经济效益，在

陈丽艳工作照

单位和客户那里赢得了很好的口碑。

"她叫陈丽艳，是一位具有东方大家闺秀风范的女性，她喜怒不流于表，对同事、对上级、对员工，上上下下的关系处理得十分融洽，是非常优秀难得的人！"一次沈介良向南京一家纺织学院领导介绍陈丽艳时说，"她是旷达第一位产品开发人员，虽然是位女性，虽然文化程度不高，但她具有珍珠般高贵的品质。她是一个特别认真的人，工作没有休息日，没有白天与黑夜……她还是一个从来不讲回报，不

计较个人得失的人……她更是一个聪明手巧的人。在她手里照着产品照片，对着人造革，对着国外的来样，她就能顽强工作，潜心研究，先后开发出的1516斯太尔黄河汽车用、0823江铃汽车用、0826重庆庆铃用、1003一汽轻型车用、1001奥迪轿车用等经典面料至今经久不衰……"

"沈董，我已经开十年车了，总不能让我一直开下去吧，我不想开车了！"1999年春节，殷雪松送沈介良到机场时对他说。

"那你想做什么？"

"不开车就行。"

"等我回来以后再商量好吧？"

"好的！"

沈介良太了解殷雪松了，在自己刚进第八毛纺厂的时候，就曾经跟他父亲共过事。厂里一半的工程都是殷雪松的父亲承包的，他父亲还认沈文桔为干女儿。可以说，沈介良是看着殷雪松从小长大的，也把他当作自己的孩子，在他心里，殷雪松就是一头能吃苦的老黄牛，也是一头天不怕地不怕、敢冲敢撞的犟牛，也知道他决定的事情是无法改变的。

殷雪松提出这样的要求，让沈介良陷入了一段段往事。

1990年5月4日，殷雪松驾驶员学成后进入第八毛纺厂，成为一名司机。开始为厂领导曹忠勤开面包车，半年后为沈介良开捷达轿车。

那时，"八毛厂"正由民用产品向汽车产业用装饰织物产品转型升级，武进县汽车装饰织物厂刚刚挂牌，加上出口信贷、二次技改项目等，沈介良

2005 年 6 月 30 日，一汽大众汽车有限公司总经理秦焕明（右）考察旷达集团，沈介良（左）与殷雪松（中）陪同接待

的工作千头万绪，有太多的事务需要他去解决，根本没有休息的时间。殷雪松为沈介良开车，可想而知，他也没有休息的日子，开车带着沈介良全国各地跑。

殷雪松开车过程中，有时候停在路边方便的间隙，倚靠着树杆都能很快入睡，一般人根本吃不了这份苦。

还有一次去湖北出差，经过安徽祁门山时已经到了晚上，沈介良知道殷雪松辛苦，就对他说："我们吃过饭再赶路吧！"

"翻过前面那座山再吃吧，不然时间来不及了。"殷雪松回答说。

结果，到半山腰时前面有辆拖拉机突然转弯，导致他们的车辆失控，一下冲向山沟，顺着山坡往下翻，万幸的是车子被山坡上的铁丝安全网拦住，两人才捡回了性命。

直到1999年春节，殷雪松送沈介良时向他提出想做其他事情，就是不想开车了。

沈介良想时间过得真快，转眼都十年过去了。期间殷雪松不辞劳苦，一直是随时待命，从没有休息日，说走就走，常常是风里来雨里去。不过，沈介良把他当作自己的孩子培养，谈生意时从不避开他，也让他学到了很多生意经。他也认为自己17岁跟着沈介良开车，如今27岁了，马上到了而立之年，也该做些事情了，于是提出了自己的想法，也为自己的未来争取一次机会。

沈介良回到常州后，立即找殷雪松商量：

"你有什么具体想法吗？"

"我不能一直开车吧？"

"那你是跟你父亲做工程，还是留在旷达集团？"

"我已经跟你十年了，为什么不一直跟着你呢？"

"三十岁前是朦胧的，到了而立之年，你肯定有自己的主意了。我计划做房地产业，因为汽车面料这个实业有三大劣势：一是纺织面料，顾名思义就是仿造织布，没有多大科技含量，而且色织布工艺路线长，管理难度大，剪不断，理还乱。二是竞争门槛低，今后价格竞争会白热化。三是汽车行业面料使用量有限，市场总容量最多是百亿元级，在100亿元中争30亿元销售额会十分艰难。而房地产业涉及千家万户，是关乎国计民生的工程……所以，我觉得你跟着你父亲做工程也算是子承父业，并且我们照样可以合作。"

"我不跟他做工程！"

"那你想做什么？"

"我想做销售！"

接下来，殷雪松跟着销售经理张娟芳跑销售，开始了他全新的职业生涯，随后在东北筹建长春旷达汽车织物有限公司。在江南长大的殷雪松，东北的气候对他来说简直就是一种折磨，但倔强的他硬是坚持了下来。1999年至2012年十多年间，从长春公司租厂房，到建七亩地厂房，再到买70亩土地建35亩地厂房，销售从几十万元到上亿元，长春子公司成为旷达集团子公司的一面旗帜，殷雪松功不可没。并且旷达集团上市过程中，在立项、资料汇编、路演、验收等工作中殷雪松全程参与，有用不完的劲儿，表现十分出色。上市后，几位高层在常州中油饭店召开了非正式的碰面庆祝会。

会上，沈介良说："我们公司上市成功了，股份要捆绑在公司，任何人不能套现走人！"

"这么多年了都没有走，现在上市了，更不会走了！"殷雪松说。

"你们几个真有人要走，估计你是第一个！"沈介良说。

没想到被沈介良言中，上市不久殷雪松离职，2013年开始闯荡自己的事业。

沈介良说："在殷雪松身上，有他跟我二十多年难以割舍的如父子一样的深厚感情，有他敢冲敢干的成绩。当然，他离开旷达集团，对我内心的打击也是很大的。"

挚友 许建国

　　许建国为了工作，曾经两次被"扣押"。一路走来，全是辛酸的故事。

　　1986年，第八毛纺厂实施车间承包制，作为副厂长，沈介良承包了二车间。当时，要想完成二车间的生产任务，求得发展，最缺的就是外勤人员。

　　许建国当时为"五匠"之一，跟着师傅学瓦匠，管建筑工地。虽然没有什么大富大贵，但也是小酒天天有，过得吃穿不愁。

　　"到八毛厂上班吧，厂里正缺外勤人员呢。"

　　"到八毛厂要交3000元集资款，我三年才能出师，现在只是个学徒，哪有那么多钱？"

　　"你再考虑一下。"

　　"我真的没有条件！"

　　4月初，他们没有谈拢，但沈介良看准了许建国人不错，苦于不像现在大家都有手机，那时找个人不容易。直到几个月后，他们在公交车站台再次相遇，沈介良答应先垫付集资款，才说定此事。

　　许建国到八毛厂后，跟着沈介良跑外勤，一方面催要债务，另一方面还要跑销售。

　　俗语说"穷家富路"，意思是说居家应节俭，出门则要多带盘缠，免遭困窘。当时八毛厂穷得叮当响，跑外勤的费用包括沈介良在内都要筹借。别说富路了，一出门个把月，能填饱肚子，买上一张站票，睡在火车过道上，都算是一件幸福的事情了。

"晚电！"许建国在东北给沈介良发了封电报，由于发电报按字数收费，为了省钱，许建国在出差前就跟沈介良约好了一些"暗号"，很长的一句话，一两个字就可以了。那次发电报，是因为他的脚被冻烂了，想请示单位为他买一双价值一块八毛钱的棉鞋。

沈介良接到"暗号"后，晚上就守在电话前。那时候都是手摇电话，都是"专线"，需要从潘家乡转机才能通电话。许建国得到同意后就买了一双棉鞋，穿上后非常舒服，心里十分感动。

就这样，日子虽然辛苦，但也算充实。

1988年夏天，许建国随同事押车送货至安徽砀山，没想到到了后连人带车被扣在那了。原来，八毛厂欠那家供应商30万元的羊毛货款一直没付，人家就假装买八毛厂的呢绒大衣，将许建国他们骗了过去。

很快他们就被几个五大三粗、满身刺青、手持长砍刀的人关进了一家小旅馆，并在房门口拴了两只大狼狗。同行的人一看这架势，吓得失禁，满嘴血泡，发起了高烧，想当天回常州。

"你怎么走，烧成这样，得想办法退烧！"许建国一边安抚同事，一边找看押他们的人理论："你们这是犯法，让他们走，再不让他们走就要出人命了，我留下！"

"可以让他走，但你和驾驶员不能走！"

"行，赶紧给他吃点退烧药，让他走吧，我们留下。还有，你们把砍刀放好，狼狗牵走，放心吧，我们不会走的，要是伤到人，你们可就犯法了！"

……

沈介良得知人没事后才放了心，想办法筹钱还债"赎人"。一天，两天，三天……二十多天过去了，许建国一直想"逃回"，都没能成功。

筹到一部分货款后，沈介良就跟常州市公安局联系，公安干警等50人待命，约定第二天下午5点前得不到他的准信，就去安徽解救他们，并把对方抓起来。

"货款全部带来了吗？"沈介良第二天一大早就赶到了安徽砀山许建国被扣押的旅馆，对方上来就问。

"30万元货款哪有那么容易筹齐，只筹了一部分！"

"那不行，不结清不行！"

"你们放心，这些货款虽然不是我经手的，但我说话算话，一定偿还，但你们得给我一些时间……"

对方开始坚决不肯放人，后来觉得沈介良非常诚恳，是个可以信赖的人，到下午时同意签协议分期付清。可是，马上就到了与常州公安局约定的时间，待命的人马上就要整队出发了。

沈介良、许建国赶紧往邮电局赶，没想到赶到时正好5点，邮电局要下班了。

"你们明天再来吧，我们下班了！"门卫把他们拒之门外。

"能不能帮帮忙，我们有急事需要发电报，真的有急事，牵涉到一个公安局的案子！"他们给那门卫发了香烟，央求说。

"那我看看负责发电报的人在不在，你们等一会儿！"

"事已解，明天回！"电报终于发了出去，沈介良、许建国如释重负。当时，他们虽然只等了几分钟，但也感到非常不安，毕竟牵涉到常州50名公安干警行动的事情。

许建国另一次被扣是在1991年底，这次是被上海机场公安机关扣住的。虽然是被国家公安机关扣留，但他一点都不担心，比在安徽被扣放心多了。因为，他没有做坏事。只是他过机场安检时，被查出他携带了15万元巨款，且都是10元面值的，满满一大蛇皮袋，就引起了工作人员的怀疑：

"说清楚为什么要带这么多现金，哪里来的？"

"我是常州第八毛纺厂的，这钱是从成都要的货款，厂里员工等着发工资过年呢，不是想省点汇款手续费嘛，就干脆带在自己身上了。"

"等我们核实后你才能走！"

上海公安局很快联系到常州潘家，常州潘家总机转到常州第八毛纺厂。

经核实，原来是一场误会。马上就要过春节了，上海警方为了安全起见，协调铁路警察专门护送。许建国非常感谢上海警方，顺利地把货款交到工厂财务。那天他回到家时，小年夜晚饭都吃过了。

随着旷达集团的发展，许建国从公司的催款员做起，还做过销售员、车间设备改造员、上海旷达篷垫厂负责人、旷达威德总经理等。

2013年，旷达集团收购青海力诺公司后，派许建国任江苏旷达电力投资有限公司总经理。

按旷达集团此前的发展目标，新能源五年内要发展到3000兆瓦，而前期钱凯明带给旷达集团的光伏项目只有500兆瓦。这样一来，就给公司的发展带来了很多不利因素。因为光伏产业不论项目大小，必须配备有资格证的质量、电工等专业技术人员二三十人，只有达到一定的规模才划算，才能盈利。

随着国家对光伏产业的收缩以及政策的变化，直接目标没有了，只能走农业光伏或畜牧业光伏，这又给公司的发展带来了新的困难。

许建国心里也非常着急，整日想着如何帮公司走出经营困境。

"我能帮忙为你争取100兆瓦的光伏项目指标！"新疆一个农场公

司的经理王国光告诉许建国。

"怎么争取？"

"我们公司有23000亩地，已经开发17000亩，还有6000亩地未开发。有这6000亩地，加上我的朋友帮忙，就能争取100兆瓦的光伏项目指标，我们可以合作！"

王国光经营的农场经过评估后价值1.75亿元，其中土地1.56亿元，农机物、树木等1900万元。经过谈判最终以1.3亿元的价格进行收购，收购方案为旷达新能源投资有限公司与王国光合资成立新疆旷达国光光伏农牧发展有限公司，注册资本1亿元，旷达新能源出资5100万元货币资金控股公司51%的股权，王国光用评估中的出让土地1万亩出资，作价4900万元占公司49%的股权。为了避免损失，双方合资协议在签订了相关三年对赌协议及两年回购约定，一旦经营亏损或在两年内无法拿到光伏指标，王国光需要赔偿对应金额的股权或回购旷达新能源股权。

新疆农牧公司成立后，以8100万元收购王国光剩余土地的使用权和其他的农机物、树木等全部资产，计划光伏项目由许建国负责，王国光负责管理农业，并用王国光49%的股权抵押给旷达新能源借款6000万元，3000万元用于收购，另外3000万元计划用于公司光伏前期的工作及农场经营。

2016年，新疆限电，土地管理政策也有变化，成本也提高不少。同时，国家不再批任何光伏产业新指标。诸多不利因素，几年下来形成了一定的亏损，这给许建国造成了很大的工作压力。

"这个项目公司共投资5100万元，好在土地还在，对方股权也将被稀释一部分，也能减少损失。另外6000万元是借款，需要靠土地租赁、果林业等收入慢慢归还。"许建国说，"另外，还要想办法将公司赶快扭亏为盈才是正道！"

　　"许建国是我肝胆相照的挚友，和陈丽艳、殷雪松一样，对公司也是忠心耿耿，人品好，是旷达集团初创时期的元老和功臣，就是太重情，容易上当……"沈介良说。

办企业多难

"我谈不上是一位优秀的企业家，最多算个企业负责人。"沈介良经常对朋友说，"想成为一个优秀的企业家太难了。"

是的，成为一个优秀的企业家就像要做个好人一样，大家可以想象做人多难，何况是好人呢？优秀的企业家必须具备很高的素质和能力。

首先，优秀的企业家心要大，又要细。善于了解与把握客户的要求、期望，竞争对手的策略、动向，协作伙伴的诚意、条件，党和国家在一定时期的政策法规及变化趋势。同时，对本企业的情况也要进行分析研究，细心观察做到了如指掌。

优秀的企业家还应是非凡的战略家。企业家要有远见卓识，足智多谋，要具备立足全局、放眼未来的战略眼光。对战略性的问题，由于事关重大，影响深远，所以更要反复分析利弊，权衡得失，务必达到决策正确、方案最佳，避免一着不慎满盘皆输。

优秀的企业家还应当是一位勇敢的冒险家、模范的实干家、出色的外交家、大胆的改革家、有力的宣传家。

沈介良对自己要求非常严格，他认为自己缺点很多，希望能够逐步改进，有朝一日能成长为一位真正的优秀企业家。

旷达集团，前身为第八毛纺厂，主要产品为粗纺呢绒，该产品也曾火过一阵子，但因为管理等原因，加上市场的瞬息万变，也是昙花一现。沈介良掌舵后，从天津引进涤纶仿毛阻燃空变丝汽车内饰织物系列产品，一枝独秀，使企业成功转型。

然而，想把汽车内饰织物系列产品成功打进汽车市场，也要经过三道坎，还要过五关斩六将才有可能成功。首先，一款新开发的产品基本上都要与汽车厂设计部打上一两年的交道，过了这道坎才能与汽车厂的质量部对接，汽车质量部考察结束后，汽车厂供应部门才会对企业进行生产供应能力方面的审核，新产品才能赢得汽车厂的供应商资格。三个部门、三个关口过后，有了供应资格，还要经过汽车厂招投标以及高层的层层把关才能有机会真正合作。因此，即便有了新产品，成功打入市场仍是企业面临的困难。

旷达集团是上市公司，要想搞活暗流涌动的资本市场更是不易。作为一家上市公司，在资本市场充满不确定性的大环境下，需要相关部门进一步完善公平竞争的环境，减少融资与并购存在的一些实际问题，减轻企业税费等负担才能有利于上市企业的稳定发展。同时，市场的变化、新冠肺炎疫情等突发事件，国家政策导向、国际社会不安定等因素都会影响企业的股价，但作为股民来讲，他们看不到这些背后的因素。特别是短期投资的股民，他们需要的是快速获取回报。

"大家总说转型升级，其实应该是升级转型，应该把顺序颠倒一下。"沈介良说，"因为，只有先对已有的命脉产品进行升级，占领了一定的市场，才会积累一定的资金。只有积累了一定的资金，企业才能很好地进行转型。企业转型需要大量的资金作为后盾，而升级则是对原有产品进一步开发完善，相对来讲比转型简单。旷达集团第一次转型在1990年，由民用毛纺业转型为汽车工业，投入六七千万元、压上身家性命才转型成功。1999年想进行第二次转型，进军地产业，发现隔行如隔山，难度不是一般的大。2010年12月，旷达集团上市后一直想转型，涉足光伏产业后，发现是重资产行业，需要百亿元、千亿元的资金才能很好地运转。另外，高科技产品晶圆滤波器项目，因疫情也是一波三折，计划于2020年夏天完成交割，直到2021年5月才完成股权交割，成功控股百分之七十五的股权。"

企业家对自己革新难，开拓市场难，激活资本市场难，产品升级难，企业转型难……这个过程中，不论什么原因，不论遭遇多少困难，亏损的钱没人还，还得自己买单。办企业真是一条不归路，多灾多难。想成为百年企业，更不是一件容易的事情！

可以说，企业家的日子都是"熬"，甚至是"煎熬"着度过的。

沈介良即将迈入古稀之年，企业的兴旺发达、长兴不衰将由"为目标敢作敢为、为成功不惜代价、为革新愿担风险、为事业赴汤蹈火"的年轻人和优秀的旷达团队来接棒运作。不过，这些沈介良心中早有数了。

科技与人才

在人类工业文明高度发达的时代，今年还是高科技产品，明年就可能是普通产品了。很多企业今年投入大量资金引进的全新设备，明年可能就过时了。因此，企业只能对产品不断地进行升级换代，才有可能逃脱被市场淘汰的命运。

大环境如此，很大程度上打击了企业家投资实业、投入研发的积极性。这些社会精英、企业家都不愿意做了，长此以往，谁还愿意静下心来做研究、做事情、做实业呢？在我国科技发展的路上，这是第一个障碍和矛盾，也是"缺芯"、"卡脖子"的深层次原因。

任何企业都离不开人才。"企"由人和止两个字组成，一旦人离开了，或者没有人来，也就意味着企业停止了，歇业了。从网络上公开的一些数据来看，我国的中小企业平均寿命不到三年，企业集团平均寿命不到十年。

而短寿的主要原因就是缺核心科技、缺人才。

"可是，谁来呢？我找不到人啊！"沈介良说，"我们现在只有教训要吸取，却没有经验可以总结。办企业一直缺项目、缺资金、缺人才，即便有了项目，还要有资金，有了资金，还要人才，没有人才还是不能上项目！"

旷达集团以汽车内饰面料为主，三十年前具有一定的科技含量。如今，不像现在的航天航空、生物医药、高铁等高科技产业。大学里学习纺织专业的人也越来越少，这就形成了纺织业人才的短缺。

企业中有的职工好高骛远，三天两头换工作，根本静不下心来认真工作。而企业呢？只能三天两头地对新员工进行重新培养，很难得到稳定长足的发展。有人劝慰沈介良说：训不走的员工，值得培养。抗压强的员工，值得重用。忠诚的员工，才能有股权。有理想有抱负的员工才配享有企业的荣誉、有工作成绩的员工才发奖金、愿意承担责任的员工才能有高薪……可是，真正实施起来很难啊！

同时，纺织企业的职工待遇也竞争不过那些高科技企业。因此，即便是学纺织专业的大学生，毕业后也鲜有愿意到纺织企业工作的。

旷达集团已经走过了一段不平凡的历史，内部不乏"不争权、不为利"以干事业为主的一批优秀员工，他们都是难得的人才。还有默默无闻的丁慧娟会计，她虽不是主办会计，却是资金管控的负责人，在公司的二十多年，为公司库存原材料的利用、变废为宝做出了贡献，各子公司负责人和会计出纳出现财务税务现金管理、业务员离任和中转库盘点结算等方面的问题都是她积极协调解决。特别是长春和重庆两处问题的妥善处理，表现出了"企业利益至上，依法依规办事，维护法人代表权威"，对方方面面的人和事处理得相当周到，不留后遗症，为企业挽回和减少了很大的损失。丁慧娟现在已经70多岁，还在发挥着余热。

旷达集团未来百亿元、千亿元的目标，十年、二十年，甚至更长时间的顶层设计也将更具挑战性，需要更多优秀的人才加盟，还要继续向利润分成和股权合伙制的方向努力。

旷达人情怀

一个人，在有生之年，让自己过好、使家庭安好、把企业办好、将故乡建设好，或许就是人生的真正意义所在吧。沈介良努力将自己活成一束光，温暖自己的同时，也温暖他人和社会。

在企业内部，沈介良关心职工职业发展的同时，更关心他们的身心健康。

为了减缓职工平日的工作压力，他要求各分公司、相关部门的负责人定期举办一些丰富多彩的文体活动，增加职工业余文化生活。旅游、知识竞答、技能竞赛、体育比赛、节日联欢、培训、征文、相亲等陶冶职工情操的活动都举办得有声有色。

从2006年开始创建《旷达人》内刊，2015年更名《旷达天远》，由季羡林先生题写刊名，为企业职工展示才华、工作交流等提供良好的平台。

沈介良非常关心企业里大学生的工作和生活，经常和他们一起座谈，还给他们殷切地写了一封公开信。在信中告诉他们企业的发展方向，并指出旷达集团可以为他们提供专业的、广阔的发展平台，意味深长地告诉他们人生就像一首歌，要想歌曲动听就要一丝不苟、脚踏实地去做好每一件事情。什么是人才，人才就是无人能够替代你。同时，他还指出，大学生们要树立"我靠企业谋生存，企业靠我增效益"的观念。要给自己定好位，尤其要到一线去锻炼。因为，旷达集团是产业链齐全的公司，如果不懂整个流程，就无法胜任研发、销售、管理等岗位的工作。

2000 年 10 月 27 日
全国汽车行业《旷达杯》书法绘画展在北京举行

2005 年
举行潘家镇"旷达杯"纺织女工知识技能竞赛

旷达集团的劳动模范、五一建功标兵等先进文化得到深入人心的推广。每届劳模表彰都十分隆重，职工披红挂彩，戴大红花，走红地毯，当然还有丰厚的奖金，这些都是形成公司向心力、凝聚力的重要举措。沈介良在首届劳模颁奖大会上说："今天我们隆重举行旷达首届劳模和五一建功标兵授奖活动，这在我们旷达史上是前所未有的。我们的奖牌是纯金制品，代表着本届劳模和五一建功标兵在全体旷达员工心中的真实含金量，也代表企业给予一线劳模和标兵公司最高荣誉的纯真度。全体旷达员工都应向劳模和标兵学习……"还有干部职工家访文化、退休职工关怀文化、社会公益事业文化等，都得到了很好的诠释。

在企业外部，沈介良鼎力支持家乡的建设。

多年来，沈介良为家乡修桥铺路、回族村环境改善、医院新建等做出了很大贡献，把扶贫、济困、助残等社会公益事业和构建和谐社会、实现共同富裕、共同发展作为一种不可推卸的社会责任，不断反哺社会。

沈介良对家乡教育事业上更是大力支持。一次，沈介良在潘家小学开学典礼上动情地对学生们说："现在学校的教学条件比我上学的时候好了很多倍，那时候，没有像样的教室、没有像样的课桌、没有像样的课本，希望同学们都能珍惜现在的美好生活，都能成才，都能为建设美好家乡服务。"

2003年，沈介良出资300万元建造潘家初级中学旷达教研楼；2006年，向区慈善总会捐款1000万元，帮助弱势群体；2008年，为潘家初级中学50周年校庆捐资50万元；2008年，设立旷达千万光彩基金；2009年，出资350万元建造潘家小学、雪堰中心小学旷达教研楼；2010年，捐资100万元赞助江苏省第十七届运动会；2013年，在雪堰中小学设立旷达助学奖学金；2019年，捐资500万元助力雪堰镇商会设立教育卫生千万光彩基金；2020年，向武汉市慈善总会捐款100万元，所捐款项专项用于抗击新冠肺炎疫情。

　　沈介良对内关心职工成长，为企业打造一支强有力的队伍，对外

2009年9月
沈介良（左四）出席潘家中心小学新校区落成典礼剪彩仪式

2008年4月19日
旷达千万光彩基金用于新农村建设

勇担社会责任，使旷达公司美名远播。

沈介良身边的能人志士自然不在少数。企业在发展中遇到问题，大家一起出谋划策。多年前陷入互担互贷的陷阱，年轻有为的曹立宏加入旷达威德公司后，力挽狂澜，与团队共同努力多年，实现了盈利。2021年销售超过四亿元，利税总额超5000多万元……

沈介良办企业经历了初期找项目阶段，中期找市场阶段，现在又进入了广揽人才阶段。为实现企业的人才战略目标，提高员工的专业技术水平，旷达集团先后与学校合作创办旷达班，成立自己的旷达学校等。在旷达集团成长起来的有许建国、龚旭东、王新、杨庆华、高庆亚、钮华芳、陈艳、吴娟、王忠芬、吴双全、朱文峰、朱小杰、杨森祥、马协锦、朱雪峰、黄陆波、冯浩、于海国、桑树洲、许江波、承宝群等一大批中坚力量。

这里讲个小插曲，旷达集团东南角有一座山叫腰筵山，为何叫腰筵山，传说不一，不过，这座山因沈介良的建议现已改名叫邀贤山。为何改叫邀贤山，由于沪宁高速二通道在这座山下凿开隧道通过，沈介良得知这个信息后，就向时任雪堰镇党委书记张龙提出建议，能否向交通部门建议，把这条高速公路腰筵山隧道命名为邀贤山隧道，旷达集团可以出资赞助。沈介良说，山不在高，有贤则名，我们这个人杰地灵的江南名镇雪堰镇境内有国家五星级太湖湾旅游度假区，吸引着海内外游客。这里的企业需要招揽众多贤才，只要引进了全国各地的人才，企业才能更好更快地走高科技绿色发展之路，为振兴地方经济做出贡献。

沈介良求贤若渴、目光长远的建议得到了张龙书记的首肯，在张龙书记努力争取后，这个隧道命名为邀贤山隧道，这座腰筵山也从此更名为邀贤山。

永远为社会

许多事情，只要自己心甘情愿，吃多少苦，受多少累，都不会觉得委屈，也会在生命中留下深刻的痕迹。人的一生，遇上的都是缘分，没人路过的都是风景，而留下的才是人生，所以一定要学会珍惜。

到2023年，沈介良70周岁，如今他还在为打造一个百年企业而努力，他为什么要倾尽毕生精力来打造这个"百年企业"呢？

沈介良非常欣赏林则徐的一句话：子孙若如我，留钱做什么？贤而多财，则损其志。子孙不如我，留钱做什么？愚而多财，益增其过。

"办企业都是为了社会！"名利淡如水、事业重于山的沈介良说，"我要为跟着我打拼的人留下一个'百年企业'，为社会再做贡献！"

是啊，永远为社会！

沈介良"穷则独善其身，达则兼济天下"。他一直忠诚于自己的初心，一心想着的就是为国家纳税、为社会提供就业机会、为地方多做公益……

沈介良拿花甲赌明天，是为了办一家"百年企业"，办"百年企业"，是为了给社会多做贡献。

这就是沈介良！

世界因为有梦想，才变得五彩缤纷。人生因为有目标，才活得丰富多彩。由此，才会对生活、对人生、对生命更加热爱。沈介良拥有一颗年轻的心，不论风雨彩虹，也不论坎坷顺畅，他都永不停息地追逐自己的梦，走自己的路，努力向前奔跑，精神始终不倒，活成了人生中的勇士，活成了生命中的主角，拓宽了生命的价值，也活出了生命的意义。

THE APPENDIX

附录

写下这个题目，我犹豫起来。

按着这个题目写下去，这篇文章的体裁将引起编委会内部的争议。

我们至今没人写过一篇人物通讯或报告文学。倒不是我们没有这方面的人手，我们的记者和编辑中，有的是作家和名记者，有的还是文学和新闻界的颇有点儿名气的人物，他们写人物通讯和报告文学都有丰富的经验。

之所以不写人物通讯和报告文学，是因为受到选题的限制。我们离开京城奔赴苏南，要的就是来自一线的朴实、真实、翔实的资料和信息。写人物通讯和报告文学，难免会因"文学色彩"而影响文稿的"可信度"。这是阅读心理带来的必然结果。

作为主编，许多规矩是我亲自定的。我岂能轻易破例，搞"特殊化"？

然而，自从采访完沈介良后，我却一直想为他写一篇颇具"个人色彩"的文章，侧重于写他这个人。原因有两点：一，他深深地打动了我，而我是很少会被"深深地打动"的；二，他太有典型性和代表性，尤其是典型性，在他身上，凝聚着很多历史与现实交汇的"东西"，包含哲学、政治、经济、文化等丰富的内容，他身上沉淀的东西太多，太重，太让人不得不作深层次的思索。他这个人的确太有"写头"了。从文学的角度说，他的确太是我要写的"这一个"了。

思考了三四天，终于决定"特殊"这一次。不过，为了应该遵守的规矩，我还是不会"特殊"得太远。

常州城东南外30多公里处，有一个小镇，叫潘家镇。镇上有一家企业，叫武进县旷达汽车装饰织物总厂。该厂厂长，叫沈介良。许多人都说，沈介良是个"傻瓜"。

沈介良自己也说自己是个"傻厂长"。

看来，这人的确是"傻"了。

那么，他"傻"在何处？

让他自己说吧：我第一次傻，傻在为了村里集体经济的发展，吃了官司，葬送了自己的政治前途；第二次傻，傻在明知"八毛厂"奄奄一息快要倒闭了，却去竞选厂长；第三次傻，傻在搞了个6000万元的大项目，如果不搞这个大项目，原来的厂子有可能会卖给我个人，但一搞这个大项目，我个人不但得不到好处，而且还为自己带来了巨大的压力。

除三次"大傻"外，自然还有许多次"中傻"和"小傻"………

沈介良生于1953年，初中毕业后，担任过生产队会计、农技员、团支书、大队党支部副书记等职。1975年，任曹家村党支部书记，那年他才22岁。

当时，年轻的他急于使曹家村走出贫困，想让曹家人民过上富足的日子，因而落进了几个经济骗子精心设计的圈套，骗子们是打着帮助曹家村创办企业的旗号来的，因此未引起沈介良的警觉。

1981年5月29日，沈介良蒙冤入狱。在看守所待了211天。

28岁的沈介良，本是少年得志，意气风发，却在一夜之间沦为阶下囚。

他被以诈骗罪判处两年有期徒刑(缓刑三年)。

他心如刀绞。

他委屈,他愤懑!

沈介良哭了。

心高气傲的沈介良,伤心万分地流下了屈辱的泪。

监外执行。

曾经的一村之帅,如今却成了阶下囚。命运和他开了一个极大的玩笑。

他只能老老实实待在家里,养猪,种地。

1992年12月16日,常州市中级人民法院作出了沈介良无罪的判决。中共武进县委,也恢复了沈介良同志的党籍。此时沈介良已40岁了!

十一年的屈辱和痛苦不堪回首!

之所以说沈介良傻,是因为他江山易改,"傻性"难移乎?

1984年,潘家镇武进县第八毛纺厂厂长顶着压力请沈介良进厂。当时,沈介良还没"期满",尚缺半年。在"八毛厂",他名义上是副厂长,但实际上厂里没几个人听他的。

他眼睁睁看着八毛厂由盛到衰,却无能为力。

因厂里的工作到镇里开会,他连续两次被"撵出"会场。理由很简单,也很明了——他已经不是中共党员,没资格听党的文件的传达。

他的心理负荷达到极限,几乎无力承受。

他的痛苦,只能深深地埋在心底。

任何语言都无法描绘沈介良的痛苦。

这种痛苦,是伴随着屈辱和愤怒的痛苦。

这种痛苦，是令他无法忍受但又必须忍受的痛苦。

1988年，伴随着这种痛苦，沈介良又做出了他人生当中的第二大"傻"事。

1988年，八毛厂亏损100多万元，濒临倒闭。

上级领导决定对八毛实行招标承包经营。

沈介良走到了人生中的又一个十字路口。

他问自己：参不参加竞选？

聪明的他告诉自己：这是一副烂摊子，是一个垂死的病人，没有起死回生的妙方。

"傻"的他却对自己说：干！不信自己干不好！我冷眼旁观了四五年，知道它症结在哪里。

几个不眠之夜后，"傻"的他占了上风，于是他做出了一个"傻"的决定——竞选厂长。

没人想到他会竞选厂长，没人想到他居然对八毛厂的症结把握得如此准确，更没人想到，200多名与会职工，居然有161张信任票投给了他。

"傻乎乎"的他，望着"161"这个数字泪眼朦胧。

"傻乎乎"的他，从此挑起了一副千斤重的担子。

他开发新品、调整产业结构，逐步甩掉了毛纺。

他以客户和职工至上。

三年内，他在竞选讲台上承诺"三年治好内伤扭亏为盈"，居然变成了现实。至1992年，八毛厂不但已经起死回生，而且产值已突破千万元大关，实现利润120万元。

1993年，产值翻了近一番，达2180万元，实现利润300万元。他当了厂长后"傻劲"有了用处，蓄积的能量像火山一样喷发出来。

他以厂为家，一心扑在工作上。

他发誓，决不让他的"选民"失望。

为了表明自己的决心和意志，他从担任厂长那天起就宣布戒烟。多少年来，烟一直是他的好伙伴，他最多时一天要抽两三包。烟对他来讲，真是个好东西，孤独、寂寞、苦恼、屈辱，似乎都可以随着袅袅青烟飘散。一天两三包烟的瘾君子，想戒烟，谈何容易！然而，他却做到了，且一步到位。通过戒烟，人们看到了他的意志，他的决心和他的一诺千金。

为了及早开发出适销对路的新产品，使八毛厂尽快走出困境，沈介良向全国八家科研单位进行技术咨询，然而这些单位提供的产品，无论是从资金上还是技术上，都不适合八毛厂这样的小毛纺厂。

善于搜集捕捉信息的他，在《化纤信息》杂志上看到一篇题为《汽车装饰物开发大有可为》的文章。便马上致信该刊编辑部，查询作者单位，当得知是天津纺织工业研究所时，他即刻起程赶赴天津，并与该所建立密切联系，包下一个课题组的经费，给科研人员发放津贴，请他们为八毛厂开发新产品。

在科研人员开发新产品的同时，他又凭着一股"傻"劲，满世界跑，考察国内市场，终于得到了准确的市场信息。

汽车饰品的开发、生产，受到汽车生产厂家的欢迎和支持，终于使企业走出了低谷和险滩，走上了阳关道。第八毛纺厂，也因无毛纺后改名为汽车装饰织物厂。

该厂产品，经江苏省和常州市的纺织品质量监督检验测试中心检测，认为产品的剥离强度、断裂强力、染色牢度、耐磨强度等均达到国家标准，并符合一等品要求，国家固定灭火汽车和耐火构件质量监督检测中心的检测该厂产品阻燃特性为一级，完全符合国家阻燃标准。

1991年3月28日，该厂生产的阻燃复合高强仿毛空变丝汽车内饰织物通过了省级新产品鉴定，成为江苏省纺织工业厅首批10项新产品之一。

该厂产品，还曾荣获江苏省高新技术产品证书、农业部科技进步三等奖，并被国家经贸部列入1994年度国家级重点新产品试产计划。

"傻厂长"沈介良，救活了这家死厂，没有人能真正计算出他为企业付出了多少，而他也从不在乎自己的得失。他的工资收入，低得让人不敢相信，他当厂长7年，其计收入5.2万元，平均每年只有7000多元，家里值钱的东西，只有苏南绝大多数家庭均有的一台彩电和一台冰箱。

他真是"傻"！

有人说，沈介良戒烟后没了烟瘾，但当厂长后却有了"苦瘾"。

不吃苦，他就比毒瘾发作还难受。

这人真是"傻"透顶了！

这是结论。

论据太多了。

6000万元的大项目，就是最有力的证据！

沈介良自己也承认，这是他第三次犯"大傻"。

他自己也说，为这个项目，我至少少活5年，跑了15趟北京，10多趟上海，35趟南京。

项目的压力大得让我想把这项目买下来，自己私人干了。反正风险由我一个人承担，所有债务也由我一个人背。

他神情黯然地说，因为资金问题，不得不求助于县委赵书记。早上七点，我一拿起电话，未说话就先哭了。我心里，苦呀，实在是忍不住了……

1991年和1992年，厂里享受新产品免税的优惠待遇，赚了约600

万元。但1993年后，由于国内毛纺行业严重不景气，因此国内许多毛纺厂，步沈介良后尘，甩掉毛纺，转产汽车饰品，涤纶原材料又涨价。沈介良的设备不如新开办的同类厂家，新办的许多厂家用的都是进口的一流设备。

武进县旷达汽车装饰织物厂陷入了新的困境，作为一厂之长的沈介良，忧心如焚。

面对日渐萎缩的市场，他迷茫、焦虑、寝食难安。企业刚刚好转两年，"命运"干吗又要来捉弄呢？我沈介良，命中真的注定要一而再再而三地受磨难吗？

神差鬼使，他来到了一个算命摊上。

沈介良相貌堂堂，气宇非凡。算命先生端详了他一会儿，见他眉宇间深藏着一股浓浓的忧郁，于是宽慰他说，你40岁到48岁，吉星高照，有贵人相助，干什么都会一路顺风。沈介良笑了，尽管他明白这是算命先生的好意安慰，但他还是笑了，这毕竟是一种心理上的慰藉。孤独的跋涉者，太需要心理上的慰藉了。

后来的事实证明，算命先生的话，对了一半，错了一半。

对的一半是：沈介良在6000万元投资的大项目上，的确有人相助。

错的一半是：并非一路顺风，而是难于上青天。如果他没有坚强的意志，早在半路上就趴下了。

6000万元，当时对一个农民来说，就是天文数字。

又是在国家宏观调控银根紧缩的非常时期。

然而，沈介良在详细考察了市场，做好了周详的可行性分析后，还是决定举债6000万元上这个大项目。

不冒风险，如何发展！

现代市场，优胜劣汰！

深圳赛格、仪征化纤，不都是举大债经营的成功案例吗？

难道以后的成功案例就不能有常州旷达吗？

常州旷达，较之深圳赛格、仪征化纤，不是更有代表性和典型性吗？因为常州旷达是乡镇企业，经营者是农民！

历尽千辛万苦，沈介良在中国银行总行和常州市中行的大力支持下，终于筹措到了6000万元资金。

他扩建了120000平万米的新厂房，从意大利和德国引进了剑杆机、拉舍尔经编机、高效喷嘴定型涂层机、多功能复合机等三条生产流水线。1995年5月27日，新项目正式竣工。年生产能力可达1000万至1500万米，销售产值超1亿元，利税达2000万元。二期工程完成后，产值可达2亿～5亿元，利税3000万～5000万元。

潘家镇的"三峡工程"终于在一片非议声中竣工了。各种压力，通过各种渠道，指向"傻厂长"沈介良。

潘家镇有两万人口，平均每人要为旷达厂背3000元债务，三口之家，背债就是近万元！精明者如是说。

旷达厂每天的贷款利息就要还两三万元。细心者如是说。

幸好，沈介良的这个大项目，引起了县委县政府的高度重视。中组部表彰的全国百佳优秀县(市)委书记之一、中共武进县委书记赵耀骥同志，亲自过问并"挂"了这个大项目。赵耀骥同志务实的工作作风和为企业切实服务的精神，让沈介良这个小厂长，激动不已。是赵耀骥书记在他最最困难的时候，支持了他，帮助了他。这种支持和帮助，不仅是物质上的，还是精神上的。

还有宋县长和梅副县长，以及作为一级组织的镇党委镇政府。没有他们的支持和帮助，沈介良单枪匹马，也难成此事。

沈介良在1988年就职演说时，许诺在本厂干到退休，与职工们一起，决不中途离厂它任。

沈介良绝非趋炎附势之辈。他跟县领导的关系，仅限于工作关系。而且交往中十分注意分寸，不该提的条件从来不提，不该做的事从来不做，不该说的话从来不说。赵书记曾当众说过，沈介良厂长是个知趣得不能再知趣的人。

在武进县，沈介良是个"通天"人物。然而，他从没利用这关系和优势，为个人谋取利益。

他的信条是：名利淡如水，事业重于山。

不为名、不为利，而且不抽烟，不喝酒，不跳舞，不打麻将，他究竟为的是什么？

旷达厂的注册商标为"旷达"。

商标图案，出自沈介良之手。

他虽只有初中学历，但多才多艺。他自学了很多课程，还写得一手好文章。厂里各种文字资料，大多出自他手。重要文稿，几乎全部由他亲自起草。他注重学习，注重搜集各类信息。他还剪报，并写心得体会。

在他身上，有颇浓的儒商气息。他的"书呆子气"，或许加强加深了别人认为他"傻"的印象。

"旷达"的商标图案，很独特，寓意也很深刻。"旷"意为眼睛盯着广阔远方；"达"，形似人在奋力地奔跑；外圆形，当然是地球。

其实，"旷达"两个字，并非仅仅是厂名和商标。对沈介良这个"傻厂长"来说，"旷达"的寓意非常深远。

也许不少人还不知道这两个字到底是什么意思？

记者采访他时，曾问到他为何用这个厂名和商标名，他都笑而不答。

旷达，旷达！

其实，这是他的座右铭。

从某种意义上讲，如果沈介良不是因为这两个字，他1981年5月29日就已经死了。

不是两个字，就无法解释沈介良这个智商极高的人为何要做那多"傻事"。

旷达，是他的支撑。

旷达，是他的追求。

旷达，是一般难以到达的境界！

只有旷达的人，才能忍辱负重！

只有旷达的人，才能心胸开阔！这就是沈介良"傻"的谜底。

其实，他一点儿也不傻！

旷达的人，不会是傻子！

沈介良是在用20世纪70年代末80年代初苏南刚刚发展乡镇企业时的大无畏吃苦精神，当着90年代中期的厂长。而20世纪90年代中期的苏南，相当数量的乡镇企业因为生产力与生产关系之间的尖锐对立，不得不转换经营机制。

旷达的沈介良，"傻"得可爱。

旷达的沈介良，"傻"得伟大。

旷达的沈介良，"傻"得悲壮。

旷达的沈介良说："男子汉应以事业为重，决不能在个人私利上斤斤计较。"他还说："公家钱越多越好，私人钱多却不是什么好事。""即使我私人办厂，赚了很多钱，我也不会把钱留在家里，留给后代。我会把钱捐出去，赞助社会公益事业。"

旷达的沈介良，说过一句不是太"旷达"的心里话——树争皮，人争一口气!

他还说,三五年内,将引进大批科技人才,力争使企业成为省级明星企业,成为全国行业内设备最先进、品种最多、质量最好、功能最全、价格最低的专业化工厂。真"旷"!

他又说,以前的事过去了,该纠正的为我纠正了,该恢复的也为我恢复了,今后不再提了,一切向前看!真"达"!

最后他说,转换经营机制,是企业自身客观而迫切的要求,旷达厂没有这种要求,旷达的愿望是将来集团化!

本篇由常醒写于1995年,收集在《改革大浪潮》丛书《时代最强音》中。

人生如同爬山，没有直线可走。

人，不能生活在别人的眼光里，也不能生活在别人的议论中，要相信自己，同时要有恒心和毅力。

一个人是否强大，不是看外表有多强壮，也不在于力量的大小，内心强大才是真正的强大！

优秀的女性对于有事业心的男人具有很大的激励的作用。

男子汉的气概是：干一番事业，努力不逊于自己尊敬的对象。

即使所有的人都讲我不好，他们也拿不走我什么；即使所有的人都讲我好，也不会给予我什么。

虚心使人进步，骄傲使人落后。

情况在不断地变化，要想使自己的思想适应新情况，必须不断地学习。

学习的敌人是自己的满足。

错误和挫折教训了我们，使我们很快变得聪明起来，这样事情就会办得更好。

要求别人做到，首先要自己做到。

雄关漫道真如铁，而今迈步从头越。

天若有情天亦老，人间正道是沧桑。

对主要工作不但要"抓"，而且一定要"抓紧"；任何事情只有抓得很紧，毫不放松，才能抓住；抓而不紧，等于不抓；不抓不行，抓而不紧也不行。

群众（企业员工）是真正的英雄，而我们自己则往往是幼稚可笑的，一定要明白这一点。

企业战略规划确定后，干部就是决定成败的因素。

全心全意为人民服务，就是干部为人民大众服务；企业管理人员（干部）要为员工服务，上级要为下级服务。

下定决心，不怕牺牲，排除万难，去争取胜利。

一个人如果死都不怕，还怕困难呢？

政治思想工作是一切经济工作的生命线，在社会经济制度发生根本变革的时期，尤其是这样。

武器（设备）是战争（生产）的重要因素，但不是决定的因素，决定的因素是人而不是物。

团结、紧张、严肃、活泼（抗大校训），团结、自强、求实、创新（旷达企业精神）

世界上怕就怕"认真"二字，共产党（企业经营团队）就最讲"认真"。

我们不但要提出任务，而且要提出解决完成任务的方法问题。我们的任务是过河，但是没有桥或没有船就不能过。不解决桥或船的问题，过河就是一句空话。不解决方法问题，任务也是瞎说一顿。

凡事应该用脑筋好好想一想。俗语说："眉头一皱，计上心来。"就是说多想出智慧和方法来。要去掉盲目性，必须提倡思索，学会分析事物的方法，养成分析的习惯，分析好，大有益。

唯物辩证法认为外因是变化的条件，内因是变化的根据，外因通过内因而起作用。

名利淡如水，事业重于山。

没有实力，最好不要讲话。

一个人要有自己的理想和目标，没有目标的人永远达不到目标。

清酒红人脸，金钱动人心；干事业是享受一个过程的乐趣，而并非仅仅是为了挣钱。

不要计较现在的付出，也不要怀疑现在是否有收获，当一个人全身心地投入自己喜欢的事业中去，一切美好的结果都会在未来的时光里给出最完美的答案。

一个要想成功和成就一番事业的人，首先要学会合理地支配自己的工作和生活时间。

一个人骨头硬，得以立天地；一个人姿态低，方能得人心；一个人存心善，便能守光明；一个人弯得下腰，才能抬得起头；一个人懂得注重工作的细节，才能成就一番大业。

向目标一步一步迈进时，才会有自信心；将任务一件一件完成时，才会有成就感。

一个人在穷困潦倒时，做出的选择往往是错误的。而一个人在自我感觉良好时，做出的决策也往往是错误的，而且可能会造成巨大的损失。

要坚信自己会赢；不怕输，虽未必能赢；但怕输结果一定会输。

办企业、做事情，从来不相信软弱的眼泪。

改变不了环境，就必须适应环境；改变不了别人，就要改变自己。适者生存。

成功基于有效的沟通。

自我控制是强者的本能。

明智的放弃，胜过盲目的执着。

和知心的人在一起是养心，和善良的人在一起是养德，和乐观的人在一起是养颜，和正能量的人在一起终身受益。

心存至善，方能致远。

人生有几件绝对不能失去的东西：自制的力量，冷静的头脑，希望和信心。

千教万教，教人求真；千学万学，学做真人。

静坐常思自己过，闲谈莫论他人非。

心底无私天地宽，人到无求品自高。

人生如何做到不后悔，莫过于做好三件事：一是知道如何选择，二是知道如何坚持，三是懂得如何珍惜。

厚德载物，天道酬勤。

世界上的一切坏事，都是从不劳动开始的；世界上一切好事，都是从奋斗发端的。

心态消极的人，无论如何都挑不起生活和工作的重担；积极向上的人，不管怎样都不会被重担压垮。

有身无志，走不远；有志无行，事不成；有行无恒，业不兴。

成功者其实只做了一件事：把不可能变成了可能；失败者其实也只做了一件事：把可能变成了不可能。

哀莫大于心死，悲莫过于空虚。

自在不成人，成人不自在。

精神的弱者，总是抱怨命运的不公；思想的强者，只是坚持自己的奋斗。

漫漫征程中，永远不忘人生"四乐"：事业为先，苦中求乐；磊落做人，自得其乐；生活淡泊，知足常乐；与人为善，助人为乐。

拓荒者何乐？乐在有目标，有知己，有朋友，有一群合作伙伴。

AFTERWORD

后记
磨难教人远平庸

　　"团结、自强、求实、创新"是旷达集团的企业精神,诚信经营、科技兴业也是旷达集团长青的根本。这种可贵的精神、这些优秀的企业文化能够在旷达集团成功践行和发扬,与以"事业重于山、名利淡如水"为人生格言的沈介良董事长密切相关。

　　2011年3月25日,常州市政府和多名企业家组成的党政企代表团到澳大利亚、新西兰、日本学习交流养老行业,带队的市领导王伟成在党政企座谈会上说:"旷达集团在汽车装饰面料领域精耕厚植多年,虽小而专,因专而强,是行业的翘楚,去年已经正式上市了。但上市以后的任务更艰巨,上市是企业新的开始而非享受,要做强做大转型升级的企业才选择上市,要发展成百年企业,你肩上的担

325

子会越来越重。沈介良董事长身材魁梧、相貌堂堂，眉宇间透出一股英气，有江南人的灵性、韧性和温情，也有北方人的豪气、侠骨和豁达，不论从内在气质上，还是外表长相上，抑或是事业的追求上，都是我们常州企业家的形象代表！"还有原武进市委书记赵耀骥、常州市委书记范燕青等对沈介良也都评价很高。

旷达集团从无到有，从小到大，一切都因势而生、因市而兴、因人而达。走进旷达集团，会发现在集团世纪生产大楼前有一座蓄势奋起的牛的雕塑，上面有言：拓荒者何乐？乐在有目标、有知己、有朋友、有一群合作伙伴。

沈介良就是一名拓荒者，一名拼尽全力的拓荒者。一个历尽劫难、身经百战，尝尽百苦，走出一翻不同天地的拓荒者。

他本是出生在无锡阳山天井岸茅草房中的一个普通男孩，三岁时却来到常州武进潘家曹家桥舅父家，成年后又被骗入狱。但是他并没有因此而消沉，而是以锲而不舍的顽强毅力，通过自己不懈的奋斗，历尽曲折坎坷，终于练硬了翅膀，成为志向远大鸿鹄。他以出色的聪明才智，成为成功的企业家。他的一生充满了传奇。

他历尽艰辛的童年所经历的酸甜苦辣，成为他成长过程中宝贵的财富。生父母的关爱、养父母的教育、哥哥的指导，使沈介良在孤独的人生拓荒路上不再感到孤独，支撑着他走到今天。

在采访、酝酿过程中，我脑子里不时闪出一个个"如果"，如果沈介良从二十岁出头当村党支部书记一路顺利走来，最后他会成为一个什么样的人？如果他自暴自弃，妄自菲薄，今天又会是什么境况？没有答案，因为世界上从来没有如果，只有结果。旷达集团的这个结果，成就了今天的沈介良，成就了《拓荒者》。但从奋斗到结果这个漫长而艰难的过程中，曾流过多少眼泪和汗水，曾有过多少惊吓和喜悦。

进入创作阶段，像极了母亲生孩子。经过十月艰辛怀胎，一下子就顺产生下了《拓荒者》。要问过程痛不痛？着实痛。要问过程喜不喜？也着实喜。为什么会有这种感觉呢？一是我动了真情，被沈介良坎坷的人生经历和他与命运抗争的锲而不舍深深地打动了，创作根本停不下来，从立意选材到脉络设定，从结构布局到故事衔接等都一气呵成，形成一个有机的整体。二是动了真心，我们有着相似的童年，我的工作和创业经历也是他的缩小版，深感办企业的艰辛和他的不易，因此提笔几度哽咽。三是动了真气，创作时可以说是血泪相伴，期间忘了日出，忘了日落，忘了黑夜，忘了白天。牙齿每天出血不知何因，而创作完成时，又自然好了。

在搁笔那一刻，我想到了很多名人名言，"业精于勤荒于嬉，行成于思毁于随""书山有路勤为径，学海无涯苦作舟""宝剑锋从磨砺出，梅花香自苦寒来"……这些名言，多是劝人勤奋读书学习的，但是，学业如此，干事业又何尝不是这样呢？一位成功的企业家，除了凭借他们的实力，又有谁能离得开一个"勤"字呢？

当然，同样一个"勤"字，却有多种"勤"法。我认为大致可以分为两类，力勤和脑勤。力勤，就是不怕流血、流汗，愿意出苦力，靠勤劳致富。沈介良少年割草、捡破烂，成年后养猪、种田，属于力勤。而脑勤，就是刻苦钻研，动脑子，掌握方法，这是另一种勤劳致富。沈介良之所以能成为一位成功的民营企业家，我认为他主要凭的是脑勤。他勤于调查，了解市场情况；善于分析归纳，把调查所得进行仔细梳理；他精于选择，果断决策，使企业从小到大，从弱到强，最后成功上市，成为一家著名的民营企业。他的奋斗之路，他的人生之路，前后近七十年，积累成一座资源丰富的宝库。立志成才，期待成功的年轻一代，可以从这个宝库中挖掘各种营养，这个宝库中可以领悟的东西实在太多了。

成功的企业家走过的路，也像旅行家一样，不到达山顶就不能看到山那边的风景。只有那些不畏跋山涉水，甚至敢于冒险的旅行家才能欣赏到常人难得一见的绮丽风光。俗语说："吃得苦中苦，方为人上人"，长时间来，对"人上人"这个词总给予了贬义的解释，好像是追名逐利、争权夺势似的，这起码是不全面的。多少民营企业家死在创业阶段，败在市场调研阶段，要成功的确是要"吃得苦中苦"。他们在选择与决策的关口，甚至还得冒"险中险"。最后这些"拓荒者"都成了成功人士，也不一定说他们是"人上人"，但这些企业家，他们为社会创造了财富，为当地百姓带来了福利，为国家做出了贡献，从而受到百姓的好评，得到社会的尊重。沈介良理所当然是他们中的佼佼者。

沈介良的胞兄尹义良曾专门为他写过一首《致介良弟》的诗歌："芦滩难困云海龙，缸盆岂展百尺松。水冷火热淬坚韧，磨难教人远平庸。"这首诗表达了他们兄弟间的深厚情谊，也是对沈介良艰苦历程的中肯评价。我也索性借用诗歌中的一句作为后记的标题，直抒胸臆。

从某种程度上说，企业家精神就是一种拼搏向上的精神。只靠这种精神可能无法取得成功，但要是没有这种精神，也很难取得成功。这种精神可以用在科研上，也可以用在其他工作上，更可以用在学习上。在这个全新的时代，企业家精神在得到传承的同时，也呼唤敢于拓荒、主动担当、乐于奉献、锐意创新的企业家不断涌现，打造、传承百年企业，为经济的繁荣、社会的发展、人类的进步做出卓越的贡献。

我能有机会为沈介良董事长撰写传记，是一种缘分，更是我莫大的荣幸，十分感谢他的信任。在这里，我也要向他表达由衷的敬意；同时，还要感谢沈介良的胞兄尹义良，他对本书的创作提出了宝贵建议，还花大量时间进行润色和修改。还有在本书创作过程中提供大力支持的旷达集团的张林枫、顾新茹、高庆亚、徐文新、高波等员工，同时也离不开沈介良的各级老领导、各界老朋友的大力支持，在此一并表示感谢！

程中伟

图书在版编目（CIP）数据

拓荒者 / 程中伟著 . -- 北京 ：中国纺织出版社有限公司，2021. 12（2022.1 重印）
ISBN 978-7-5180-9187-4

Ⅰ . ①拓… Ⅱ . ①程… Ⅲ. ①沈介良 — 传记 Ⅳ. ①K825.38

中国版本图书馆 CIP 数据核字（2021）第 252144 号

责任编辑：孔会云　责任校对：楼旭红　责任印制：何　建

中国纺织出版社有限公司出版发行
地址：北京市朝阳区百子湾东里 A407 号楼　邮政编码：100124
销售电话：010 — 67004422　传真：010 — 87155801
http://www.c-textilep.com
中国纺织出版社天猫旗舰店
官方微博 http://weibo.com/2119887771
天津千鹤文化传播有限公司印刷　各地新华书店经销
2021 年 12 月第 1 版　2022 年 1 月第 2 次印刷
开本：710×1000　1/16　印张：22
字数：236 千字　定价：158.00 元

凡购本书，如有缺页、倒页、脱页，由本社图书营销中心调换